모든 사람을 위한 기독교 신학 III

교회, 성화, 종말

© 2014 by Nathan D. Holsteen and Michael J. Svigel

Originally published in English as *Exploring Christian Theology, Volume 3: The Church, Spiritual Growth, and The End Times*

by Bethany House Publisher, Minn., U.S.A.

All right reserved.

This Korean translation edition © 2019 by Bible Baptist Theological Seminary Press, Icheon-si, Republic of Korea.

This Korean edition is published by arrangement of Steve Laube Agency through rMaeng2, Seoul, Republic of Korea.

이 한국어판 저작권은 알맹2 에이전시를 통해 Steve Laube Agency와 독점 계약한 성서침례대학원대학교출판부에 있습니다. 신저작권법에 따라 한국에서 보호받는 저작물이므로, 무단 전재와 무단 복제를 금하며 저작권자와 성서침례대학원대학교출판부의 동의를 얻어야 내용 전부 또는 일부를 이용할 수 있습니다.

모든 사람을 위한 기독교 신학 III

교회, 성화, 종말

네이선 D. 홀스틴
마이클 J. 스비겔 편집

최정기 번역

성서침례대학원대학교출판부

모든 사람을 위한 기독교 신학 III

교회, 성화, 종말

초판발행　2019년 11월 1일
편 집 자　네이선 D. 홀스틴, 마이클 J. 스비겔
참여저자　더글러스 K. 블라운트, J. 래니어 번즈,
　　　　　J. 스캇 호렐, 글렌 R. 크라이더
1부 저자　네이선 D. 홀스틴
2부 저자　마이클 J. 스비겔
번 역 자　최정기

발 행 인　김택수
편 집 인　김광모
발 행 처　성서침례대학원대학교출판부
등록번호　제2015-4호
등 록 지　경기도 이천시 대월면 대평로 548-123
전화번호　031) 634-1258
누 리 집　bbts.ac.kr

ISBN　979-11-89118-15-0
ISBN　979-11-89118-12-9 (세트)

판　　권　성서침례대학원대학교출판부, 2019

※ 파본은 교환해 드립니다.

차례

추천하는 말 13
옮긴이 말 15
시작하는 말 17
감사하는 말 21

4막으로 구성한 기독교 이야기 23
1막: 창조
2막: 타락
3막: 구속
4막: 회복
여러분은 **여기에** 있다

1부 그리스도 예수 안에서 창조되다: 35
교회, 교회들, 그리스도인의 삶   네이선 D. 홀스틴

조감도 37
교회론: 성자에 중심을 두고, 성령으로 형성된 공동체
성화론: 성자에 중심을 두고, 성령으로 형성되며,
    공동체적으로 사고하는 삶

반드시 알아야 할 성경 본문 43
1. 오순절과 성령강림(사도행전 2장)
2. 감람나무, 이스라엘, 교회(로마서 11장)

3. 그리스도의 몸과 지체들(고린도전서 12:12~31)

4. 왕 같은 제사장인 교회(베드로전서 2:4~10)

5. 하나님의 이스라엘인 교회(갈라디아서 6:15~16)

6. 교회 그리고 이방인 포함의 신비(에베소서 2:11~3:13)

7. 주의 만찬(고린도전서 11:17~34)

8. 침례(마태복음 28:18~20)

9. 중생, 죄, 신자(로마서 6:6~14)

10. 신자 그리고 죄와 싸움(로마서 7:14~25)

11. 성령 그리고 우리의 죄와 싸움(갈라디아서 5:16~26)

12. 신자 그리고 점진적 성화(에베소서 4장)

13. 최종 성화를 소망(빌립보서 3:20~21)

역사로 회고한 교회와 그리스도인의 삶

교부시대(100~500년)

중세시대(500~1500년)

종교개혁시대(1500~1700년)

근대 · 현대시대(1700년~현재)

반드시 기억해야 할 사실

1. 교회론의 중심 원리는 그리스도 안에서 구원하시는 하나님과의 관계다

2. 교회의 가시적 측면은 교회의 비가시적 실재를 섬기고, 영화롭게 하며, 발전하게 해야 한다

3. 그리스도의 몸에 있는 다양성은 하나님의 계획이다

4. 성경은 이 **교회**로 불리는 것을 어떻게 '운영해야' 하는가에 침묵하지 않는다

5. 성화와 칭의는 불가분하게 엮여 있다

6. 성화는 신자의 책임 있는 협력을 동반하는, 성령의 사역이다

　　7. 성화는 팀 경기다

피해야 할 위험　　　　　　　　　　　　　　　　　　115

　　1. 몸이라기보다 기업

　　2. 건강보다 성장

　　3. 파편화된 가정

　　4. 분파주의의 경고음

　　5. 외로운 순찰자 성화

　　6. 복음주의 율법폐기론

　　7. 경건해 보이는 자기계발

실천해야 할 원리　　　　　　　　　　　　　　　　　125

　　1. 믿음의 일치를 추구하라

　　2. 가입하라

　　3. 권위를 가진 사람에게 순종하라

　　4. 영적 훈련을 개발하라

　　5. 책임성을 고취하라

과거와 현재의 목소리　　　　　　　　　　　　　　133

　　교부시대(100~500년)

　　중세시대(500~1500년)

　　종교개혁시대(1500~1700년)

　　근대 · 현대시대(1700년~현재)

서재에 두고 읽어야 할 책　　　　　　　　　　　　161

　　교회론에 관한 일반 도서

침례와 주의 만찬에 관한 책
교회 정치와 정책에 관한 책
예배와 교회 사역에 관한 책
교단 특색이 있는 교회론 책
성화와 그리스도인의 삶에 관한 일반 도서
성화에 관한 독특한 관점의 책

2부 그분이 다시 오실 때: 부활, 심판, 회복 171
마이클 J. 스비겔

조감도 173
종말론: 전적으로 소망에 관한 내용이다
종말론: 전적으로 그분에 관한 내용이다

반드시 알아야 할 성경 본문 185
1. 새 하늘과 새 땅(이사야 65~66장)
2. 새 언약(예레미야 31장)
3. 부활과 회복(에스겔 37~48장)
4. 악한 통치자의 최후(다니엘 2, 7, 9~12장)
5. 주의 날(요엘 1~3장)
6. 심판과 회복(스가랴 12~14장)
7. 대환란(마태복음 24~25장[마가복음 13장; 누가복음 21:5~38])
8. 그리스도의 재림 방식(사도행전 1:6~11)
9. 온 피조세계의 회복(로마서 8:18~25)
10. 몸의 부활(고린도전서 15:12~58)
11. 몸의 부활과 중간 상태(고린도후서 5:1~10)
12. 부활과 휴거(데살로니가전서 4:13~5:11)

13. 불법의 사람과 주의 날(데살로니가후서 2:1~12)
14. 주의 날과 새 창조(베드로후서 3:1~18)
15. 그리스도의 재림, 천년왕국, 새 창조(계시록 19~22장)

역사로 회고한 종말   241

   교부시대(100~500년)

   중세시대(500~1500년)

   종교개혁시대(1500~1700년)

   근대 · 현대시대(1700년~현재)

반드시 기억해야 할 사실   257

   1. 예수 그리스도는 심판자와 왕으로 다시 오신다

   2. 그리스도가 언제 돌아오실지 아무도 모른다

   3. 하나님은 우리 몸을 육체적 부활을 통해 구속하신다

   4. 하나님은 죄와 고통과 죽음을 완전히 제거하신다

   5. 우리는 모두 하나님 앞에서 우리 삶에 대해 계수 받는다

   6. 하나님의 모든 계획과 약속은 성취된다

   7. 그리스도의 왕국은 영원무궁이 지속한다

피해야 할 위험   269

   1. 악질적 이단

   2. 내 편 아니면 적

   3. 종말에 불가지론

   4. '이것이 그것이다.'는 증후군

   5. 날짜 맞추기 게임

   6. 종말에 집착
   7. 두려움 섞인 조바심

실천해야 할 원리   281
   1. 거룩하게 살며 그리스도의 재림을 사모하라
   2. 일시적인 것이 아니라 영원한 것에 투자하라
   3. 부차적 견해가 아니라 근본적 사실에 집중하라
   4. 현재 고통에 짓눌리지 말고 미래 영광으로 위로받으라
   5. 사랑과 선행을 서로 격려하려고 자주 모이라

과거와 현재의 목소리   289
   교부시대(100~500년)
   중세시대(500~1500년)
   종교개혁시대(1500~1700년)
   근대 · 현대시대(1700년~현재)

서재에 두고 읽어야 할 책   307
   종말론과 소망에 관한 일반 도서
   종말론 역사에 관한 책
   환란과 적그리스도에 관한 책
   천년왕국에 관한 책
   휴거에 관한 책
   성경 예언에 관한 책

  용어 해설 교회, 성화, 종말   313
  색인 성경 본문   333

편집 설명.

❑ 저자가 영어 성경 ESV를 기본으로 하고 NIV, NASV, KJV도 인용하지만, 번역본은 『새번역』을 인용하고, 현대 한국어에 맞게 조금은 바꾸며 구두점을 더 쓰기도 합니다.

❑ 음역 표기는 히브리어와 헬라어로 바꿨습니다.

❑ 한글과 영어는 나눔체를, 성서 원어는 BibleWorks 폰트를 씁니다.

❑ 인용 및 참고자료가 우리말로 옮겨졌으면 덧붙여 소개합니다.

추천하는 말

"성경 본문과 사람들이 역사를 통해 말한 것을 결합하고, 그런 주제에 대해 사람들이 어떻게 보는가를 말해주는 현대 연구까지 언급하는 신학 개론을 원하는가? '모든 사람을 위한 기독교 신학 시리즈'는 놀라운 교리입문서로 여러분을 사로잡고 심사숙고하게 한다. 어떤 본문이 어떤 견해로, 왜 그렇게 귀결되는지 공부하고 배우라. 성경 신학 핵심 주제에 친숙할 수 있는 훌륭한 길이다."

대럴 L. 박(Darrell L. Bock), 하워드 G. 헨드릭스 기독교 지도력 · 문화연구소 총무, 달라스신학대학원 신약학 선임 연구 교수

"우리가 사는 시대를 보면 성경에 기초한 기독교 신학이 이렇게 절박하게 필요한 때는 없었다. 홀스틴 박사와 스비겔 박사가 이런 연구서를 쓸 자격이 충분함은 그들 삶이 성경적 교훈에 따라 형성되었기 때문이다. 다른 사람들에게 오직 하나님이 자신의 말씀을 통해 주실 수 있는 소망을 품게 하는 것은 바로 이 교훈이다."

마크 L. 베일리(Mark L. Bailey), 달라스신학대학원 총장

"교회는 언제나 성숙하고 신실한 성경 신학이 필요하다. 여러분은 이 책에서 그것을 찾을 수 있다. 이 새로운 책은 교회, 그리스도인의 삶, 종말에 관한 아주 깊고 중요한 통찰을 담고 있다. 다양한 삶의 현장에서 이 책이 주는 특별한 도움을 경험할 것이다."

R. 알버트 몰러(R. Albert Mohler, Jr.), 서든침례신학대학원 총장

옮긴이 말

이 책은 '모든 사람을 위한 기독교 신학 시리즈'를 마무리하는 세 번째 책으로 교회와 성화(영적 성장), 그리고 종말을 다룬다. 이 시리즈는 어렵고 딱딱하다고 여기는 교리를 일상어로 쉽게 풀어서 설명한다. 성경이 이야기(내러티브)를 통해 진리를 전달한다는 점을 존중하여 중요한 성경 본문을 바탕으로 신학의 핵심과 쟁점 소개가 이 책의 특징이다. 또 각 주제에 관한 교회사적 발전 과정도 곁들여 설명함으로써 교리 이해를 넓혀줄 뿐 아니라, 구체적 실천 방안까지 제시하는 실용적인 책이다.

편저자인 홀스틴과 스비겔이 구원을 다룬 둘째 권에서 미처 다루지 못한 성화를 여기에서 교회론과 함께 다룸은, 그들이 성화를 중시한다는 사실과 성화론이 교회론과 밀접하게 관련되어 있음을 보여준다. 콘스탄티노플 신조가 "하나의, 거룩하고, 보편적이며, 사도적인 교회"라고 선언한 대로, 그들은 일치성, 거룩성, 보편성, 사도성을 교회의 이상적 표준으로 제시한다. 거기에 더해 가시적 교회와 비가시적 교회의 균형을 강조하는데, 로마 가톨릭교회가 가시적 교회의 일치에 치중하면서 타락의 길로 접어들었음을 예증한다. 특히 교회사에서 교부들이 진술한 말이 씨가 되어 중세 로마 가톨릭교회라는 거대한 숲으로 커진 과정을 설명하는 부분이 인상적이다. 그중에서도 로마 교회가 성화를 교회의 성례에 묶어 둠으로써 성직자 계급제도와 교황권을 강화한 사실은 경각심을 불러일으킨다.

마지막 때(종말)를 다루는 2부에서 저자들은 달라스신학대학원의 세대주의적 전천년설을 따르면서도 자신들 입장만을 정당화하기보다, 복음주의의 다양한 관점을 공정하게 소개한다. 그들은 종말론에서 본질적으로 중요한 문제와 비교적 덜 중요한 문제를 구별하고, 본질적 문제에 동의하면서 비본질적 부분에 관한 견해차를 이해하고 관용할 수 있길 바란다. 독자는 이 한 권의 책만으로도 천년왕국과 휴거에 관한 다양한 입장과 핵심 쟁점을 더 잘 이해할 수 있으며, 나아가 각자 최선의 해석이라고 생각하는 관점을 선택하는 데 도움을 받을 수 있다.

무엇보다 바쁜 일정에도 무사히 번역을 맞출 수 있도록 도와주신 하나님 아버지께 감사드린다. 또 이 책을 처음부터 끝까지 읽고 교정하는 일을 도와준 아내 한보연 사모와 번역을 도와주신 유연하 자매님께 감사드린다.

이 책 발간에 큰 원동력인 많은 후원회원님께 감사드리고, 특별히 출판 사역의 신실한 후원자이신 조성택 대표님(원주 백두산약국)께 감사드린다. 출판 사역을 늘 격려하시는 총장 김택수 박사님과 출판부장 곽철호 교수님, 그리고 지원을 아끼지 않으시는 사무처장 박상복 목사님께도 심심한 감사를 드린다. 시간 압박에도 편집을 훌륭하게 하신 편집장 김광모 교수님, 그리고 표지를 탁월하게 만드신 김효경 자매님에게도 특별한 감사의 말을 전한다. 이 책을 성서침례대학원대학교와 출판부를 위해 기도하며 후원하시는 모든 분께 바친다.

불광동성서침례교회 청년부 사역실에서

2019년 10월 2일

역자 최정기

시작하는 말

어떤 사람은 **교리**라는 말을 들으면 지루함에 하품을 하거나, 공포에 떨거나, 의심으로 얼굴을 찌푸린다. 교리 설교자가 짜증이 나게 했고, 교리로 반목하는 교단이 지치게 했으며, 단조로운 목소리로 교리를 설명하는 많은 학자가 지루하게 했다.

사람들이 **신학**이란 단어를 들으면 상황은 종종 더 나빠진다. 그들은 전문적 논의, 그다지 중요하지 않은 자료, 이해할 수 없는 각주—그것은 하나님께 가까이 이끌어주기보다는 멀어지게 하는 쓸데없는 정보다—로 가득한 묵중한 책을 상상한다.

신앙 성장을 추구하는 대다수 사람은 이론적 개념이 아니라, 실제 원칙을 바란다. 그들은 하나님**에 관해서**(about God)만이 아니라 하나님**을 알고 싶어 한다**(know God).

그렇지만 견고한 영적 진리 없이 진정한 영적 성장을 경험할 수 없다. 하나님을 진리를 통해(truly) 알기 전에는 참되신 하나님(the true God)을 알 수 없다.

그렇다면 어디에서 출발해야 하는가? 어떻게 단순한 의견들과 특이한 견해들로 엉킨 덤불에 얽매이지 않고, 이 풍성한 들판에서 수확을 시작할 수 있을까? 서로 모순되어 보이는 수많은 이론에서, 우리 믿음을 강화하고 실천하는 데 필요한 핵심 진리를 어떻게 가려내야 하는가?

'모든 사람을 위한 기독교 신학 시리즈'는 세부 묘사를 장황하게 늘어놓거나 논쟁에 휘말리지 않고, 핵심 정통 개신교 복음주의 교리를 소개하고 개관하며 복습한다. 간략해도 실속 있는 이 시리즈 세 권은 주요 주제에 관해 이해하기 쉽고 간편한 요약을 제공한다. 이 책들은 교회가 아주 오랫동안 피했던 바로 그 교리에 매우 굶주린 교회를 위한 안내서로 계획되었다.

각 권은 성경 주요본문, 각 주요 가르침의 역사, 적절한 도표와 그래프, 실제적 함의, 그리고 여러분이 서재에 두고 읽을 책 추천 등으로 구성되어 있다. 이 작업을 위한 우리 목표 중 하나는 신학의 길로 접어들어 본 적이 없는 사람을 돕는 것이므로, 용어 해설집—이것은 매우 특별하고 중요하다—을 포함했다. 낯선 단어를 발견했거나 개념이 궁금할 때면 언제든 시간을 내서 그 항목을 찾아보라. 비슷한 방식으로, 무슨 내용이 나올지 곧바로 조직적으로 훑어보려면 목차를 보라.

또한, 각 부(parts) 또는 장(section; 예를 들면, 이 책은 두 부로 나뉘어 있다)은 독립적이다—따로 떼어서 읽거나 참고할 수 있다. 아니면 신학의 한 '분야'에 관련된 모든 장을 관통해 연구하고 성경적, 신학적, 역사적, 실천적 차원에 관한 쏠쏠한 지식을 가지고 나올 수도 있다. 다시 말해, 이 책들은 독자의 구체적 필요와 관심에 따라 다양한 방식으로 사용할 수 있다.

'모든 사람을 위한 기독교 신학 시리즈'가 다른 작은 조직신학책과 달리, 한 특정한 복음주의 교사나 개신교 전통을 요약한 체계 모델을 따르지 않으며, 전반적으로 동의할 만한 내용을 제공하려고 애썼다. 따라서 독자는 이 책들을 제자훈련, 교리 교육, 회원 교육, 교리 예시 또는 복습, 개인 참고서 등으로 사용할 수 있다. 복음주의 운동 자체와 마찬가지로, 우리는 고전적 동의 안에서 정통성과 초교파적 협력을 추구한다.

각 권을 더 상세한 신학 논의를 보충하는(억압하는 것이 아니라), 곧 중급이나 고급 신학 서적을 보완하는(그것들과 경쟁하는 것이 아니라) 입문서로 여겨주기 바란다. 그럼으로써 교단이나 신앙고백적 신념과 관계없이 사역 훈련 프로그램, 신학대학교, 또는 신학대학원에서 더 깊이 있게 연구하려고 준비하는 학생들이 사용할 수 있다. 독자의 배경, 관심 정도, 훈련 수준이 어떠하건, 우리는 이 책이 흥미진진한 기독교 신학의 세계로 들어가는, 가벼운 산책의 끝이 아니라 평생에 걸친 여정의 시작—또는 독자의 지속적 탐구를 위한 유용한 도우미—이 되기를 바란다.

네이선 D. 홀스틴
마이클 J. 스비겔

20 교회, 성화, 종말

감사하는 말

우리는 이 책을 계획, 연구, 저술하는 데 동참한 분들이 주신 도움에 감사드린다.

달라스신학대학원(Dallas Theological Seminary)의 신학부 동료 교수님들께 특별히 감사드린다. 그들은 단순한 동료가 아니라 형제, 조언자, 멘토, 친구이다.

인턴인 루크 해터버그, 개릭 베일리, 네이션 피츠, 벤 라우리는 연구를 도왔고, 성경, 역사, 조직 신학을 연구하는 데 그리고 교리 교육이 절실하게 필요한 교회에 복음주의 신학을 전하려는 데도 열심이다.

짐머만 학장님과 아놀드 로버스탯 목사님은, 나(마이클)는 고수하지 않지만, 그들은 고수하는 합당한 복음주의 견해를 균형 있고 공정하게 제시하도록 도왔다. 내(네이션) 아내 재니스에게 감사하는 것이 당연하다. 그녀는 "이것이 실제 삶에서 무엇을 의미하는가?"를 고민하고 계속해서 물어야 함을 상기하게 했다. 그녀의 파트너십에 하나님께 감사드린다.

나(마이클)도 내 아내 스테파니에게 감사한다. 그녀는 인내심 있는 지지와 지속적인 격려로 자신이 실제로 사용할 수 있는 책을 쓰게 했다.

이 프로젝트가 잘 이뤄지게 도와준 우리 대리인 스티브 라우베, 편집하고 출판하는 과정에서 지칠 줄 모르는 수고를 보여준 팀 피터슨, 소중한 통찰력과 제안을 한 크리스토퍼 사더스트롬, 보이지 않는 곳에서 수고한 베다니 하우스의 편집·마케팅 팀에게도 감사드린다.

교회, 성화, 종말

4막으로 구성한 기독교 이야기

이 이야기를 기억하는가?

타투니(Tatoonie)의 쌍둥이 태양이 이글거리는 빛 아래서 가난한 습기 농부의 어린 조카가 자란다. 그 사막 행성의 열기보다 소년의 아주머니와 아저씨의 숨 막히는 통제가 더 강압적이다. 아저씨는 순진한 아이를 기르면서 계속해서 기계 정비, 드로이드 청소, 장비 수리 등 일을 하게 한다. 아이가 자기 과거를 묻거나, 자기 비참한 상황을 불평하거나, 집을 떠나는 운명을 꿈꾸지도 못하게 한다. 그러나 어린 루크 스카이워커는 황량한 수평선 너머 작열하는 태양들을 지나 멀리, 멀리 있는 은하계의 별들을 가로질러 "저기 바깥에 있는" 더 넓은 세상을 가슴 깊은 곳에 품고 있다.

1977년에 영화가 처음 나온 이래, '스타워즈' 현상은 계속해서 젊은 사람과 늙은 사람 모두 감명받게 했고, 타락, 투쟁, 자기희생, 그리고 속량이라는 보편적 주제를 전달했다. 이야기꾼 대부분은 그 영화 시리즈가 인간 경험의 심오한 면을 반영하며 영혼의 깊은 무언가를 건드린다고 인정한다. '스타워즈' 시리즈를 창작한 조지 루카스(George Lucas)는 고대 신화를 깊이 연구하고, 서사시, 극본, 전설, 다양한 세상 문화의 종교적 신앙에 반복적으로 나타나는 주제를 통합

하여 상당히 의도적으로 오랜 세월 동안 검증된 형식에 따라 자신의 이야기를 만들었다.[1]

루카스는 이야기꾼이 종종 '영웅 싸이클'이라고 부르는 것을 활용한다.[2] 이 패턴에 따라 저자들은 보편적 경험들—대다수, 또는 모든 개인과 문화에 공통적 요소들—을 건드림으로써 청중을 사로잡아 이끌어 간다.

- 선과 악의 충돌에 대한 개인적 경험
- 현실 세계에서의 좌절
- 미래에 대한 염려
- 더 큰 목적과 의미에 대한 인식
- 이 세상이 원래 의도한 대로가 아니라는 확신
- 상황이 언젠가 현재보다 더 나아진다는 희망

잘 알려진, 도입, 타락, 투쟁, 시험, 구속, 궁극적 승리 이야기에서 우리가 마음으로 느끼는 무의식적 실재를 말로 옮기거나, 무대에서 상연하거나, 영화에 투영한다. 우리가 영화나 책을 '좋아하는' 이유는 이것이 우리 경험과 공명하는, 이 사이클과 관련한 주제를 다루기 때문이다. 이것들은 우리에게 '말하며', 우리의 외로운 개인주의와 우리의 부패한 세상을 초월하는 더 큰 이야기에 들어가도록 초청한다.[3]

---

[1] Steven A. Galipeau, *The Journey of Luke Skywalker: An Analysis of Modern Myth and Symbol* (Peru, IL: Carus, 2001); Mary Henderson, *Star Wars: The Magic of Myth* (New York: Spectra, 1997)을 보라.

[2] 고대 영웅 신화에 관한 고전적 논의는 Joseph Campbell, *The Hero with a Thousand Faces*, 3rd rev. ed., Joseph Campbell Foundation (Novato, CA: New World Library, 2008)을 보라.

[3] James Bonnet, *Stealing Fire from the Gods: The Complete Guide for Writers and Filmmakers*, 2nd ed. (Studio City, CA: Michael Wiese, 2006); Christopher Vogler, *The Writer's Journey: Mythic Structures for Writers*, 3rd ed. (Studio City, CA: Michael Wiese, 2007); 『신화 영웅 그리고 시나리오 쓰기』, 함춘성 옮김 (서울: 비즈앤비즈, 2013); Stuart Voytilla, *Myth and the Movies: Discovering the Mythic Structure of 50*

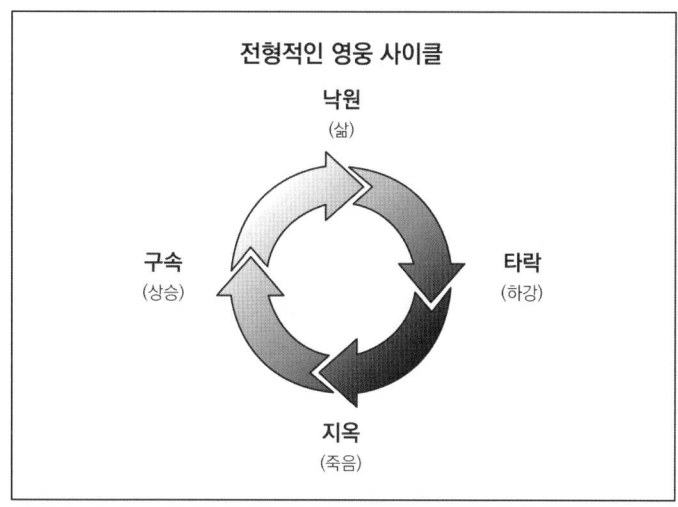

고전적 기독교 신앙의 연대기는 영웅 사이클(몇 가지 놀라운 반전들과 함께)을 연상시키는 매력 넘치는 이야기로, 네 개의 막, 곧 창조, 타락, 구속, 회복 등으로 요약할 수 있다.

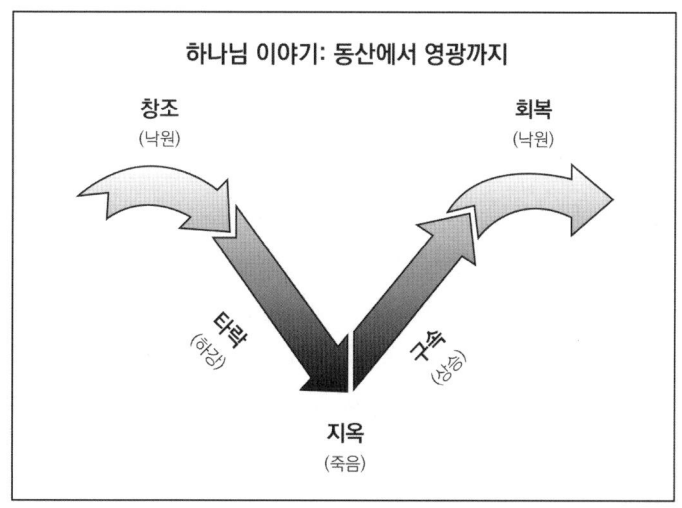

Unforgettable Films (Studio City, CA: Michael Wiese, 1999)을 보라.

1막. 창조

작곡가가 구약성경을 위한 곡을 쓴다면 그는 어떤 음악적 모티프를 선택할까? 부드러운 하프와 아름다운 선율의 현악기? 웅장한 트럼펫? 밝은 목관악기, 아니면 두드리는 드럼? 무슨 방법을 쓰든, 주제는 아마도 장엄한 교향악이 터져 나오면서 시작해, 영광스럽고 완전한 하늘과 땅의 창조를 표현하려고 풍성하게 짜인 선율로 이어진다.

그러나 이 대담한 서곡이 복스러운 발라드로 바뀌면서 어둡고 불길한 단조 화음이 선율에 스며들고, 마침내 장조에서 단조로 바뀐다. 아마도 오보에나 바순이 플루트나 피콜로를 대신하고, 베이스 드럼이 실로폰을 대신하며, 첼로와 콘트라베이스가 바이올린과 하프를 대신하고, 튜바가 트럼펫을 대신한다. 우리는 거친 불협화음을 듣는다.

그렇지만 이 불협화음에서 본래 아름다움과 장엄함과 힘에 대한 암시가 자주 뚫고 나와 다시 등장하며, 결국 궁극적으로 승리에 이른다고 약속한다.

구약성경 주제를 한마디로 말하면 무엇인가? **완전한 창조세계가 비극적으로 타락해 심판받고, 최종적 구속 약속으로 이어짐**이다.

창세기 1~2장은 하늘과 땅, 모든 생명체와 인간의 원래 창조를 놀라운 솜씨로 묘사한다. 그 이야기는 경쟁하는 신들이나 완전한 무로 시작하는 것이 아니라, **하나님**으로 시작한다. "태초에 하나님이 천지를 창조하셨다"(창 1:1). 하나님은 자기 영원하신 아들과 성령으로 존재하는 모든 것─하늘에 있는 것들이나 땅 위에 있는 것들, "보이는 것들과 보이지 않는… 것들─을 창조하셨다."[4] 삼위일체 하나님은 창조와 구속 이야기에서 작가, 제작자, 감독, 주연 배우이시다. 그리고 숙련된 이야기꾼으로서 자기 작품(시 19:1~2)과 말씀(딤후 3:16)으로 자기를

---

[4] 골로새서 1:15~16; 창세기 1:1~2, 26; 요한복음 1:1~3; 히브리서 1:2를 보라.

알리셨다. 그분은 자신의 능력, 계획, 목적 등을 보이시는 동시에 말씀하신다. 간단하게 말해, 위대하고 강하신 하나님은 알 수 있으며 또한 자신을 알리셨다. 히브리서 1:1~2은 말한다.

> ¹하나님께서 옛날에는 예언자들을 통하여, 여러 번에 걸쳐 여러 가지 방법으로 우리 조상들에게 말씀하셨으나, ²이 마지막 날에는 아들을 통하여 우리에게 말씀하셨습니다. 하나님께서는 이 아들을 만물의 상속자로 세우셨습니다. 그를 통하여 온 세상을 지으신 것입니다.5

하나님은 창조의 최고 작품으로 인간을 남자와 여자로 만드셨고, "생육하고 번성하여 땅에 충만하라, 땅을 정복하라"라는 명령(창 1:28) 말씀과 함께 그분이 만드신 모든 것을 다스리는 협력적 대리 통치자(co-regents)로 삼으셨다. 하나님은 자신의 제작 무대를 흙으로 빚으신 피조물과 공유하기를 원하셔서 먼지를 스타로 바꾸신다(시 8:3~6). 그들은 하나님의 형상으로 창조되었다. 곧, 그분의 영광과 성품을 반영하여 그분의 대표자로서 창조세계를 다스리도록 운명지어졌다(창 1:26~30). 인간은 하나님의 형상 보유자로서 에덴동산에서 일하기 시작했는데, 그것을 경작하고 궁극적으로 그 경계를 지구 전체의 경작되지 않은 곳까지 확장해야 했다(창 2:7~25).

2막. 타락

아쉽게도, 그 순수한 무죄 상태는 지속하지 못했다. 자유의지를 받은 지성적 피조물로서 첫 사람은 유혹에 굴복해 자기 창조주께 등을 돌렸기에, 지구 통치자로서 자기 역할을 박탈당하고, 죄와 사망의 희생자로 전락했다(창 3장). 이 맹렬한 불순종의 파도가 모든 인간 역사를 관통하여 재생되며 그 파괴 여파가 창세기 4~11장에 살인, 무정

---

5 히브리서 1:1~2.

부 상태, 파멸, 하나님께 반역 등으로 설명된다. 오늘날 모든 사람은 세상과 거기에 사는 사람이 뭔가 잘못됐다고 인정한다. 전도자가 말하듯이 "좋은 일만 하고 잘못을 전혀 저지르지 않는 의인은 이 세상에 하나도 없고"(7:20), 또한 "사람들은 마음에 사악과 광증을 품고 살다가 결국에는 죽고 만다"(9:3).

이렇게 해서 이야기 사이클의 절반, 곧 낙원과 생명에서, 비극적 타락을 통해, 저주받은 지상의 삶으로, 그리고는 보편적 죽음이 완성됐다.

3막. 구원

같은 작곡가에게 그 이야기의 구약성경 부분을 이어가는 신약성경의 곡을 써달라고 주문하면, 어떤 주제를 기대해야 할까? 신약성경으로 이어지는 그분 이야기는 구약성경의 시작과 어떻게 이어질까?

후속곡은 도입부 주제의 거울 이미지처럼 대칭으로 보일 것이다. 어둠에서 빛으로, 타락과 심판과 연기된 약속으로부터 성취된 약속으로, 긍휼과 은혜가 펼쳐지며, 구속이 실현된다. 불협화음의 곡조와 화음은 우리 왕 하나님을 찬양하는 목소리와 여러 악기의 교향악으로 대체된다. 거의 잊힌 전반부 도입 장면이 회복되고 더 나아가 그것을 뛰어넘는다.

그렇다면 무엇이 신약성경의 주제인가? **오랫동안 기다린, 타락한 창조세계를 구원하심으로 회복으로 이어지고 하나님의 모든 약속과 목적이 이뤄진다.**

하나님은 인류를 희망이 없게 버려두지 않으셨다. 창세기 3장에 따르면, 아담과 하와가 타락하자, 그분은 여자의 자손이 뱀 머리를 상하게 하며 죄와 악을 궁극적으로 멸할 것이라고 이미 공언하셨다(15절). 그리고는 하나님은 아브라함을 부르심으로(창 12장) 구원계획을 이뤄가셨는데, 그에게 한 특정한 자손이 세상에 축복을 전달한다고 약속하셨다(창 13:15; 갈 3:15~16). 이 약속은 아브라함으로부터 이삭과 야곱을 지나 유다 지파로 이어지고, 그다음에는 다윗 왕가로 좁혀졌다. 이사야의 유명한 예언에서 구속자에 관해 약속이 장차 임할 한 왕, 메시아에게로 좁혀진다.

> ²어둠 속에서 헤매던 백성이
> 큰 빛을 보았고,
> 죽음의 그림자가 드리운 땅에 사는 사람들에게
> 빛이 비쳤다…
> ⁶한 아기가 우리를 위해 태어났다. 우리가 한 아들을 모셨다.
> 그는 우리의 통치자가 될 것이다.
> 그의 이름은 '놀라우신 조언자', '전능하신 하나님',
> '영존하시는 아버지', '평화의 왕'이라고 불릴 것이다.
> ⁷그의 왕권은 점점 더 커지고 나라의 평화도 끝없이 이어질 것이다.
> 그가 다윗의 보좌와 왕국 위에 앉아서,
> 이제부터 영원히, 공평과 정의로 그 나라를 굳게 세울 것이다.
> 만군의 주님의 열심이 이것을 반드시 이루실 것이다. (사 9:2, 6~7)

구원계획은 구약성경 전체를 통해 계시 됐다. 인간의 실패—심지어 그분 임재와 사랑에 관해 놀라운 보장을 해주신 사람들의 실패—에도, 하나님은 계속해서 자기 약속에 신실하셨고, 마침내 약속한 자손—자기의 신성한 아들(요 3:16)—을 보내주셨다.

하나님의 아들이 구원 이야기에 들어오려고 했을 때, 하나님은 가브리엘 천사를 보내셔서 이름 없는 작은 마을의 가난한 가정에서 태어날 이 아기를 통해 옛 약속들이 이뤄진다고 확증하셨다.

> ³¹보아라, 그대가 잉태하여 아들을 낳을 터이니, 그의 이름을 예수라고 하여라. ³²그는 위대하게 되고, 더없이 높으신 분의 아들이라고 불릴 것이다. 주 하나님께서 그에게 그의 조상 다윗의 왕위를 주실 것이다. ³³그는 영원히 야곱의 집을 다스리고, 그의 나라는 무

궁할 것이다. (눅 1:31~33)

그러나 플롯이 전개할수록 하나님 이야기는 세상을 흔들어 놓을 반전을 맞는다. 사이클의 상승하는 길—영웅이 그분의 상을 향해 진격하는 동안 다양한 시련을 통과하고, 방해를 참아내며, 실패를 극복한다—을 따르는 대신 하나님께 택함을 받은 사람은 **하강의 길로 되돌아가서** 자기 목숨을 십자가형 집행자에게 내맡긴다. 인간 역사에서 유일하게 하나님과 함께 불멸의 삶을 살기에 합당한 분이 자발적으로 잔인한 죽음을 맞았다(빌 2:5~8).

이사야는 이 아이러니한 운명조차도 예언했다.

> [4]그는 실로 우리가 받아야 할 고통을 대신 받고,
> 우리가 겪어야 할 슬픔을 대신 겪었다.
> 그러나 우리는, 그가 징벌을 받아서 하나님에게 맞으며,
> 고난을 받는다고 생각하였다.
> [5]그러나 그가 찔린 것은 우리의 허물 때문이고,
> 그가 상처를 받은 것은 우리의 악함 때문이다.
> 그가 징계를 받음으로써 우리가 평화를 누리고,
> 그가 매를 맞음으로써 우리의 병이 나았다.
> [6]우리는 모두 양처럼 길을 잃고,
> 각기 제 갈 길로 흩어졌으나,
> 주님께서 우리 모두의 죄악을 그에게 지우셨다. (사 53:4~6)

그런데도 죽음은 하나님의 비할 데 없는 영웅에게 끝이 아니었다. 모든 기대와는 달리—그분의 절망한 추종자를 포함하여—예수는 무덤에서 다시 일어나서 단지 살아있는 그 이상의 상태로 밖으로 걸어 나왔다—그분은 **영광스러워지셨다**. 그는 질병, 고통, 죽음을 겪는 몸으로 죽었지만, 질병에서 자유롭고, 상처를 입지 않으며, 영원한 생명이 넘치는, 물리적이지만 불멸의 몸으로 살아나셨다.

게다가, 하나님은 예수 그리스도를 통해 당신 이야기의 마지막 장을 쓰기 시작하셨다. 그리스도를 믿음으로 그와 연합한 사람은 이제 그분 영광에 참여하여 영웅의 보상을 공유하고 하나님이 오래전 에덴에서 세우신, 인류를 위한 본래 계획을 능가하는 그분 영광에 참여할 수 있다.

영웅이 승리하고 하늘 궁전에 다시 들어감으로, 하나님의 드라마 전개에 새로운 장이 펼쳐졌다. 부활하신 구주의 승천 다음에 그리고 종말에 심판자와 왕으로 돌아오시기 전까지, 그분은 자기 영을 보내셔서 예전 원수의 마음을 움직이시고 그분 목적을 위해 부르신다. 모든 나라, 족속, 민족, 방언으로부터 무수한 회심자가 그분 편으로 몰려들었고 여전히 모여들고 있다(계 7:9~10). 만들어지는 이 왕국 역시, 그들 왕과 영적 연합을 통해 교회에서 영적 교제를 경험한다. 예수 그리스도의 인격과 사역에 중심을 두며 또한 하나님 아버지의 영광에 초점을 두는, 생명을 주는 성령의 이 영적-물리적 공동체를 통해, 그리스도의 몸의 지체들은, 믿음, 소망, 사랑으로 자라간다. 성령께서 그들 안에 역사하셔서 여전히 타락한 이 세상에서 아버지의 구속 사명을 수행하실 때, 그들은 다 함께 점점 더 그들 왕 예수를 닮아간다.6

4막. 회복

우리는 이렇게 최종 해결, 곧 처음 창조세계의 미래 회복에 이른다. 태초에 인간은 에덴에서 쫓겨났기에, 고통, 좌절, 공포, 죽음이 없는 낙원에서 불멸을 더는 경험할 수 없었다. 하나님은 현재 그리스도를 통해 성령을 매개로 당신 드라마의 마지막 장에 참가할 사람을 당신에게로 부르고 계신다. 예수께서 돌아오셔서 만물을 새롭게 하실 때, 창조물의 신음은 영광으로 바뀌고, 온 땅은 새로운, 훨씬 더 나은 에덴으로 변하며, 그리스도와 연합한 모든 사람은 그분과 같이 된다(요일 3:2).

---

6 예를 들면, 에베소서 2:10; 빌립보서 2:12~13; 마태복음 28:19~20을 보라.

계시록 21:3~4은 장래의 영광스러운 실재를 묘사한다.

> ³그때 나는 보좌에서 큰 음성이 울려 나오는 것을 들었습니다. "보아라, 하나님의 집이 사람들 가운데 있다. 하나님이 그들과 함께 계실 것이요, 그들은 하나님의 백성이 될 것이다. 하나님이 친히 그들과 함께 계시고, ⁴그들의 눈에서 모든 눈물을 닦아 주실 것이니, 다시는 죽음이 없고, 슬픔도 울부짖음도 고통도 없을 것이다. 이전 것들이 다 사라져 버렸기 때문이다."

이렇게, 창세기와 계시록 사이에, 곧 동산에서 영광까지, 하나님의 비교할 수 없는 이야기가 펼쳐진다. 모든 사람과 사건이 최종 목표-회복-을 **향하여** 역사와 인류를 움직인다. 하나님의 창조, 타락, 구속, 그리고 회복의 방대한 이야기는 진정으로 목적과 의미를 향한 우리의 쉼 없는 갈망을 만족시키며 또한 의미 있는 관계로 받아들여지고 싶은 우리 마음의 열망을 채워준다. 아우구스티누스는 언젠가 기도하기를, "당신 자신을 위해 우리를 만드셨기에, 우리의 마음은 당신 안에서 쉴 때까지 쉬지 못합니다."라고 했다.[7]

시간을 초월한 이야기 역시 인간의 불의와 불공평에 관한 궁극적 답을 제공한다. 그리스도의 왕국은 모든 사람을 위해 영원한 평화의 황금시대와 번영을 가져온다(사 11:1~9). 마찬가지로 이것은 상처받고, 외로우며, 잃어버린 자들에게 살아있으며 요동하지 않는 소망을 가져다준다. 하나님께서 우리를 위해 성경 전반에 걸쳐 예비하신 구체적인 약속들과 세세한 비전은 염려, 공포, 절망, 우울로 씨름하는 사람에게 치유 소망을 제공한다. 우리 시야가 현재 잠깐 신음으로부터 부활과 회복을 통해 미래의 영원한 영광의 확실성으로 옮겨질 때, 사도 바울의 말씀은 진실하게 들린다.

---

[7] Augustine, *Confessions* (1.1.1), Henry Chadwick, ed. and trans. (Oxford: Oxford University Press, 1998), 3.

¹⁸현재 우리가 겪는 고난은, 장차 우리에게 나타날 영광에 견주면, 아무것도 아니라고 나는 생각합니다. ¹⁹피조물은 하나님의 자녀들이 나타나기를 간절히 기다리고 있습니다. ²⁰피조물이 허무에 굴복했지만, 그것은 자의로 그렇게 한 것이 아니라, 굴복하게 하신 그분이 그렇게 하신 것입니다. 그러나 소망은 남아있습니다. ²¹그것은, 곧 피조물도 썩어짐의 종살이에서 해방되어서, 하나님의 자녀가 누릴 영광된 자유를 얻으리라는 것입니다. ²²모든 피조물이 이제까지 함께 신음하며, 함께 해산의 고통을 겪고 있다는 것을, 우리는 압니다. ²³그뿐만 아니라, 첫 열매로서 성령을 받은 우리도 자녀로 삼아 주실 것을, 곧 우리 몸을 속량하여 주실 것을 고대하면서, 속으로 신음하고 있습니다. ²⁴우리는 이 소망으로 구원을 얻었습니다. 눈에 보이는 소망은 소망이 아닙니다. 보이는 것을 누가 바랍니까? ²⁵그러나 우리가 보이지 않는 것을 바라면, 참으면서 기다려야 합니다. (롬 8:18~25)

누구나 하나님 이야기의 좋은 소식에 참여할 수 있다. 나사렛 예수는 참으로 육신을 입으신 하나님이시다. 그는 진실로 죽었다가 살아나셨고, 구원을 위해 그분만을 신뢰하는 모든 사람에게 진실로 새로운 정체성과 새로운 미래를 주신다. 그리고 이 이야기의 영웅을 믿음으로 받아들이는 사람은 만물의 회복에 참여한다.

⁵그때 보좌에 앉으신 분이 말씀하셨습니다. "보아라, 내가 모든 것을 새롭게 한다." 또 말씀하셨습니다. "기록하여라. 이 말은 신실하고 참되다." ⁶또 나에게 말씀하셨습니다. "다 이루었다. 나는 알파며 오메가, 곧 처음이며 마지막이다. 목마른 사람에게는 내가 생명수 샘물을 거저 마시게 하겠다. ⁷이기는 사람은 이것들을 상속받을 것이다. 나는 그의 하나님이 되고, 그는 내 자녀가 될 것이다." (계 21:5~7)

여러분은 '여기에' 있다

이 책의 두 부분은 하나님 이야기의 마지막 장으로 이끈다. 여기서 우리는 타락과 구원의 역사에서… 교회의 중간 사명을 거쳐… 회복의 궁극적 결과로 이동한다.

1부 '그리스도 예수 안에서 창조되다: 교회, 교회들, 그리스도인의 삶'에서, 우리는 교회의 구조 작업과 성령께서 그리스도의 몸의 지체들을 그들 왕의 형상으로 재형성하시는 지속적 사역을 본다. 이로써 우리는 이론적이며 역사적 속량으로부터 실제적이며 현재적 속량으로 전이된다.

2부 '그분이 돌아오실 때: 부활, 심판, 회복'에서 우리는 최종 완성을 위한 하나님 계획의 주요 구도를 이해한다. 타락한 세상뿐 아니라 그분의 속량된 백성에게도 그분 계획과 목적에서 헤아릴 수 없이 놀라운 미래가 있다.

교회론, 성화론, 종말론의 성경적, 신학적, 역사적 기반을 탐구함으로써 우리는 창조, 타락, 구속, 회복의 전체 이야기를 훑어볼 수 있으며, 그분이 하셨고… 여전히 하실 위대한 일들로 하나님을 찬양하는 천상의 노래에 참여할 수 있다.

> [6]또 나는 큰 무리의 음성과 같기도 하고, 큰 물소리와 같기도 하고, 우렁찬 천둥소리와 같기도 한 소리를 들었습니다. "할렐루야, 주 우리 하나님, 전능하신 분께서 왕권을 잡으셨다. [7]기뻐하고 즐거워하며, 하나님께 영광을 돌리자. 어린 양의 혼인날이 이르렀다. 그의 신부는 단장을 끝냈다. [8]신부에게 빛나고 깨끗한 모시 옷을 입게 하셨다. 이 모시 옷은 성도들의 의로운 행위다." (계 19:6~8)

그리스도 안에서 창조되다: 교회, 교회들, 그리스도인의 삶 1부

네이선 D. 홀스틴 Nathan D Holsteen

1부 그리스도 안에서 창조되다: 교회, 교회들, 그리스도인의 삶

조감도

내가 첩보 소설에 빠져 열심히 읽었던 기억이 생생하다.

나는 부모님에게서 책 사랑을 물려받았고 알리스터 맥클린(Alister MacLean) 같은 저자들이 쓴 소설에 푹 빠졌다. 나는 손에 넣을 수 있는 모든 것을 읽었다. 『H. M. S. 율리시스(*H. M. S. Ulysses*)』도 읽었다.

그러나 내가 처음 로버트 러들럼(Robert Ludlum)의 소설 『본 아이덴티티(*The Bourne Identity*)』를 읽은 일은 완전히 새로운 경험이었다. 여러분은 기본 줄거리를 기억할 것이다. 지중해를 떠다니다 발견된 된 사람이 어부에 의해 구조되고 마침내 의식을 되찾는다. 그렇지만 그는 기억상실증을 앓고, 자신이 누구인지—자기 삶을 아무것도—기억하지 못한다. 사람들은 그를 의사에게 데려갔고, 의사는 그의 엉덩이에서 수술로 이식된 마이크로필름 하나를 발견한다. 그것이 그를 취리히에 있는 은행의 비밀 계좌로 이끈다. 그리고 이야기는 시작한다. 그가 하나의 실마리에서 다른 하나로 자기 정체성을 찾아가면서 자신은 기억하지 못하는, 여기저기에 널린 위험에 점점 더 깊이 빠진다.

그 스릴러 소설의 플롯은 내 상상을 뛰어넘는다. 내가 모든 정보를 평가하고 소화하면서 **도대체 이 사람이 누구인가**를 제이슨 본과 함께 이해하려고 할 때 머리가 어지럽던 기억이 난다.

그 명작 첩보 소설과는 달리, 여러분 손에 들고 있는 이 책은 첩보 소설이 아니다. 여러분은 교회론(교회를 연구)과 성화론(거룩한 삶을 계발)의 정수를 발견하기에 앞서, 여러 전투와 기적적 탈출을 통과하지 않아도 된다. 이어지는 장에서 우리는 이 두 가지 신학의 주요 영역을 탐험하겠고, 굳이 그 주제에 관한 내 개인적 견해가 정확하다고 설득하지는 않겠다. 그렇다, 나는 내가 가르치고 설교하는 개인적 견해가 있지만, 이 책의 목적은 복음주의 관점의 통일성과 다양성을 소개하는 것이다. (여러분이 이런 단어나 용어에 익숙하지 않다면, 이 책 뒤에 있는 용어해설을 참고하라.) 이 책 전반부에서 나는 다양한 견해의 독특성을 맛보게 하고 싶고, 또한 다양한 전통에서 나온 서로 다른 흐름을 묶는 원리를 강조함으로써 복음주의의 중심으로 여러분을 돌려놓고자 한다.

『본 아이덴티티』 패턴과는 다르게, 나는 곧바로 처음부터 주요 주제에 관한 실마리를 밝히겠다. 여러분은 1부가 교회론과 성화론에 초점이 맞춰져 있음을 이미 안다. 나는 여러분이 실제 주장을 마주할 준비를 하게 돕겠다.

첫째, 교회론을 위한 방향설정이다.

교회론은 많은 그리스도인에게 신비롭게 보이며, 아마도 모호하게 다가오기도 할 것이다. 일부 전문 신학자도 이 영역에 너무 깊게 파고 들어가기를 주저한다. 그러나 나는 우리가 일단 적당한 출발지점만 잘 인지한다면 이것을 상당히 단순한 방법으로 제시할 수 있다고 생각한다. 제이슨 본의 경우와 마찬가지로, 그 출발점은 "나는 누구인가?"라는 물음이다.

본은 자기 기술들을 관찰하고 주위 사람이 자신이 누구인가를 밝히는 데 어떤 도움을 주었는지 확인함으로써 잃어버린 정체성을 이해하기 시작한다. 우리는 교회론을 다루면서 이와 비슷한 일을 하겠고, 그렇게 하면서 우리 모든 영적 능력의 총체—그리고 우리 모든 영적 관계—가 언제나, 빠져나올 수 없도록 오직 한 인물, 곧 예수 그리스도를 가리킴을 발견할 것이다. 모든 자료가 예수님을 가리킨다. 이것을 다음 말로 달리 표현할 수 있다.

내가 누구인가는, 예수님—신인(God-man)이시고, 우리 구속자이시며, 내의 구주이신 분—이 누구인가에 대한 관계로 결정된다.

자, 이 선언은 모든 개신교 복음주의 교회론을 위한 중심 원리를 가리킨다. 이 원리는 분명히 관련되어 있으면서도 구별된다.

구원자 예수 그리스도와 관계를 떠나서는 진정한 교회론은 없다.

우리 모두 알듯이, 그 구원 관계의 특징은 비가시적이라는 점이다. 아무도 다른 사람의 진정한 신앙을 '볼' 수 없다. 진정한 성도의 머리 위에 떠도는 밝은 후광은 없다. 예수 안에서 구원의 관계에 참여함을 보여주는 작고 파란 LED가 신자의 귀에 심겨 있지 않다. 또 어떤 교회나 교단에 소속되는가도 답을 주지 못한다. 진정한 그리스도인이 거의 죽어가는 교회에 다니기도 하고 비그리스도인들도 어떤 생동감 있는 교회에 어울리기도 한다. 내 영웅 중 한 분인 쟝 칼뱅은 "모든 교회는 혼합된 몸이다"라고 가르쳤을 때 이와 똑같은 관찰을 했다.[1]

여러분은 "기독교는 종교가 아니라 관계다"라는 말을 들은 적이 있을 것이다. 사람들은 종종 이 관용구를 자신의 삶에서 가시적 교회를 버린 채, 예수라는 멋진 사내와 친밀하고, 인격적이며, 개인적 관계에 초점을 둔다. 그러나 그런 오용—심지어는 남용—에도, 그 관용구에 있는 진리의 일부마저 외면해서는 안 된다. 그것은 가시적 교회를 부적절한 것으로 도외시하는 변명거리가 될 수 없다. 오히려 예수 그리스도와 우리의 비가시적, 영적 관계는 가시적 교회를 대단히 적절하게 만든다.

---

[1] Herman J. Selderhuis, ed., *The Calvin Handbook* (Grand Rapids: Eerdmans, 2009), 151.

교회론: 성자에 중심을 두고 성령으로 형성된 공동체

아주 지나치며 단순하게 들리겠지만, 다음 관찰사항은 높은 수준의 교회론을 소개한다. 교회 연구는 적절하게 말해서 구속자와 구속된 자의 비가시적 구원 관계로 시작해야 한다. 말하자면, 구속받은 사람 공동체는 아들을 중심으로 한다. 예수 그리스도는 교회의 중심이자 근원으로서, 교회는 그분의 머리됨 아래 모인 구속받은 사람의 공동체이다. 이 기본 성명에 모든 복음적 그리스도인은 동의한다.

그러나 교회론에서 복음주의자가 서로 연합하게 하는 것이 더 있다. 공동체는 명확히 성자 중심이지만 또한 성령께서 만드신다. 하나님의 성령은 예수 그리스도의 교회를 지으신다. (우리가 보겠지만, 이것이 성경의 메시지며 복음주의자가 역사를 통해 일관되게 인정한 바이다.) 결과적으로, 교회는 그 독특한 정체성을 예수 그리스도와 비가시적 관계로 구속받은 사람의 공동체라는 데서 찾는다. 그러면 우리는 성령의 사역으로 우리 구주와 비가시적으로 연합하고 그분 백성과 가시적으로 연합한다.

이것들이 복음주의 교회론이 강조하는 점이다.

    교회는 성자에 중심을 두고 성령으로 형성된다.

성화론: 성자에 중심을 두고, 성령으로 형성되며, 공동체적으로 사고하는 삶

성화 교리를 높은 수준에서 개관하는 데 간편한 진리는 이것이 교회론과 상당히 비슷한 자리에서 시작한다는 점이다. 다시 제이슨 본으로 돌아가면, 본이 "나는 누구인가?"에 대답하기 시작하면, 그는 또한 "나는 이제 무엇을 해야 하는가?"에 대답하기 시작해야 한다. 우리가 전자를 깨달을 때만 후자에 합리적으로 접근할 수 있다.

이것이 교회론을 뒷받침하는 원리가 성화도 뒷받침하는 정확한 이유다. **성화 연구는 적절히 말해서 구속자와 구속받은 자 사이의 비가시적 구원 관계에서 시작해야 한다.** 다시 말하건대 이것이 시작점인 것은, 누구도 구원을 통해 예수 그리스도와 연합한 상태가 아니라면 그리스도인의 삶을 살 꿈도 꾸지 말아야 하기 때문이다. 말하자면, 진정한 성화는 진정한 칭의에서 흘러나온다. (그러나 칭의는 이 시리즈의 다른 책에서 훨씬 더 상세하게 다룬다. 여기서는 칭의와 성화의 관계에 초점을 둔다.)

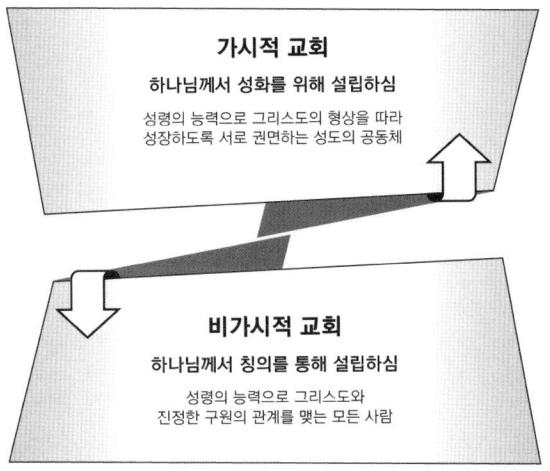

성화는 '나-중심'이 아니라 '우리-중심'이다. 그 초점은 성령의 능력으로 그리스도께 맞춰지지만, 그 **목적**은 공동체를 위함이다. 나는 지리적 공동체를 말하지 않고, 그리스도의 몸을 말한다. 성화는 예수 그리스도와 구원 관계를 맺은 사람이 거룩함 가운데 성장하는 것으로서, 그분 몸인 교회를 강화하려는 목적을 갖는다. 의롭게 된 개인이 지역 교회 공동체라는 상황에서 성령의 사역을 통해 그리스도와 서로 간에 교제하며 성장할 때, 그리스도의 전 세계적 몸도 거룩함으로 성장하여 그리스도의 이름을 광대하게 하고, 하나님 아버지께 영광을 돌린다.

그것이 전부다. 그것이 우리의 조감도이다. 남은 것은 이 두 기본 진술의 결과를 숙고하는 것이다.

- 교회 연구는 적절하게 말해서 구속자와 구속받은 사람들 사이의 비가시적 구원 관계에서 시작해야 한다.
- 성화 연구는 적절하게 말해서 구속자와 구속받은 사람들 사이의 비가시적 구원 관계에서 시작해야 한다.

반드시 알아야 할 성경 본문

어떤 사람이나 교회나 사역을 '복음적'이게 하는 것이 무엇인가를 정확히 정의하기가 항상 쉽지는 않다. 그렇지만 한 가지 두드러진 점은 "신앙과 실천에서, 영감된 성경의 최종 권위라는 독보적 지위"를 주장함이었다.1 '신학 하기'에서 성경의 위상은 미친 세상에서 절박한 지도자들이 안정된 권위를 수립하려고 최근에 발명한 것이 아니다. 신성한 계시로 유일하게 영감받은 원천으로서 성경을 신뢰함은 수천 년간 기독교 전통의 일부였다.

아우구스티누스는 AD 420년 즈음에 초대교회의 신앙을 요약하면서 성경은 "우리가 몰라서는 절대 안 되지만, 우리 스스로는 알 수 없는 모든 문제에 동의하게 하는… 최종 권위를 지닌다"라고 말했다.2 유사하게 위대한 중세 신학자 캔터베리의 안셀무스도 1100년 즈음에 썼다. "내가 만약 성경에 명백히 반대하는 것을 말했다면 그것은 오류다. 그것을 안다면 나는 그것을 더는 고수하지 않는다."3 또 종교개혁 때 마틴 루터가 그리스도인의 확신 문제에 최종 권위인 하나님 말씀 위에 담대하게 섰던 것을 관찰해야 한다. "만약 성경의

---

1 Michael J. Svigel, *RetroChristianity: Reclaiming the Forgotten Faith* (Wheaton, IL: Crossway, 2012), 25.

2 Augustine, *City of God*, 11.3, in *Post-Nicene Fathers of the Christian Church*, eds. Philip Schaff and Henry Wace. 1st series, 14 vols. (Grand Rapids: Eerdmans, 1956), 2:206.

3 Anselm, *Why God Became Man*, 1.18 (St. Anselm, *Proslogium; Monologium; An Appendix on Behalf of the Fool by Gaunilon; and Cur Deus Homo*, repr. ed., trans. Sidney North Deane [La Salle, IL: Open Court, 1926], 220).

증거나 명백한 이성에 의해 확신할 수 없다면… 나는 취소할 수도 없고, 취소하지도 않을 것이다."4

교부들, 중세교회, 개신교회, 복음주의가 신앙과 행실의 모든 문제에 대한 최종적이고, 흠잡을 데 없고, 수정 불가능한 권위로서 영감된 성경에 헌신함은 놀랄 일이 아니다. 바울 자신도 "모든 성경은 하나님의 영감으로 된 것으로서 교훈과 책망과 바르게 함과 의로 교육하기에 유익합니다."(딤후 3:16)라고 말한다. 모든 교리 탐구에서 우리 출발점이자 신학의 중심인 성경으로 돌아오는 이유는 거기에서 당면한 문제에 관한 하나님 자신의 음성을 듣기 때문이다.

신약성경의 다음 13개 본문은 기독교 교회론과 성화론을 위한 기반과 구조를 형성한다. 수많은 다른 본문을 포함할 수 있지만, 여러분은 이 본문을 숙지함으로 기독교 공동체와 그리스도인의 삶을 확고하게 이해할 수 있다. 이 본문의 의미에 관한 성경을 믿는 다양한 그리스도인의 일치점과 불일치점들에 관한 기본 토론을 하면서 암송해야 할 구절도 찾아보겠다.

본문 1. 사도행전 2장: 오순절과 성령강림

나는 자라면서 2차 세계대전에 관한 모든 것에 열광했다. 나는 이 주제에 관한 책과 백과사전 전집을 다 읽어서 심지어 **독일 소형전함 비스마르크가 일본 대전함 야마토와 대결한다면 무슨 일이 일어났을까**도 상상하기까지 했다. 이렇게 빠져있던 어느 순간 나는 '전환점(turning point)'이란 개념에 마주쳤다. 미국인이 태평양전쟁이라고 부른 미드웨이 전투는 전환점—일본군 우세에서 미군 우세로 바뀐 시점—으로 알려져 있다. 그 한 접전에서 일본 함대는 항공모함 4대를 잃었다. 아가기, 카가,

---

4 Cited in William C. Placher, ed., *Readings in the History of Christian Theology*, vol. 2, *From the Reformation to the Present* (Philadelphia: Westminster, 1988), 11.

히류, 소류가 가라앉음으로 2천 명 이상의 선원이 죽었고, 또한 일본 해군이 태평양에서 효율적 공중전을 유지할 능력을 상실했다.

역사가들은 미드웨이 전투의 정확한 영향을 두고 여전히 논쟁하지만, 종류가 완전히 다른 전환점이 교회에 대한 어떤 성경적 논의에든 가로질러 서 있다. 그것은 우리가 오순절이라고 부르는 성령의 사역이 일어난 결정적 시점이다. 중심 본문은 사도행전 2장이다.

> **성경 암송 1**
>
> **사도행전 1:4~5**
>
> ⁴예수께서 사도들과 함께 잡수실 때에 그들에게 이렇게 분부하셨습니다. "너희는 예루살렘을 떠나지 말고 내게서 들은 아버지의 약속을 기다려라.
> ⁵요한은 물로 세례를 주었으나, 너희는 여러 날이 되지 않아서 성령으로 세례를 받을 것이다.

성령의 사역에서 변화를 이해하려면 사도행전 1장을 출발점으로 삼는 게 중요하다. 누가는 예수님 승천 다음에 사도들 사역을 말하기에 앞서, 어떻게 예수께서 그들에게 예루살렘에서 "너희가 내게서 들은 바"라고 말씀하신 "아버지의 약속"을 기다리라고 하셨는지 회상한다(1:4). 나아가 그들이 기다려야 하는 것을 "너희는 여러 날이 되지 않아서 성령으로 세례를 받을 것이다."(1:5)라고 하신 것과 동일시하신다.

사도행전 본문에서 제자들은 주님의 이 예언이 전환점을 가리킨다고 곧바로 이해했다. 그들은 이 예언을 이스라엘에서 왕국이 회복되는 약속과 연결했기 때문이다(1:6). 하지만 실제로 벌어진 일은 그들이 기대한 것과 정확히 일치하지는 않았다. 문자적인 방식으로 이스라엘에게 왕국이 곧바로 회복되는 대신, 전환점은 새로운 사역, 곧 성령 침례를 수반했다.

복음주의에서 다양한 전통이 성령 침례의 중요성을 다른 방식으로 이해하지만, 사도행전은 다음 의미를 명확히 한다.

1. 오순절에 나타난 성령의 사역은 성령 침례라고 불려야 한다.
2. 성령 침례는 아버지께서 약속하시고 그리스도께서 인정하셨다.
3. 따라서 성령 침례는 뭔가 새롭다. 이것은 하나님의 영의 사역 가운데 전환점이다.
4. 성령 침례는 이어지는 사도들의 선교와 신약 교회의 존재를 위한 기반이 된다.

첫째 명제는 사도행전 1:5, 2장, 11:15~16의 상호연관성을 관찰할 때 쉽게 밝혀진다. 1:5에서 예수님 자신이 '성령으로 침례'라고 묘사하신 사건을 예언하셨다. 어떤 사람은 이것이 사도행전 2장에서 오순절을 묘사하는 것과 일치하지 않는다고 하는데, 여기에서는 제자들에게 끼친 성령의 영향이 "성령으로 충만했다"라고 묘사되었기 때문이다. 그러나 이런 표면적 구별에 신경을 쓰지 않아도 된다. 예수님의 말씀을 직접 들었고 오순절에 성령 사역의 수혜자였던 베드로는 이 **충만**을 예수님께서 사도행전 1장에서 언급하신 성령 **침례**에 대한 약속과 동일시했기 때문이다(11:15~16을 보라).

사도행전 11장은 10장에서 말한 베드로와 이방 신자 이야기를 반복하면서 주님이 기적적으로 일하셔서 사도들에게 이방인도 성령의 새로운 사역에 포함됨을 보여주셨다. 간단히 말해, 하나님은 베드로에게 환상을 통해 이전에 (하나님의 백성에게) 부정했던 것이 전환점을 지나자 정결해졌음을 가르쳐주셨다. 그 결과 베드로는 몇몇 유대인 동료와 가이사랴에서 이방인인 고넬료의 집에 들어갔다. 그곳에 있으면서 베드로의 말을 듣고 있던 이방인에게 성령의 선물이 내려졌다. 이것은 유대인 신자를 놀라게 했는데 "이방 사람에게도 성령을 선물로 부어" 주셨기 때문이다(10:45).

더구나 베드로는 그 이방인에게 이루어진 성령의 사역과 자신이 오순절에 경험한 사역을 곧바로 동일시했다. 그는 "이 사람들도 우리와 마찬가지로 성령을 받았으니, 이들에게 물로 세례를 주는 일을 누가 막을 수 있겠습니까?"라고 말했다(10:47). 이 설명은 다른 중요한 점을 암시한다. 이때부터 비유대인(이방인)은 더는 유대교로 개종함으로가 아니라 예수님을 믿음으로 구원될 것이었다(아래에서 넷째 명제에 관해 더 읽어보라).

이 사건에서 우리 주의를 끄는 행동이 한 가지 더 있다. 베드로가 예루살렘으로 돌아와 유대 그리스도인에게 가이사랴에서 일어난 일을 보고했을 때, 그는 똑같은 확신을 다시 진술했다. 곧, 제자들에게 오순절에 일어났던 일이 이제 그리스도를 믿는 이방인에게도 일어났다. 그러나 이번에 그는 자신의 확신에서 한 단계 더 나아간다. 그는 (사도행전 10장에 묘사된) 성령을 '받음'을 성령의 '침례'와 동일시했다. "그때 나는 '요한은 물로 세례를 주었지만, 너희는 성령으로 세례를 받을 것이다'라고 하신 주님의 말씀이 생각났습니다"(11:16).

이제 우리는 완전히 한 바퀴 돌아 제자리에 왔다. 그리스도께서 예언하신 바로 그 사건이 성령 침례로 나타났다. 오순절 성령강림은 성령 침례다. 이 갓 태어난 운동에서 이방인의 입지를 확고하게 한 사건은 성령 침례다.

이 성경의 전환점에서 중심 사건—성령 침례—을 규명했으므로 그 사건의 의미를 따져보자. 그것은 위에서 진술한 둘째, 셋째, 넷째 명제에 묘사되어 있다.

둘째, 성령 침례는 아버지께서 약속하신 것이며 그리스도께서 이루신 것이다. 이것은 사도행전 1장이 말한 것을 단순히 다시 진술한 것이므로, 논쟁의 여지가 전혀 없고 극소수의 복음주의자만이 여기에 이론을 제기할 것이다. 그러나 우리가 마지막 두 명제로 가면 문제는 더 흥미롭다.

셋째로 성령 침례는 성령의 사역에서 새로운 전환점이 되었다. 이 명제는 사도행전에 명확하지 않지만, 많은 독자에게 이것은 본문이 명확히 말하는 바가 함축한, 절대적으로 피할 수 없는 결론이다. 예를 들면, 예수님의 명령에서 더 그럴듯한 다른 결론을 끌어낼 수 있을까? 그분께서 제자들에게 예루살렘에서 아버지께서 약속하신 것을 기다리라고 말씀하셨을 때, 이미 일어난 일을 기다리라고 말하고 있다고 보기는 어렵다. 그분 명령은 어떤 새로운 일, 아버지께서 주신 약속과 관련된 일이 막 일어나려는 일임을 의미한다. 사도행전 2장에서 누가는 성령 침례가 그 이상으로 새로운 것임을 강하게 암시한다. 제자들의 경험과 베드로가 그 경험을 변호하면서 예루살렘에 모인 사람들에게 말한 것을 보면 다른 입장들은 어색할 뿐이다.

이 전환점에 관한 넷째이자 마지막 명제는 성령 침례가 사도들의 선교와 신약 교회의 경험을 위한 기반이라는 점이다. 사실상 성령 침례가 이 책 나머지 부분의 기반으로 보이는 것은 사도들이 이 책 나머지에서 행한 모든 것이 이것에 의해 예측되었고, 또 동력을 얻었기 때문이다. 게다가 성령 침례는 속량 받은 자들의 막 태어난 공동체에 정체성을 부여했다. 언약 공동체는 유대인에게 더는 한정되지 않고 이제 **그리스도를 믿는 모든 자**에게 개방되었다. 성령께서 모든 사람을 동등하게 받아주신 것은 예수를 믿는 모든 사람의 평등성을 극적으로 보여준다.

복음주의자는 이 본문이 교회 이해에 핵심적 위치를 차지한다고 동의한다. 19세기 스코틀랜드 장로교의 대표자인 조지 스미튼(George Smeaton)은 이 전환점의 결정적 성격에 관한 한 관점을 제시한다.

그리스도의 교회는 정확히 말해서 그분께서 육체로 계실 동안에는 존재하지 않았다. 그분 말씀이 개별 영혼에 들어가시기는 했지만 말이다. 그것은 주님께서 성령의 권능으로 말씀이 구원의 효력을 발휘하는 영혼을 교회에 들여보내신 오순절에 일어났다. 성령은 그분의 '선교'라고 불리는 일의 시작에 제자들을 살아있는 단일체로 모으셨고, 성령의 이 위대한 일은 교회, 하나님 나라, 그리스도의 몸, 성령의 전, 성령 안의 하나님의 거할 처소(엡 2:22), 어둠과 죽음의 왕국에서 정복이라고 불린다.5

그렇다면 사도행전 2장은 출발점의 핵심, 곧 **교회론의 초점은 신자와 예수 그리스도와의 관계에 있다**는 점을 위한 확고한 기반이 된다. 그 관계는 성령 침례로 이루어진다.

복음주의자는 교회를 정의하는 데에 성령의 사역이 결정적으로 중요하다는 점에 폭넓게 동의하지만, 교회의 경계를 정확히 어떻게 이해할 것인가에 관해서는 상당한 불일치가 있었다. 예를 들면, 우리는 성령 침례 이전에 하나님을 믿은 사람을 교회 일부로 간주해야 하는가? 어떤 복음주의자는 그렇다고 하는데, 핵심은 하나님과 올바른 관계며, 그리스도의 초림 이전의 성도도 그분의 흘리신 피에 근거해서만 구원받을 수 있고 하나님의 백성이 되기 때문에, 그들도 교회의 지체라고 한다. 다른 사람들이 반대하는 이유는, 성령의 '전환점'을 이루는 새로운 사역에서 보듯, 교회의 구별된 표징은 그리스도와 특별한 관계에 있기 때문이다. 어떤 복음주의자는 이전 시대 성도의 구원을 부정하지 않지만, 그 구원을 다른 관점으로 이해한다.

이것은 개신교 교회론에서 가장 많이 토론하는 주제의 하나다. **교회는 언제 시작되었는가?** 다음 표는 세 가지 다른 대답이다.

---

5 George Smeaton, *The Doctrine of the Holy Spirit* (Edinburgh: T&T Clark, 1882), 230.

교회의 시작에 관한 견해

견해	대표자	근거
교회는 아담과 함께 시작했다	R. B. 카이퍼6	모든 구원받은 사람은 한 구원자를 통해 한 가지 방법으로—그리스도에 대한 믿음으로—구원받았다. 그렇다면 구약의 성도는 구약이 예언한 그리스도를 믿음으로 구원받는다. 따라서 모든 구약 성도는 한 교회, 그리스도의 몸을 이루는 지체들이다. 이 구원받는 믿음의 논리적 출발점은 아담과 하와며 그들은 첫 교회를 구성했다.7
교회는 아브라함과 함께 시작했다	D. 더글러스 배너만	아브라함이 성경에서 한 역할의 중요성과 하나님께서 그에게 주신 약속들의 성격상(그 둘은 성격상 연합을 이룬다) "복음과 은혜 언약 위에 세워진, 하나님의 교회는 하나님께서 아브라함과 계약을 맺으신 일과 구체적이며 가시적으로 연결되어 세워졌다."8
교회는 오순절에 시작했다	밀라드 에릭슨	에클레시아(ecclesia)라는 용어가 신약에서 사용된 양식과 예수님이 마태복음 16장에서 당신 교회를 여전히 미래로 말씀하신 것은 사도행전 2장에서 성령이라는 선물의 중요성과 함께 교회가 오순절에 시작되었다고 결론짓게 한다.9

---

6 R. B. Kuiper(1886~1966)는 Westminster Theological Seminary의 신학교수(및 설립자)였고 Calvin Theological Seminary의 총장도 역임했다.

7 R. B. Kuiper, *The Glorious Body of Christ* (Grand Rapids: Eerdmans, 1966), 21~22.

우리가 사도행전 2장을 약간 다르게 읽을 수 있지만, 동시에 복음주의자는 주요 요점들에서 일치한다. 교회는 그리스도와 구원의 관계를 맺는 것으로 정의되고, 그 관계는 오순절에 성령께서 오심으로 급격히 변화되었으며, 그것은 하나님의 구속사에서 '전환점'이 됐다.

본문 2. 로마서 11장: 감람나무, 이스라엘, 교회

2012년이 끝날 무렵, 세상은 (마야 달력이라고 일반적으로 알려진) 중앙아메리카의 긴 달력에 매료되었다. 어떤 해석에 따르면, 그것은 5,125년을 순환하여 그해 12월 21일에 끝났다. 이것은 몇 가지 상상—어떤 것은 진지하고, 어떤 것은 웃기는—을 불러일으켰다. 내가 가장 좋아하는 것은 댄 피라로(Dan Piraro)의 만화로 두 명의 고대 마야인이 등장하는데, 한 사람이 자신이 최근 새긴 순환 달력을 주면서 말한다. "나에게는 2012년까지만 갈 수 있는 공간이 있었어." 다른 사람이 대답했다. "하! 그건 언젠가 어떤 사람을 공포에 떨게 하겠는걸!"[10]

종말을 예언하는 자들이 틀렸다는 사실이 곧바로 분명해졌지만, 여전히 합당한 역사적 질문이 남아 있다. "이 모든 것이 의미하는 것은 무엇인가?"

교회론과 관련한 다음 중요한 본문에도 같은 질문을 할 수 있는데, 여기에서도 우리는 다시 한번 일치점과 불일치점들을 발견한다. 그것은 그 본문이 가진 이미지를 어떻게 해석하느냐와 관련이 있다. 바울은 감람나무를 이스라엘과 교회의 관계를 설명하는 예로 사용한다.

---

[8] D. Douglas Bannerman, *The Scripture Doctrine of the Church* (Edinburgh: T&T Clark, 1887), 5.

[9] Millard Erickson, *Christian Theology* (Grand Rapids: Baker, 1983), 1047~49.

[10] Dan Piraro, *Bizarro*, 킹 피쳐(King Features)사가 2009년 12월 21일에 판매해 배포한 만화임. bizarrocomics.com에서 접근할 수 있음.

그 이미지는 로마서 11장에서 다소 갑작스럽게 등장한다. 바울은 이방인 그리스도인을 '원 돌감람나무에서 찍힘을 받고 본성을 거슬러 좋은 감람나무에 접붙임을 받은' 가지에 비유한다(24절). 같은 선상에서 그리스도를 거절한 이스라엘 백성을 '불신앙 때문에' 좋은 감람나무에서 잘린 가지로 묘사한다(20절).

> **성경 암송 2**
>
> **로마서 11:19~21**
>
> [19] 그러므로 "본래의 가지가 잘려나간 것은, 그 자리에 내가 접붙임을 받게 하시려는 것이었다"라고 그대는 말해야 할 것입니다.
> [20] 옳습니다. 그 가지들이 잘린 것은 믿지 않은 탓이고, 그대가 그 자리에 붙어있는 것은 믿었기 때문입니다. 그러니 교만한 마음을 품지 말고, 도리어 두려워하십시오.
> [21] 하나님께서 본래의 가지들을 아끼지 않으셨으니, 접붙인 가지도 아끼지 않으실 것입니다.

이것은 많은 성경 학도를 괴롭힌 질문을 일으킨다. 곧, 그 나무 자체는 무엇을 대표하는가? 그리스도를 거부하는 이스라엘이 나무에서 잘린 본래 가지로 묘사되고, 그리스도를 믿는 이방인이 그 나무에 접붙여진 돌감람나무 가지로 묘사된다면, **그 나무는 무엇인가?**

셀 수 없이 많은 대답이 있었지만, 두 가지가 가장 주목을 받았다. (1) 나무는 이스라엘을 대표한다. (2) 나무는 언약적 축복의 자리를 대표한다. 첫 번째 견해를 택하는 사람은 교회를 '새로운'(또는 '진정한') 이스라엘로 제시한다. 이 견해에서 나무 자체의 이미지가 '이스라엘'로 가장 잘 동일시되는 이유는 이스라엘이 하나님께서 아브라함에게 주신 약속의 상속자이기 때문이다.[11] 이것은, 예를 들어, 어떤

---

[11] 이스라엘의 이 약속들과 관계는, 예를 들면, 로마서 9:4 같은 곳에서 인정된다. 따라서 이스라엘이 아브라함에게 주신 약속들(땅, 씨, 축복—창 15

복음주의자가 다음 진술을 하게 했다. "그리스도에게 연합된 사람[곧, 교회]은 이스라엘에게 연합된 것이다. 그들은 아브라함의 씨로서 이스라엘 나라의 구성원이요, 성도들과 함께 한 시민이요, 하나님의 언약 백성이다."12

다른 복음주의자는 이미지의 성격이 그런 입장을 배제한다고 생각해,13 두 번째, 곧 나무가 신성한 축복의 자리(또는 그분께서 계시한 바를 믿음으로 하나님과 올바른 관계에 있는 상태)를 대표한다고 생각한다. 따라서 많은 이스라엘 사람(원가지들)이 불신앙 때문에 그들 자신의 언약 약속들에 참여하지 못하게 되었음에도, 어느 날 "모든 이스라엘이 구원받을 것이다"(26절). 곧, 그리스도를 거부한 이스라엘 모두가 하나님의 은혜로 순종의 자리로 미래에 돌아올 것이다.14 따라서, 두 번째 선택지는 교회가 이스라엘과 구별된다는 결론—첫 번째 견해를 택하는 많은 사람이 동의하지 않는—에 이른다. 결과적으로 로마서 11장은 언제나 논쟁의 여지를 내포한다.

그러나 로마서 11장을 전적으로 '논쟁의 영역'으로 제외하기에 앞서, 우리는 감람나무 비유에 관한 두 견해가 동의하는 점에 주목해야 한다. 어느 견해건 교회와 이스라엘은 적어도 한 가지 중요한 점에서 참으로 일치한다. 둘 다 믿음으로 '감람나무 뿌리의 진액'을 함께 받는다(17절). 둘 다 생명과 활력을 얻으려고, 은혜로우신 하나님

장과 17장을 보라)을 상속했지만, 이스라엘의 신실하지 못함으로 이 약속들로부터 떨어져 나갔다.

12 Edmund Clowney, *The Church* (Downer's Grove, IL: InterVarsity, 1995), 53~54.

13 예를 들어, 믿지 않는 이스라엘은 감람나무에서 잘린 가지로 대표되고, 믿는 이스라엘은 가꿔진 감람나무의 본래 가지로 대표된다는 것은 나무 자체가 이스라엘이라는 주장 앞에서 무너진다.

14 George Eldon Ladd, "Historic Premillennialism," in Robert G. Clouse, ed., *The Meaning of the Millennium: Four Views* (Downer's Grove, IL: InterVarsity, 1977), Kindle locations 208~209를 보라.

과 생명을 주는 관계에 의존한다. 다시 한번 우리는 교회론의 근본 원칙을 확인한다. 교회의 진정한 정체성은 그리스도를 통해 구원하시는 하나님과의 관계에 놓여있다.

본문 3. 고린도전서 12:12~31: 그리스도의 몸과 지체들

최근에 나는 TV 서비스 안내—수백 개의 채널(거기에 쇼핑 채널이 이어지고 또 이어졌다)을 제공하는 화면—를 훑어보고 있었다. 전체적으로 나는 몇 가지 쇼에 인상을 받았는데 그것들의 주된 관심은 몸의 이미지와 관련되어 있었다. *Project Runway*, *America's Next Top Model*, 그리고 다른 많은 것이 이상적 인간형으로 우리 문화적 시야 앞에 행진하고 달릴 준비가 되기보다는 소파에 처박힌 사람을 위해 *Instantly Workout*, *Beauty Report*와 같은 것들이 몸을 만들라고 독촉한다. TV는 우리 문화가 몸에 집착한다는 증거를 넘치게 보여준다.

이것은 내게 산타(Santa)의 작업장에서 바비 인형을 선물 상자에 넣고 있던 엘프를 생각나게 한다. 그때 매니저가 와서 캐물었다. "너 지금 뭘 하는 거니?"

엘프는 "이건 괜찮아요"라고 말했다. "이 소녀는 나쁜 아이 명단에 있어서 산타는 그 애의 자존감을 건드릴만한 것을 주고 싶어 해요!"

어쨌든, 우리가 몸에 모든 관심을 쏟아도, 하나님의 가장 중요한 메시지의 하나를 놓친다는 것—그리스도인은 몸에 신경 써야 하고, 그런 관심을 그리스도의… 몸에 쏟아야 한다—은 역설적이다.

이 교훈은 영적 은사에 관한 논의로 시작하는 고린도전서 12장에서 확인할 수 있다. 그리스도의 몸인 교회는 몇 가지 다른 은사를 나타내는데 그것들 모두는 같은 주권적 근원인 성령에게서 나온다. 은사에 관해 그리스도의 몸은 하나님이 의도하신 다양성 가운데 통일성을 나타낸다. 통일성과 다양성이라는 같은 원리가 그 장의 내용을 채운다. 바울은 12절에서 시작해 반복해서 모든 신자가 독특하되,

모든 독특한 신자가 같은 몸의 일부라는 점을 강조한다. 게다가 이 것은 정확히 하나님의 영이 의도하신 결과로서, 그분 일은 모든 신자를 그리스도의 한 몸이 되게 침례 주는 것이다. 어떤 몸이 한 부분으로만 이루어져 있다면 수십억 번을 재생해도 제대로 기능할 수 없다. 이것이 바울이 관찰한 중요한 점이다. "그런데 실은 하나님께서는, 원하시는 대로, 우리 몸에다가 각각 다른 여러 지체를 두셨습니다. 전체가 하나의 지체로 되어 있다고 하면, 몸은 어디에 있습니까? 그런데 실은 지체는 여럿이지만, 몸은 하나입니다"(18~20절).

> **성경 암송 3**
>
> **고린도전서 12:4~7**
>
> ⁴은사는 여러 가지지만, 그것을 주시는 분은 같은 성령이십니다.
> ⁵섬기는 일은 여러 가지지만, 섬김을 받으시는 분은 같은 주님이십니다.
> ⁶일의 성과는 여러 가지지만, 모든 사람에게서 모든 일을 하시는 분은 같은 하나님이십니다.
> ⁷각 사람에게 성령을 나타내 주시는 것은 공동 이익을 위한 것입니다.

이 구절은 사도행전 2장의 요점을 다시 강조한다. 오순절 이래 성령의 구별된 사역은 신자에게 '침례를 주어' 교회에 통합하는 일이다. 보이지 않는 영적 실재가 속량된 사람의 공동체에 대한 진정한 멤버십을 받쳐준다. 바울은 이처럼 은사를 공유하며 영적 성장이 일어나는 공동체로 통합을 성령의 '침례'라고 부른다(고전 12:13).

더구나 지체와 몸에 관한 진리—다양성과 통일성—는 매우 실제적인 또 다른 목적으로 인도한다. "그래서 몸에 분열이 생기지 않게 하시고, 지체들이 서로 같이 걱정하게 하셨습니다"(25절). 이 그림은 그리스도의 몸을 이루는 각 지체가 다른 모든 지체를 존경과 긍휼의 눈으로 보고 대해야 한다는 내용이다. 진정한 공동체적 삶은 우리가 자신을 위해서가 아니라 서로를 위해서 헌신하고 동참하는 지체가 되는 지역 교회에서 이루어진다.

본문 4. 베드로전서 2:4~10: 왕 같은 제사장인 교회

이 짧지만 강력한 본문에서, 우리는 다시 일치와 불일치의 패턴을 발견한다. 어떤 복음주의자는 교회를 이스라엘에 주어진 구약의 약속들의 수혜자가 되는 것으로 보지만, 다른 사람은 구약의 (신약 본문에서) 인용을 영감받은 신약 저자가 교회의 성격에 관한 요점을 말하려고 도움을 주는 예로 본다.

성경 암송 4

베드로전서 2:5, 9

⁵살아있는 돌과 같은 존재로서 여러분도 집 짓는 데 사용되어 신령한 집이 됩니다. 그래서 여러분은 예수 그리스도로 말미암아 하나님께서 기쁘게 받으실 신령한 제사를 드리는 거룩한 제사장이 되십니다.

⁹그러나 여러분은 택하심을 받은 족속이요, 왕과 같은 제사장들이요, 거룩한 민족이요, 하나님의 소유가 된 백성입니다. 그래서 여러분을 어둠에서 불러내어 자기의 놀라운 빛 가운데로 인도하신 분의 업적을, 여러분이 선포하는 것입니다.

이 경우, 베드로는 몇 개의 구약 본문을 사용해 교회는 각각의 '살아있는 돌들'이 '영적 집'으로 지어지는 공동체로서 거룩한 제사장이 되어, "예수 그리스도로 말미암아 하나님께서 기쁘게 받으실 신령한 제사를 드린다"라고 묘사한다(4~5절). 성경을 믿는 해석자는 이 점에 확실하게 동의한다. 여기에서 구약의 상징은 강렬한 그림을 그리는데, 성전과 제사 제도의 정신적 이미지는 교회의 본질을 설명하려는

저자의 계획을 예리하게 설명한다.

　이스라엘과 교회의 관계에 관한 질문을 둘러싼 차이점들을 초월하여 베드로의 강조점은 상당히 직설적으로 보인다. 곧, 하나님은 교회에서 어떤 일을 하고 계시는데, 그것은 이스라엘과 관련이 있지만, 이스라엘의 경우에는 결코 완전히 성취된 적이 없는 일이다. 구체적으로, 그분은 이스라엘에 행하신 것보다 더 많은 일을 교회에 하신다. 물론 그 둘에게 하시는 일의 패턴에는 유사점이 있다. 예를 들면, 베드로는 그리스도께 속한 자들을 "택하심을 받은 족속이요, 왕과 같은 제사장들이요, 거룩한 민족이요, 하나님의 소유가 된 백성"이라고 부른다(9절). 이 모든 표현은 이스라엘에 관한 구약의 묘사지만, 이제 교회에 관해서 하나님께서 당신 은혜를 새로운 방식으로 계시하셨음을 나타낸다. 그리스도 안에서 하나님의 은혜가 교회를 구약의 이스라엘이 되게 하시지는 않았지만, 마땅히 되어야 했던(왕과 같은 제사장, 거룩한 나라) 어떤 것이 되게 하셨다.

　이것은 모든 교회론의 중심 초점으로 돌아오게 한다. 곧, 은혜에 의해, 믿음을 통해, 성령의 기적적 사역으로 이루어지는 구속자와 구속받은 자의 구원 관계이다. 스캇 맥나이트는 이것을 잘 말했다.

> 교회는 구원받은 공동체이기에 배타적이며 특권적 공동체이다. 이 것은 사회적 상호작용을 위해 참여자에게 기회를 제공하려고 구성된 사회 조직이 아니다. 이것은 그런 의도로 전혀 구성되지 않았다. 차라리 이것은 하나님께 부름을 받아 그분을 신뢰하고 복종하며 똑같이 신뢰와 복종으로 부름을 받은 다른 사람과 협력하는 사람의 무리이다. 오늘날 이런 식으로 자신을 곧바로 '광고하지' 않는 어떤 교회도 '교회 안에' 있다는 의미를 이해하지 못한다. 처음부터 끝까지 교회는 그리스도와 성령께서 참여하시는 사역을 통한 구원을 열망한다. 이것은 구원이 '새로운 출생'으로 시작하며, 복음의 사역을 통해 지속하고, 찬양과 영광과 존귀가 표현될 마지막

날에 절정을 이룬다고 설교한다. 교회가 독단적으로 보일까 두려워하든, 존경에 대한 갈망에서든, 그리스도 안에서만 발견되는 구원을 선포하도록 부름을 받은 소명을 부인한다면, 하나님이 주신 최우선 사명을 부인하는 것이다.15

반복해서 말하지만, 요점은 교회가 속량된 사람의 공동체라는 점이다. 이것은 은혜로, 믿음을 통해 오는 구원의 관계와 함께 시작하고, 그 관계가 창조하는 일련의 순종을 통해 진행한다. 그렇다. 속량된 사람은 성화를 위해 동료 성도의 실제적 공동체로 들어가지만, 성도의 교제는 예수님을 통해 하나님과의 영원한 관계 안에서 성령의 역사로 **시작한다.**

본문 5. 갈라디아서 6:15~16: 하나님의 이스라엘인 교회

내가 영화평론가는 아니어도, 고전 영화의 반열에 드는 작품의 하나가 「미세스 다웃파이어(*Mrs. Doubtfire*)」라고 생각한다. 나는 여기에 객관성을 주장하고 싶은 것도 아니지만, 스코틀랜드 억양은 내 귀에 음악처럼 들리고—로빈 윌리엄스는 이 일을 놀랍게도 잘 해냈다—그가 자기 역할에 끌어들인 유머는 정말로 나를 웃겼기 때문이다. 어쨌거나 내가 염두에 둔 장면에서 '미세스 다웃파이어'는 자기 전 부인의 남자친구에서 라임을 던진다. 그 남자가 누가 이런 짓을 했는지 찾아내려고 돌아서자 그/그녀는 소리친다. "오 선생님! 내가 보았어요! 부엌일을 하는 사람 중에 어떤 화난 사람이었는데, 당신이 그들을 건드리지는 않았나요? 오 테러분자, 그가 저쪽으로 달려갔어요—그건 과일을 던지고 도망치기였어요(a run-by fruiting)!"16

---

15 Scot McKnight, *1 Peter*, The NIV Application Commentary (Grand Rapids: Zondervan, 1996), Google Play edition, 99~100.

16 *Mrs. Doubtfire*. Dir. Chris Columbus (Los Angeles: Twentieth-Century Fox, 1993).

갈라디아서의 유사한 '사건'이 많은 신학자와 학자를 오락가락하게 하고, 머리를 긁게 하며, 누가 과일을 던졌는지 궁금하게 한다. 서신의 끝자락에 있는 이 본문이 그렇게 많은 토론을 양산한 이유는 바울이 '하나님의 이스라엘'을 언급하기―단지 언급만 한다―때문이다.

> 성경 암송 5
>
> ### 갈라디아서 6:15~16
>
> [15] 할례를 받거나 안 받는 것이 중요한 것이 아니라, 새롭게 창조되는 것이 중요합니다.
> [16] 이 표준을 따라 사는 사람들에게와 하나님의 백성 이스라엘에게 평화와 자비가 있기를 빕니다.

이 '하나님의 이스라엘'이라는 표현이 얼마나 많은 문제를 일으켰는지 궁금하다면, 답은 당신이 생각하는 그 이상이다. 그러나 문제는 벌써 표면 바로 밑에 숨어 있다. 개신교 복음주의 안에 있는 다른 그룹들은 이 본문을 다루기에 앞서 이스라엘과 교회의 관계를 이해하는 다른 방식을 이미 결정해 두었기 때문이다. 결과적으로 이 본문의 '과일 던지고 도망치기'는 그 자체만 봐서는 강하게 주장하는 견해들을 확증하거나 반대하는 충분한 정보를 제공하지 않는다.

예를 들면, 어떤 사람에게 교회―또는 더 구체적으로 그리스도와 그에게 속한 모두―는 그 자체로 '하나님의 이스라엘'이다. 갈라디아서 6장을 이렇게 읽는 것은 하나님께서 언약의 약속들을 주신 이래로 세대에서 세대로 존재해 온 하나님의 백성이 현재적으로 나타난 것이 교회라고 주장하는 신학 체계와 잘 맞는다.[17] 다른 사람은 바울이 말한 '하나님의 이스라엘'은 예수를 자기 메시아로 믿는 민족적 이스라엘에 있는 사람을 말한다고 가르친다. 이 독법은 교회와 이스라엘이

---

17 예를 들면, clark.wscal.edu/israel.php에서 R. Scott Clark가 이 견해를 잘 방어한 글을 보라.

구분된다고 주장하는 신학 체계와 잘 맞는다.18

사실상, 이 토론의 양편에 있는 사람들은 토론에 적합한 원칙들을 위한 실제 성경적 기초가 다른 데 있음을 인정해야 한다. 그렇지만 우리는 이 지점에서 합당하게 멈추고 핵심적 관찰을 할 수 있다. 다시 한번 우리는 한 가지 요점에 의문의 여지가 없이 동의한다. 교회는 유대인과 이방인으로 구성되며, 그것은 "여러분은 모두 그 믿음으로 말미암아 그리스도 예수 안에서 하나님의 자녀들이기" 때문이다(갈 3:26).

본문 6. 에베소서 2:11~3:13: 교회 그리고 이방인 포함의 신비

내가 고등학교에 다닐 때 교회에서 열린 할러윈(Halloween) 의상 파티에 갔다. 그때 우리 청소년 그룹은 작아서 모든 사람을 이름으로 쉽게 알 정도였다. 그래서 각자 그날을 위해 어떤 종류의 복장을 했든 상관없이 각 사람을 알아보기는 비교적 쉬웠다.

하지만 어떤 사람이 알루미늄 포일로 완전히 몸을 숨기고 어떤 구별할 만한 특징도 모조리 숨긴 채로 걸어들어왔을 때 '최고 의상' 경연대회는 갑자기 '끝나버렸다.' 이 친구는 실마리를 전혀 허용하지 않는 작업화를 빌리는 수고까지 했고, 말하지도 않았으며, 그 또는 그녀의 정체를 탄로 나게 할 어떤 습관적 행동도 하지 않았다. 누구도 이 신비에 싸인 소년/소녀가 누구인지 스스로 알려줄 때까지 알지 못했고, 그는 쉽게 상을 받고 걸어 나갔다.

바울이 에베소 교회에 보낸 서신의 2~3장에서는 교회에 관해 비슷한 상황을 설명한다. 이것은 신비이며, 하나님께서 이 진리를 그리스도의 몸을 통해 계시하시기까지는 누구도 알지 못했다. 이것은 무슨 진리인가? **은혜롭게도 이방인이 교회에 들어오는 것이다.**

---

18 이 견해에 대한 강력한 방어 논증은 S. Lewis Johnson Jr., "Paul and 'The Israel of God': An Exegetical and Eschatological Case-Study" in *The Masters Seminary Journal* 20, no. 1 (Spring 2009): 41~55를 보라.

신약시대 이전에 대부분 이방인은 하나님의 백성에 포함되지 않았다. 그들은 "그리스도와 상관이 없었고, 이스라엘 공동체에서 제외되어서, 약속의 언약과 무관한 외인으로서, 세상에서 아무 소망이 없이, 하나님도 없이 살았습니다"(2:12). 이방인들은 이전 상황에서 정상적인 하나님의 백성의 일부가 아니었고, 그분이 약속하신 것을 공유하지 못했다.

성경 암송 6
에베소서 2:19~21
[19]그러므로 이제부터 여러분은 외국 사람이나 나그네가 아니요, 성도들과 함께 시민이며 하나님의 가족입니다. [20]여러분은 사도들과 예언자들이 놓은 기초 위에 세워진 건물이며, 그리스도 예수가 그 모퉁잇돌이 되십니다. [21]그리스도 안에서 건물 전체가 서로 연결되어서, 주님 안에서 자라서 성전이 됩니다.

그렇지만 예수께서 마치신 일과 하나님의 영의 강림이 모든 것을 바꾸었다. 바울은 이 신비의 계시를 진술한다. 곧, 성자와 성령은 이전에 서로 반대파에 속한 둘을 하나로 만드셨다. 이전에는 이스라엘만이 하나님의 언약에 속한 약속들을 상속받을 수 있다고 주장했다. 이제, "복음을 통해 그리스도 예수 안에서" 유대인과 이방인이 "공동 상속자"요, 하나님 은혜의 복을 "함께 가지는 자"이며, "한 몸의 지체들"이 될 수 있다(3:6).

교회론에 관한 대부분의 중심 본문과 같이 에베소서 2~3장에 대해서도 복음주의 진영은 광범위하게 동의하는데, 그것은 본문의 중심 요점에서 확인할 수 있다. 모든 사람은 이제 그리스도 안에서 하나님의 약속들에 참여하는 자가 될 수 있다. 그리스도께서 십자가에서 하신 일 때문에(2:16), 그리고 모든 믿는 사람을 그리스도의 몸에 속하게 하시는 성령의 사역 때문에(2:18), 유대인과 이방인은 "성도들과 함께 시민이며 하나님의 가족"이 될 수 있다(2:19).

본문 7. 고린도전서 11:17~34: 주의 만찬

이 본문은 교회가 주의 만찬을 실행할 것을 명령하는 최고의 권한 인증으로 자주 여겨진다. 마태복음서, 마가복음서, 누가복음서들이 최후의 만찬에서 우리 주님 행동을 단순히 **기술적**이라고 간주할 수 있는 방식으로 묘사하지만, 고린도전서 11장은 명백히 주님께서 빵과 포도주를 공동체 모임에서 자주 실행하도록 의도하셨음을 가리킨다(20, 26, 33~34절). 최후의 만찬은 단순히 예수님이 제자들과 과거에 나누신 식사가 아니었다. 그것은 그 이후로 그분의 제자들이 그분을 기념하도록 하는 식사였다.

성경 암송 7

고린도전서 11:23~26

[23]내가 여러분에게 전해 준 것은 주님으로부터 전해 받은 것입니다. 곧 주 예수께서 잡히시던 밤에, 빵을 들어서
[24]감사를 드리신 다음에, 떼시고 말씀하셨습니다. "이것은 너희를 위하는 내 몸이다. 이것을 행하여 나를 기억하여라."
[25]식후에, 잔도 이처럼 하시고서, 말씀하셨습니다. "이 잔은 내 피로 세운 새 언약이다. 너희가 마실 때마다 이것을 행하여, 나를 기억하여라."
[26]그러므로 여러분이 이 빵을 먹고 이 잔을 마실 때마다, 주님의 죽으심을 그가 오실 때까지 선포하는 것입니다.

이 본문에서 원래 청중—고린도에 있는 교회—은 주로 이방인 신자들로 이루어진 모임이었고(의심할 바 없이 일부 유대인 신자들도 있었다), 그 결과 복음서 서술의 **규범적** 성격에 반대할 소지가 있는 문제들이 여기

에서 해소된다. 바울은 "내가 여러분에게 전해 준 것은 주님으로부터 전해 받은 것입니다."라고 말하면서(23절) 주님의 권위를 교회에서 주의 만찬을 계속하는 관습과 연결한다. 이 점에 관해서는 성경을 믿는 모든 그리스도인이 동의하며, 이것은 아름다운 것으로서 거의 만장일치를 보이는 영광스러운 영역이며, 복음주의 세계를 은혜롭게 한다.

우리는 이 행습에 다른 이름을 붙이기도 한다(예를 들어, 성도의 교제[Communion], 성례[Sacrament], 성만찬[Eucharist], 그리스도의 몸과 피 등). 우리는 다양한 빈도로 이것을 시행할 수도 있다(예를 들어, 매주, 매달, 사분기). 우리는 다양한 방법으로 이것을 지킬 수도 있다(예를 들어, 무교병 또는 유교병, 포도 쥬스 또는 포도주, 모든 신자에게 개방하거나 교회 회원에게만 허용하거나). 우리는 빵과 그리스도 임재의 관계를 다르게 믿을지 모른다(예를 들면, '실제적', '영적', 또는 '기념적'). 그런데도 모든 복음주의자는 주의 만찬은 적절하게 세워진 교회 공동체를 위한 본질적 표지라고 주장한다. 이 본문이 주는 원리를 다시 진술하면, **주의 만찬 행습은 기독교 전통에 속한 모든 교회에서 권위 있는 의식 또는 성례다.**

본문 8. 마태복음 28:18~20: 침례

이른바 '지상 명령'으로 불리는 이 본문은 마태복음서의 강력한 종결 역할을 하며, 물 침례 의식, 또는 성례를 위한 기반을 제공한다. 다시 한번 정통 개신교 복음주의 교회들 사이에 실제 만장일치가 이루어졌는데, 그 교회들은 예수께서 부활 후 그리고 승천 직전에 하신 말씀을 이 관례에 관한 권위로 간주한다.

> [18]나는 하늘과 땅의 모든 권세를 받았다. [19]그러므로 너희는 가서, 모든 민족을 제자로 삼아서, 아버지와 아들과 성령의 이름으로 세례를 주고, [20]내가 너희에게 명령한 모든 것을 그들에게 가르쳐 지키게 하여라. 보아라, 내가 세상 끝날까지 항상 너희와 함께 있겠다.

침례 관련 신약 본문	
아래 본문을 두고 교회와 교단 간에 물 침례 또는 성령 침례를 가리키는가에 이론이 있을 수 있지만, 일반적으로 침례에 관한 기독교 이해를 밝혀주는 핵심 본문들로 간주한다.	
마태복음 28:18~20	로마서 6:3~4
마가복음 16:16	에베소서 4:4~6
사도행전 1:4~5	에베소서 5:25~26
사도행전 2:37~41	골로새서 2:12
사도행전 8:14~16	베드로전서 3:21~22
사도행전 10:44~48	히브리서 9:13~14
사도행전 18:8	히브리서 10:22
사도행전 22:16	

성경 암송 8

마태복음 28:19~20

[18]예수께서 다가와서, 그들에게 말씀하셨다. "나는 하늘과 땅의 모든 권세를 받았다.
[19]그러므로 너희는 가서, 모든 민족을 제자로 삼아서, 아버지와 아들과 성령의 이름으로 세례를 주고,
[20]내가 너희에게 명령한 모든 것을 그들에게 가르쳐 지키게 하여라. 보아라, 내가 세상 끝날까지 항상 너희와 함께 있겠다."

명령의 명확성은 강력하다. 우리의 직무는 제자 삼아 침례를 주며 예수님이 우리에게 요구하시는 바를 행하도록 가르치는 일이다. 물론 가장 적합한 대상자들에 관해(믿음을 고백하는 사람들만, 또는 신자의

자녀들도), 최선의 방식(잠김, 뿌림, 또는 부음), 그리고 이 의식과 관련된 구체적 말과 행동들(예를 들어, 개인적 간증, 그리스도의 인격과 사역, 및 삼위일체 신조에 대해 고백하는 믿음)에 관해 다양성이 항상 존재했다. 그렇지만 주의 만찬과 마찬가지로 다양한 복음주의 그리스도인은 물 침례가 그리스도의 교회에서 규정된 의식 또는 성례임을 믿는다.

본문 9. 로마서 6:6~14: 중생, 죄, 신자

모든 정통 개신교 복음주의 전통이 주장하듯, 우리가 행위가 아니라 은혜로 믿음을 통해 구원받았다면, 우리는 무절제하게… 우리가 원하는 것은 무엇이든 하면서 살아갈 수 있는가? 하나님의 무한하신 은혜는 우리에게—도덕적으로 말해서—살인면허를 주시는 게 아닌가? 여러분이 이렇게 혼란스럽게 전개하는 논증을 아직 젊은이나 미성숙한 신자에게서 들어보지 못했다면, 곧 들을 것이다. 그러나 이 관념은 새롭지 않다. 사실상, 이것은 하나님 은혜의 복음 자체만큼이나 오래됐다.

로마서 6장은 신자의 삶에 관한 핵심 질문에 답하기에 성화에 관한 중심 본문이다. "은혜를 더하게 하려고, 여전히 죄 가운데 머물러 있어야 하겠습니까?"(1절). 바울이 곧바로 하는 대답은 강조형이다. "그럴 수 없습니다. 우리는 죄에는 죽은 사람인데, 어떻게 죄 가운데서 그대로 살 수 있겠습니까?"(2절). 사도 바울은 이 대답을 전개하면서도 죄와 은혜에 관한 모든 복음주의 이해를 형성한 관점을 제공한다. 여기서 기본 개념은 중생에서 역사한 하나님의 은혜는 신자에게 죄로부터 자유**와 함께** 의로운 삶을 살아갈 능력을 주셨다는 것이다. 곧, **중생은 성화를 위한 기초다.**

바울은 먼저 그리스도의 죽음과 부활이란 사실을 신자의 칭의에 적용하며 이 진술을 한다. 그리스도의 죽음은 우리가 그분과 동일시되어 우리 죽음이 됐다. "침례를 받아 그리스도 예수와 하나가 된 우리는 모두 침례를 받을 때 그와 함께 죽었다"(3절). 비슷하게 그의 부활은 미래에 몸의 부활에 대한 **우리** 소망일 뿐 아니라(8절), 또한 우리의 회심 이후 현재 삶의 패턴이기도 하다. "그리스도께서 아버지의 영광으로 말미암아 죽은 사람들 가운데서 살아나신 것과 같이, 우리도 또한 새 생명 안에서 살아가기 위함입니다"(4절).

더구나 바울은 이 진술을 추상적으로 남겨두지 않고 11절에서 그리스도의 죽음과 부활의 교리적 진리에서 예수 제자의 삶과 관련된 실제적 진리로 전환한다. 구체적으로, 그는 이 시점에서 많은 독자가 물을 수 있는 질문에 답하기 시작한다. 그렇다면 나는 이것에 관해 무엇을 해야 하는가?

성경 암송 9

로마서 6:12~14

¹²그러므로 여러분은 죄가 여러분의 죽을 몸을 지배하지 못하게 해서, 여러분이 몸의 정욕에 굴복하는 일이 없도록 하십시오. ¹³그러므로 여러분은 여러분의 지체를 죄에 내맡겨서 불의의 연장이 되게 하지 마십시오. 오히려 여러분은 죽은 사람들 가운데서 살아난 사람답게, 여러분을 하나님께 바치고, 여러분의 지체를 의의 연장으로 하나님께 바치십시오. ¹⁴여러분은 율법 아래 있지 않고, 은혜 아래 있으므로, 죄가 여러분을 다스릴 수 없을 것입니다.

그의 명령은 첫째로 신자가 그리스도와 동일시를 통해 "죄에 대하여 죽고 그리스도 예수 안에서 하나님을 대하여 살아있다"라는 단순한 진술을 진리로 판단하고, 여기고, 간주하라는 것이다. 이 여김의 결과는 사중적 도덕 명령이다(12~13절).

- 죄가 "너의 죽을 몸을 지배하지" 못하게 하라.
- "너희 지체를 불의의 무기로 죄에게 내주지 말라."

- "너희 자신을 하나님께 드리라."
- "너희 지체를 의의 무기로 하나님께 드리라."

이 요구사항의 존재 자체가 앞서 언급한 제안, 곧 신자에 관해 진술된 바와 같이 이런 일을 행할 능력과 죄로부터 자유가 중생의 은혜 결과로 신자에게 주어짐을 뒷받침한다. '새 생명 가운데 행함'이란 관념은 곧바로 규범적 복음주의 사고에 중생을 떠오르게 한다.

우리가 로마서 6장을 관찰한 기본 내용에 따르면, **중생은 성화를 위한 기초다.** 이 개념이 복음주의 세계에서 널리 받아들여지지만, 곧 **어떻게** 중생이 그 기초를 정확히 형성하는가에 논쟁이 있음을 안다. 이 부분이 성화에 관한 어떤 복음주의 관점이건 대부분의 근본적 질문이 일어나는 곳이므로, 아마도 이것을 소개하는 최고의 방법은 신학적 모든 문제의 탁월한 예, 곧 슈스 박사(Dr. Seuss)의 상당히 영향력 있는 『모자 쓴 고양이(*The Cat in the Hat*)』에 의지하는 것이다.[19]

여러분은 그 이야기를 알 것이다. 두 소년이 비 오는 날 집에 남겨졌다. 어머니는 외출했고, 아버지는 언급조차 안 된다. 날씨 때문에 할 일이 없어, 그 둘은 말할 수 없이 지루해한다. 그러나 그때 갑자기 고양이 한 마리가 앞문을 통해 걸어들어오는데, 그것은 소나기를 피하려고 들어온 누추한 야생 고양이가 아니라 신사처럼 차려입은 고양이였다!

그 고양이는 온갖 재미있는(또한, 잠재적으로 문제를 일으킬 소지가 있는) 일들을 벌이고, 그러는 동안 엄청나게 어지럽혀 놓는다. 가족의 물고기는 도덕적 잣대의 역할을 하면서 계속해서 아이들에게 그 고양이를 내보내라고 말한다. 얼마 후 그 고양이는 큰 붉은 상자를 가져오는데, 거기에서 작은 두 존재—첫째 것(Thing One)과 둘째 것(Thing Two)—가 등장하는데, 그것들은 실내에서 연을 날리는 것으로 시작하여 이미 상당히 어질러진 곳을 완전히 어지럽혀 버린다.

---

19 Dr. Seuss, *The Cat in the Hat* (New York: Random, 1957).

그러자 그렇게 어지럽힌 혼란한 상태에서 어머니가 돌아오는 낌새를 눈치챈다. 비록 내가 전문 엔지니어가 아니라고 해도, 무질서는 너무도 광범위해서 어머니가 보도를 걸어서 앞문으로 들어오는 시간에 깔끔하게 청소하기는 어렵다고 장담할 수 있다. 그런데 모자 쓴 고양이는 소매에서 마지막 책략을 꺼내는데, 그것은 아주 큰, 팔이 여럿 달린, 자동 청소기다! 아슬아슬하게 집안은 깨끗해지고 그 고양이는 사라진다. 어머니가 깨끗한 집, 곧 우리가 두 아이를 처음 본 때와 같은 모습으로 그들이 얌전히 앉아 있는 곳에 들어오는 장면으로 책은 끝난다.

나는 잠시 돌아가서 첫째 것과 둘째 것을 강조하고 싶다. 그 이야기의 최고 재미(최고로 가정이 엉망이 된 것과 함께)는 그것들이 등장하여 '도와주기'를 시작할 때라고 할 수 있다. 그 이미지는 성화의 (발전)과정에 관한 복음주의 관점의 범위를 상기하게 한다. 여기에서 우리는 두 가지 "것들"이 개입한 것을 본다.

첫째 것은 대체로 성화의 신적 요소—영적 성장을 가져오는 하나님의 역사—에 상응한다. 둘째 것은 인간적 요소—거룩함을 추구하는 우리 자신의 분투—와 병행을 이룬다. 복음주의자 중에 성화의 전체 역사를 첫째 것**에만**, 또는 둘째 것**에만** 돌리는 사람은 거의 없을 것이다. 그 둘은 함께 작용한다.

예정을 강하게 주장하는 사람조차도 전형적으로 성화의 사역이 하나님의 뜻에 인간의 의지가 책임감 있게 협력한다는 점을, 물론 역할들에 대한 묘사를 미묘하게 조율하기는 하지만, **어느 정도** 인정한다. 존경받는 개혁주의 신학자 앤서니 회크마는 말한다.

> 우리는 성화를 우리의 책임감 있는 참여를 동반하는 성령의 은혜로운 작용이라고 정의해도 좋다. 그분은 그것을 통해 우리를 의롭게 된 죄인으로서 죄의 오염에서부터 건져주시고, 하나님 형상에 따라 우리의 본성 전체를 새롭게 하시며, 하나님을 기쁘시게 하는 삶을 살 수 있게 능력을 주신다.[20]

요점은 이것이다. 복음주의자들은 모두 하나님의 일(첫째 것)과 인간의 일(둘째 것)이 둘 다 성화의 과정에 작용한다는 점에 동의한다. 그러나 그들은 그 둘이 어떻게 맞아들어가며, 둘 다 일어난다면, 어느 것이 더 지배적인가에는 일치하지 않는다.

본문 10. 로마서 7:14~25: 신자 그리고 죄와 싸움

이 논란의 본문에서 바울은 자신 안에 전쟁하는 한 사람을 묘사한다. "내가 해야겠다고 생각하는 일은 하지 않고, 도리어 해서는 안 되겠다고 생각하는 일을 하고 있으니 말입니다"(15절). 더 나아가, "나는 내 속에 곧 내 육신 속에 선한 것이 깃들여 있지 않다는 것을 압니다. 나는 선을 행하려는 의지는 있으나, 그것을 실행하지는 않으니 말입니다. 나는 내가 원하는 선한 일은 하지 않고, 도리어 원하지 않는 악한 일을 합니다"(18~19절).

모든 독자가 동의하듯이, 이 상황은 문제를 일으킨다. 그러나 이 사람은 **누구인가?**

어떤 주석가는 그 주체가 신자라고 한다. 그는 바울이거나, 아니면 이미 중생을 체험했지만 지금 그리스도인의 삶을 사는 전쟁에 직면한 어떤 가상 인물이라고 말이다. 이 견해에 따르면, 그리스도인의 삶은 신자가 절박하게 성취하려 하지만, 내면의 어떤 것이 그가 바라지 않는 것을 하게 한다.[21] 신자는 순종의 삶 대신 자신이 행하고 싶지 않은 악에 빠진 것을 발견한다.

---

[20] Anthony A. Hoekema, "The Reformed Perspective" in *Five Views on Sanctification*, ed. Melvin Dieter (Grand Rapids: Zondervan, 1987), 61.

[21] 예를 들면 C. E. B. Cranfield, *A Critical and Exegetical Commentary on the Epistle to the Romans*, vol. 1, Introduction and Commentary on Romans I~VIII, The International Critical Commentary on the Holy Scriptures of the Old and New Testaments, eds. J. A. Emerton, et al. (Edinburgh: T&T Clark, 1975), 347을 보라.

반면에 어떤 복음주의자는 이것이 중생한(구원받은) 사람을 대표하는 그림이라고 보기에 지나치게 어둡다고 주장한다. 차라리 이것은 생명을 주는 영을 자신 안에 갖고 있지 않아 옳은 일을 할 수 없어 보이는 중생하지 못한(구원받지 못한) 사람이 틀림없다고 주장한다.22

두 관점 모두 어려운 질문에 부딪힌다. 로마서 7장이 신자를 묘사한다고 말하는 사람에게 "이것은 죄의 권세에 너무 많이 양보하는 것이 아니겠는가? 이것은 그리스도 안에 있는 하나님의 권능을 너무 약하게 보는 것이 아닌가?"라고 물을 수 있다. 바울이 불신자를 묘사한다고 생각하는 사람에게는 "불신자가 어떻게 하나님의 법을 기뻐한다[22절]고 말할 수 있는가? 이것이 중생하지 못한 사람에게 어떻게 가능한가?"라는 질문이 나온다.

성경 암송 10
로마서 7:22~23
22나는 속사람으로는 하나님의 법을 즐거워하나, 23내 지체에는 다른 법이 있어서 내 마음의 법과 맞서서 싸우며, 내 지체에 있는 죄의 법에 나를 포로로 만드는 것을 봅니다.

로마서 7장 자체에 관한 질문에 어떤 방식으로 우리가 대답하건, 다른 본문들(아래 논의한 갈라디아서 5장처럼)은 진정한 그리스도인의 삶은 죄와 투쟁… 심지어 성령의 인도를 받는 신자에게(또는 아마 특별히 더 많이)도 일어난다는 것을 보여준다.

다음 도표는 로마서 7:14~25에 나오는 단수 대명사 '나(I)'와 '나를(me)'에 관한 서로 다른 견해를 요약한다.23

---

22 이 견해에 대한 대표적인 방어를 위해서는 C. K. Barrett, *A Commentary on the Epistle to the Romans*, Black's New Testament Commentaries (London: Black, 1957), 146~48을 보라.

'나(I)'는 누구인가?

로마서 7:14~25를 신자로 보는 견해	바울은 자신의 현재 경험을 죄와 투쟁하는 그리스도인으로 묘사하기에 이것은 모든 신자에게 적용된다.
	바울은 수사학적으로 자신을 미성숙함과 '육신성'에서 건짐을 받아 그리스도 안에서 이기는 삶을 살게 된 그리스도인의 입장에 두고 있다.
로마서 7:14~25를 불신자로 보는 견해	바울은 그리스도인이 되기 이전에 죄와 투쟁하던 자기 과거 경험을 생생하게 회상한다. 따라서 이것은 철저하게 도덕적인 삶을 살고자 노력하는 모든 불신자의 전형이다.
	바울은 비유적으로 자신을 죄와 투쟁하는 비그리스도인 유대인들, 하나님의 법을 알아도 그것에 따라 사는 데 실패하는 사람의 입장에 두고 있다.

본문 11. 갈라디아서 5:16~26: 성령, 그리고 우리의 죄와 싸움

이 고전적 본문은 신자의 삶에 일하시는 성령의 사역과 점진적(지속하는) 성화의 도전적 과정 관계에 생생한 빛깔과 질감을 더한다. 바울은 "성령께서 인도하여 주시는 대로 살아가십시오. 그러면 육체의 욕망을 채우려 하지 않을 것입니다"(16절)라고 말한다. 다시 한번 그는 이 전쟁을 성령의 소욕과 육신의 소욕—하나님의 뜻과 인간의 완악함—의 싸움으로 묘사한다. 그렇지만 여기에서 그는 더 나아가 '육신의 일'과 '성령의 열매'를 대조하면서 수많은 예를 제시한다. 전자는 성적 부도덕, 적의, 투쟁, 시기, 분노, 질투, 술 취함 같은 것이고 후자는 사랑, 기쁨, 평화, 인내, 친절함, 선함 같은 것이다.

---

23 여러 견해에 관한 완전한 목록은 Cranfield, *A Critical and Exegetical Commentary on the Epistle to the Romans*, 2:344를 보라.

> **성경 암송 11**
>
> **갈라디아서 5:22~23**
>
> ²²그러나 성령의 열매는 사랑과 기쁨과 화평과 인내와 친절과 선함과 신실과
> ²³온유와 절제입니다. 이런 것들을 막을 법이 없습니다.

복음주의자 대부분은 이 본문이 성령의 인도하심에 따라 사는 삶을 가장 상세하고 정확히 묘사하는 하나라는 데 동의한다. 다시 말하건대, **성화는 성령의 사역과 직접 관련 있다.** 그렇다면 수많은 사람이 **영적 삶**을 넓은 의미로 **성화** 또는 **그리스도인의 삶**과 대등하게 사용함이 놀라운 일이 아니다. 불일치가 있다면 무엇보다 신자들이 이 질문—**성령으로 살아간다**고 성경이 묘사하는 것을 어떻게 실행하는가—에 답할 때 등장한다.

이 시점에서 첫째 것과 둘째 것이 우리가 담아 두려 한 상자에 다시 등장한다. 기억하라, 그런 특성들은 성화에 있어서 하나님의 일과 인간의 일에 관한 두 가지 강조점을 재현한다. 이 문제에 관해 강한 개혁주의 견해는 그리스도 안에서 하나님의 은혜—구원의 은혜—가 그 과정을 지배한다. 따라서, 성장은 하나님께서 세우신 은혜의 수단을 써 사람이 일할 때 일어난다고 해도, 궁극적으로 하나님의 일에 의존한다.

반대로, 예를 들어 넓은 의미의 성결교 전통에 속한 사람은 첫째 것과 둘째 것을 고려할 때 인간적 요소가 결정적이라고 주장한다. 곧, 하나님은 자원하는 마음을 도우러 오신다. 다른 사람은 하나님의 의지와 중생한 마음의 의지의 신비로운 '협력(synergy)'의 관점으로 말한다.

그래서 무엇이 일어나는가?

양극단의 대립(그리고 그 사이의 다양한 관점)을 이해하게 도우려고 다른 유비를 끌어들이려는데, 그것은 '잭스(The Zax)'라는, '닥터 슈

스'보다 간결하고 덜 알려진 이야기다. 거기에는 서로 다른 두 생명체—북으로 가는 잭스와 남으로 가는 잭스—가 프락스 평원에서 만난다. 상대가 지나갈 수 있게 1인치라도 양보하지 않고, 이 두 적대적인 '잭스 세력'은 영원히 맞서서 포기하려 들지 않는다.24 신학자들은 언제나 의견을 바꾸기를 거부하고 다 안다는 듯이 팔짱을 끼고 얼굴을 찌푸린 털북숭이라는 뜻이 아니다. **그렇지만**, 성화를 논할 때면 언제나 하나님의 주권과 인간의 책임이라는 두 요소가 항상 완고하게 자신을 주장한다. 그 이유는 둘 다 긴장 가운데 있는 신비로운 진리의 핵심 요소로 이바지하기 때문이다. 일부 전통이 한 가지를 다른 하나보다 강조하더라도, 다른 전통은 두 경향성의 균형을 잡으려 하고, 긴장은 언제나 남아 있다.

두 극단 그리고 긴장 상태인 진리

누가 **성화**를 책임지는가?

하나님의 일	하나님의 일	인간의 일
인간은 책임에 수동적	인간은 책임에 능동적	인간은 책임에 능동적
하나님이 우리를 위해 하시는 일이 구원의 핵심이다	하나님이 우리 안에서, 우리를 통해 하시는 일이 구원을 가져온다	우리가 하나님을 위해 하는 일은 구원과 관계가 없다

본문 12. 에베소서 4장: 신자 그리고 점진적 성화

에베소서의 이 본문은 헬라어 문법에 비롯된 모호성 때문에 일부 논쟁을 일으켰다. 우리는 간접화법의 부정형으로 드러나는 미묘한 차이를 다루지 않겠지만,25 주요 번역본 대부분이 같은 선택을 한다는

---

24 Dr. Seuss, *The Sneetches and Other Stories* (New York: Random, 1961)를 보라.

25 에베소서 4:22~23의 간접화법 부정사를 번역하는 것과 관련한 도전

점에 주목한다. 곧, '벗어버린다', '새롭게 한다', 그리고 '입는다'를 분명한 명령형으로 바꾼다(예를 들면, 이것을 **하라**—'…을 **입으라**'와 '**새롭게 되어**…', 그리고 '… 을 **벗어버리라**'). 대안은 그것들을 단순한 사실의 진술로 번역하는 것이다: "너희는 옛사람을 벗어 버렸고, 오직 너희의 심령이 새롭게 되었으며… 새 사람을 입었다고 배웠다."

성경 암송 12

에베소서 4:20~24

[20]그러나 여러분은 그리스도를 그렇게 배우지는 않았습니다.
[21]여러분이 예수 안에 있는 진리대로 그분에 관해서 듣고, 또 그분 안에서 가르침을 받았으면,
[22]여러분은 지난날의 생활방식대로 허망한 욕정을 따라 살다가 썩어 없어질 그 옛사람을 벗어버리고,
[23]마음의 영을 새롭게 하여,
[24]하나님의 형상을 따라 참 의로움과 참 거룩함으로 지으심을 받은 새 사람을 입으십시오.

이 결정의 효과는 곧바로 명확해진다. 이 단어들이 명령이라면 우리가 여기에 갖는 것은 그리스도인의 삶을 위한 일종의 비결 요약이다. 대다수 복음주의자는 실제로 이 견해를 택한다.

다시 한번 성가신 개구쟁이들의 첫째 것과 둘째 것이 등장하는데, 이 본문은 모든 신자에게 그리스도 안에 있는 새 생명이 철저하게 전적인 하나님의 선물이지만, 그것을 살아내는 부분은 옛 자아를 **벗어버리고** 마음의 영이 **새롭게 되며** 새로운 자아를 **입으려고는** 노력하거나 순종하는 데 달려있다고 말하는 것처럼 보인다(20~24절). 다시 말해, 강조점은 인간의 책임에 있다.

에 관한 명확하고 간결한 논의는 the NET Bible의 번역자 노트를 보라.

이렇게 이해하면 몇 가지 실제적 윤리적 지시를 내리는 다음 문맥과 잘 맞는다(25~32절).

- 진실을 말하라.
- 화를 내도 죄를 짓지 말라.
- 정직하게 일하라.
- 부패한 말을 하지 말라.
- 가까운 관계를 망치는 행동을 피하라.
- 관용과 용납의 정신을 도모하라.

우리가 둘째 것(성화의 과정에서 인간의 개인적 순종)을 편들던 것과 똑같이, 갑자기 첫째 것이 다시 등장하여 우리가 조금이라도 선을 바라고 행하는 이유가 오직 하나라고 주장한다!

> [12]그러므로, 사랑하는 여러분, 여러분이 언제나 순종한 것처럼, 내가 함께 있을 때뿐만 아니라, 지금과 같이 내가 없을 때도 더 순종하여서, 두렵고 떨리는 마음으로 자기의 구원을 이루어 나가십시오. [13]하나님은 여러분 안에서 활동하셔서, 여러분이 하나님을 기쁘게 해 드릴 것을 염원하게 하시고 실천하게 하시는 분입니다. (빌 2:12~13)

복음주의 전통이 이 긴장을 다른 방식으로 설명하려고 시도했던 몇 가지 이론과 모델에 익숙했다는 것이 전혀 놀라운 일이 아니라는 사실을 말해 두는 것으로 충분하다.

본문 13. 빌립보서 3:20~21: 최종 성화를 소망

성화에 관한 핵심 본문들을 살펴보는 정신없는 여행을 마무리할 완벽한 장소가 어디인가? 물론 **마지막**에 있다! 첫째 것과 둘째 것이 성화에 관한 우리 사고에 어떤 불안감을 일으켰든지, 빌립보서 3장은 하나님의 결정적 행동을 기대하는 우리 내적 다툼을 해결할 청소기이다. 예수님처럼 되어가는 발전 과정에서 느끼는 우리의 모든 투쟁과 우리가 행하지 않기를 바라는 불순종의 행위에 관한 우리 실망은 **전부** 어느 날 **전적으로 하나님의 행위인** 승리에 삼켜진다.

성경 암송 13

빌립보서 3:20~21

[20]그러나 우리의 시민권은 하늘에 있습니다. 그곳으로부터 우리는 구주로 오실 주 예수 그리스도를 기다리고 있습니다.
[21]그분은 만물을 복종시킬 수 있는 권능으로, 우리의 비천한 몸을 변화시키셔서, 자기의 영광스러운 몸과 같은 모습이 되게 하실 것입니다.

대다수 복음주의자는 이생—거룩함을 추구하는 그리스도인의 삶—은 죄가 여전히 우리에게 있다는 단순한 이유로 지속적 투쟁이라는 데 동의한다. 하지만 빌립보서 3장은 보증, 곧 확실한 미래를 세운다. 이 소망은 인간의 노력과 아무런 관계도 없는 행위에 안전하게 뿌리박고 있다. 그리스도 안에서 하나님의 능력은 어느 날 우리를 변화시킨다. 그분은 우리를 다시 한번 변화하게 하신다. 그분의 십자가 죽음은 죄의 **권세**(power)를 깨뜨리셨다. 그분이 돌아오실 때 가져오실 변화는 죄를 아예 제거한다. 마침내 우리는 바로 그 **존재**(presence)로부터 해방된다.

이 본문은 우리가 '최종 성화'라고 부르는 문제를 일으키는데, 모든 신자가 경험할 거룩함은 부활하신 주님의 죄 없고 영광스러운 몸과 비교될 수 있기 때문이다. 우리는 최종 성화 교리를 통해 교회론(성화, 곧 영적 성장을 위해 하나님이 주신 공동체)으로부터 성화론(신비롭지만 실제 영적 성장의 과정)을 거쳐 종말론, 곧 마지막에 관한 성경의 가르침에 이른다. 우리는 이 책의 2부에서 그것에 관한 논의를 이어가겠다.

역사로 회고한 교회와 그리스도인의 삶

"우리는 하나의, 거룩하고, 보편적이며, 사도적 교회를 믿는다."[1] 콘스탄티노플 공의회(AD 381)의 이 문장은 역사적으로 정통 교회론을 정의해 온, 기본적인 성경적, 신학적 경계를 요약한다.

- 교회가 **하나**인 것은 성령께서 신자를 그리스도와 서로에게로 연합시키기 때문이다. 따라서 이 보이지 않는 영적 연합이 형제, 자매의 연합으로 드러나야 한다.
- 하나님의 영은 성도가 함께 모여 교회 생활에 참여할 때 그들을 성별함으로써 **거룩하게 하신다**.
- 그리스도의 머리됨 아래 각 지역 회중은 자신을 더 큰 전체의 '우주적' 혹은 '보편' 교회 일부로 이해해야 한다. 이로써 전 지구를 아우르는 교회들뿐 아니라 역사를 아우르는 다른 교회와 협력과 공동체성을 함양해야 한다.
- 마지막으로, 교회는 그 교리와 행습이 사도들이 세우고 그들의 글에 기록한 기준에 합당할 때 **사도적**이다.

이 경계선들—일치성, 거룩함, 보편성, 그리고 사도성—은 어느 시대나 교회의 건강을 위한 길잡이 역할을 했다. 하지만 너무도 자주 교회는 일치를 위해 거룩함을 희생하는 경향이 있었고… 아니면 자신을 고립하고 분리하는 특이한 관습을 강조하여 다른 교회들과 친근한 관계를 버렸다. 이 네 가지 표지를 유지하는데 필요한 균형 잡힌 행위는 절대 쉽지 않았다.

---

[1] The Constantinopolitan Creed, in John H. Leith, ed., *Creeds of the Churches: A Reader in Christian Doctrine from the Bible to the Present*, 3rd ed. (Louisville, KY: John Knox, 1982), 33.

역사적으로 정통 교회론도 교회를 '성도의 교제'로 정의하여 진정한 교회는 진실로 거듭난 자들—성령을 통해 그리스도와 영적으로, 비가시적으로 연합된 자들—로 이루어져야 함을 주장했다. 그러나 이것도 마찬가지로 긴장을 초래했다. 어떤 이들은 가시적, 물리적 교회—예배와 가르침을 위해 지역적으로 모인 자들—을 무시하고 비가시적, 영적 교회('성도')를 강조했다. 다른 이들은 교회 지체와 심지어 지도자들 가운데 진정한 회심과 영적 삶을 도외시하고 물리적 교회만을 강조했다. 더 나아가 이것은 성화가 어떻게 이루어지는가에 관한 논의로 이어진다.

- 개인적으로냐, 단체적으로냐?
- 수동적으로냐, 능동적으로냐?
- 개인적 방법을 통해서냐, 단체적 방법으로냐?

우리는 교회론과 성화론을 교부시대(AD 100~500년), 중세시대(500~1500년), 종교개혁시대(1500~1700년), 그리고 근대·현대(1700~현재)를 개관하면서 교회의 가시적/물리적 실재와 비가시적/영적 실재의 불안한 긴장을 강조하겠다. 다음 설명에서 교회는 건강하고 균형 잡힌 교회론을 위해 이 두 가지 구별되지만 분리할 수 없는 요소의 조심스러운 평형상태를 언제나 일관성 있게 견지했음을 보여준다.

교부시대(100~500년)

나는 생애 대부분을 풋볼팀 댈러스 카우보이의 팬으로 지냈다. 나는 모자가 인상적이었던 톰 랜드리가 구단주로 있고 '멋쟁이 돈' 메레디스가 활동하던 시기에 그 팀을 응원했다. 그렇다면 당신은 제리 존스가 가맹권을 얻고 7년 동안 네 시즌에 걸쳐 세 번의 슈퍼볼을 거머쥐었을 때의 흥분을 상상할 수 있을 것이다. 그렇다, 대가는 컸다. 특히 랜드리는 눈에 띄지 않게 방출되었다. 그러나 존스는 카우보이팀을 놀랍도록 탁월한 궤도에 올려놓았고 미식축구 역사상 가장 탁월한 실력을 발휘하게 했다.

그렇지만 되돌아보면 제리 존스 시대의 시작은 잡동사니 더미였다. 그 팀은 물론 우승을 차지했다. 그러나 우리는 그 흥분된 날들이 어둡기 그지없는 질병의 무대였다는 사실을 보지 못했다. 그것은 일반 매니저의 역할을 감당하겠다는 소유주의 고집이었는데, 그는 그 역할에 맞지 않았었고, 맞지 않고, 앞으로도 영영 맞지 않을 것이었다.2

나는 제리 존스 운영팀을 가진 댈러스 카우보이와 교부시대의 발전 간의 유비를 보여주고 싶다. 약 4세기에 걸쳐 있는 그 교회사 시기에 사도적 가르침을 방어하는 데 몇몇 웅장한 '승리'를 했지만, 그 영웅의 시대에 장차 불길한 결실의 씨앗이 심기고 경작되었다.

- 일치성, 거룩함, 보편성, 사도성의 사중 표지가 약화됨
- 속량 받은 사람의 보이지 않는 무리와 대비되는 가시적 교회에 대한 불균형한 초점
- 성화에 점차 제도화된 접근

초기 교부시대는 사도들에게서 받은 강조점을 잘 살려냈기에 언제나 승리의 시기로 기억한다. 그러나 동시에 이 시기에는 제도화로 자랄 씨앗들을 찾아낼 수 있다. 박해와 이단의 위협이 있던 시기에 다양한 회중이 교회 지도자를 교회의 상징 자체로 존경하기 시작했다. 안티오쿠스의 이그나티우스(약 AD 110)는 이렇게 썼다. "모든 이가 예수 그리스도를 존경하듯 집사들을 존경하되, 마치 주교(감독)를 아버지의 모델로 존경하며, 장로들을 하나님의 회의이자 사도들 무리로 존경하듯 하라."3 그리고, "아무도 주교와 상관없이 교회에 속한

---

2 이것을 내 말로 받아들이지 말라. 주요 스포츠 뉴스 분석을 읽으면, 경기를 아는 사람들이 존스가 물러나고 팀의 경영을 위한 자격 있는 후보자를 고용하라고 한 수많은 예를 발견할 것이다. 많은 사람이 댈러스는 존스가 톱 매니저(GM)에서 물러나기 전까지는 결코 성공을 맛보지 못한다고 장담했다. 그는 결코 물러날 뜻이 없음을 분명히 했다.

3 Ignatius of Antioch, *Letter to the Trallians* 3.1 in Holmes, *The Apostolic Fathers*, 217.

그 어떤 일도 하지 말라. 성찬이 유효하려면 주교나 주교가 위임한 자의 권위 아래 행해져야 한다. 예수께서 계신 곳에 보편 교회가 있는 것과 같이, 주교가 있는 곳마다 회중이 있게 하라."4

이단에 대응하여 이그나티우스가 그의 독자에게 정통 지도력에 신실하라는 촉구는 이해할 만하다. 이 전략은 잘못된 가르침을 향한 것이었지만, 그가 이 직분들을 강화함으로 이후 시대에 의도하지 않은 열매를 거두는 뿌리가 내렸다. 얼 케인즈는 다음 말을 했다.

> [이그나티우스는] 처음으로 주교 직분을 장로 직분과 대조했고, 장로나 연장자를 군주적 주교 아래 뒀고, 교회 회원을 그 두 직분 아래에 뒀다. 그에 따르면, 교회 안의 권위 체계는 주교, 장로, 그리고 집사였다. 그러나 이그나티우스는 보편 교회(catholic)라는 단어를 처음 사용했어도 로마 주교를 다른 주교들보다 우위에 두지는 않았다.5

얼마 후 리용의 이레나이우스(주후 180년 즈음)는 교회들의 물리적,

---

4 Ignatius of Antioch, *Letter to the Smyrnaeans* 8.1~2 in Holmes, *The Apostolic Fathers*, 255.

5 Earle E. Cairns, *Christianity through the Centuries: A History of the Christian Church*, 3rd rev. ed. (Grand Rapids: Zondervan, 1996), 76. 최근에 학자들은 이그나티우스를 더 동정적으로 읽어서 초대교회 지도력 구조에 관해 훨씬 더 세밀한 견해를 편다. 예를 들면, Burtchaell은 "이그나티우스가 묘사한 주교는 어떤 이들이 생각한 것과 같이 군주적이지 않았다. 그의 서신 전반에 걸쳐 그는 사람들에게 '주교'에게만 아니라 '장로'에게도 순종하라고 요청한다[*Magn*. 6; *Tral*. 12.2, 13.1, *Smryn*. 8.1]. 장로는 그와 조화를 이루어야 한다. 그들은 그를 존경해야 하고 그를 지지해야 한다. 하지만 이그나티우스는 그들이 그의 명령 아래 있다고 말하지 않는다(주교에게 순종해야 하는 집사와는 대조적으로) [Eph. 4.1~2, 20.3; *Tral*. 12.2]" (James Tunstead Burtchaell, *From Synagogue to Church: Public Services and Offices in the Earliest Christian Communities* [Cambridge, UK: Cambridge, 1992], 308~09).

가시적 일치를 강조하고, 그런 교회들을 사도들에게까지 이어주는, 주교들의 중단없는 계승에 호소함으로써 성공적으로 교회의 사도적, 보편적 가르침의 거룩성을 지지했다.

> 우리는 사도들이 교회들에 세운 주교들을 따져서 우리 자신의 시대까지 이들의 계승[을 증명할] 위치에 있다.6 … 모든 교회가 이 [로마]교회와 일치해야 하는 것은, 그 교회가 가진 탁월한 권위 때문인데, 다시 말해, 모든 곳의 신실한 자들은 어디에나 있는 그[신실한 지도자]들에 의해 사도들의 전통을 계속 보존했다.7

이레나이우스가 의도했건 아니건, 주교들의 계승과 그들이 공유한 일치에 호소하여 정통 진리를 수호함으로 제도화의 씨앗이 뿌려졌고 이것이 후대의 교회론을 지배한다.

주후 250년 즈음, 카르타고의 키프리아누스는 이 씨앗들에 물을 주었다. 그렇지만 그에게 주어진 도전은 삼위일체 하나님이나 그리스도의 위격과 사역에 관한 정통 가르침을 방어하는 것이 아니라, 박해를 받아 생긴 균열에 직면해 교회 지도력의 가시적, 제도적 통일성을 옹호하는 것이었다.8 J. N. D. 켈리는 이 변동에 주목하며 말한다. "교회 회원권의 기준은 이레나이우스처럼 사도적 장로회가 보증하는 가르침을 받아들이는 것이 더는 아니라, 주교 자신에게 복종하는 것이었다."9 키프리아누스는 **주교를 중심으로 한** 교회의 가시적

---

6 Irenaeus, *Against Heresies*, 3.3.1 (ANF 1:415).

7 Irenaeus, *Against Heresies*, 3.3.2 (ANF 1:415~416).

8 박해가 왔다가 사라지자 신앙을 저버렸던 사람들 일부는 결국 교회로 돌아오기로 했다. 잘못을 범한 사람을 교회에 다시 허용해야 하는가를 두고 지도자들은 의견이 심하게 갈라져서 때로는 맹렬하게 다투었다. 더 관대한 편을 든 키프리아누스의 정책은 교회가 선택한 반응이 되었고 그의 명성은 굳어졌다.

9 J. N. D. Kelly, *Early Christian Doctrines*, rev. ed. (New York: HarperCollins, 1978), 206.

연합을 강조했고, 그래서 거룩함(교리와 행습의 순결성)과 사도성(사도의 신앙과 가르침에 충실)에서 드러나는 교회의 비가시적 성격을 약하게 했다.10

교회의 가시적 일치를 강조할수록 교회의 위계체제는 점점 복잡해지기 시작했다. 장로와 집사라는 신약성경의 이중 지도력으로부터 각 지역 교회에서 집사들의 보조를 받고 장로들을 주관하는 단일 주교 제도가 생긴다. 마침내, 주교들, 집사서리들, 다양한 교회 직분들 위에 군림하는 대주교들이 정례화됐다.11 더구나 4~5세기에 걸쳐 로마 주교는 전 세계교회 위에 수위권을 주장하기 시작하는데, 그 주장은 다른 지역의 교회들에게서 반대를 받았다. 특히 동방교회의 주교들은 로마를 보편 교회의 머리로 받아들인 적이 결코 없었다.12

같은 방식으로 가시적 교회와 교회의 제도적 일치를 지나치게 강조하는 것은 구원과 성화에 관한 교회의 견해에, 특히 그것들이 성례와 관련된 영역에서 영향을 끼쳤다. 키프리아누스의 가장 유명한 두 가지 발언이 여기에 잘 들어맞는다.

> 그리스도인의 출생이 침례에 있듯이, 침례의 중생과 성화는 그리스도의 신부에게만 있다. 그녀는 영적으로 하나님께 아들들을 잉태하고 낳을 수 있다. 그는 거기에서, 그녀를 통해, 그녀에게 태어난다. 그가 교회를 그의 어머니로 갖기 전에, 하나님을 아버지로 가져야 하는 만큼, 교회의 아들이 아닌 자가 누구인가?13

---

10 예를 들면, Cyprian, *On the Unity of the Church*, 5를 보라. 교회가 전적으로 주교로 대표된다는 태도는 '키프리아누스의 격언'으로 불리면서 다시 강조된다. *Ecclesia in Episcopo*("교회는 주교 안에 있다").

11 Michael J. Svigel, *RetroChristianity: Reclaiming the Forgotten Faith* (Wheaton, IL: Crossway, 2012), 188~90을 보라.

12 Kelly, *Early Christian Doctrines*, 406~07을 보라.

13 Cyprian of Carthage, *On the Unity of the Church*, 7 (ANF 5:388).

교회 밖에는 구원이 없다.14

만약 가시적 교회가 하나님의 구원하시고 성화하게 하시는 은혜의 유일한 통로로 여겨진다면, 로마와 연합된 제도적 교회로 정의되는 가시적 교회는 비가시적 교회의 회원이 되는 기준이 된다.

따라서 교부들이 점점 교회의 성례적 삶에 참여하는 것을 구원을 향한 영적 성장의 유일한 수단으로 강조한 것은 그리 놀라운 일이 아니다. 침례는 본래 개인이 그리스도께 대한 회심과 삼위일체 하나님에 대한 신앙고백, 죄에서 회개, 교회로 영입을 나타내는 표지였다. 또 이 일로 신자는 주의 만찬(또는 성찬)을 둘러싼 영적 축복에 참여하도록 허용받았다. 그러나 결국 교회는 침례를 칭의의 은혜가 주어지고, 성령이 분여 되며, 용서를 얻게 하는 수단으로—신자에게뿐 아니라 어린이에게까지도—강조된다.

또한, 교회는 주의 만찬을 영적 제사의 관점으로 점차 생각하고, 그리스도의 살과 피가 빵과 포도주에 실제로 임재한다고 믿기 시작했다. 교회는 생각하기를, 이런 신성한 의식에 참여함으로 단지 영적 축복 이상을 받는다고 생각했는데, 그것은 구원의 은혜를 전달하는 성례였다. 교부시대가 진전될수록 성례들—침례 후 중죄를 범한 자들을 위한 세 번째 성례인 고해를 포함하여—은 계속하여 특정한 의식들에 중심을 둔 가시적 일치로서 교회의 정체성에 핵심적 역할을 했다.

우리는 아우구스티누스(주후 430년 즈음 사망)에게서 가시적 교회가 구원하고 성화하게 하는 은혜의 성례를 독점함을 더 분명히 본다.

오직 하나의 교회가 있는데, 그것을 가톨릭교회라고 부른다. 가톨릭교회에서 분리된 다른 몸들과의 교제 가운데 가톨릭교회 자체를 갖고 있을 때마다, 각각의 몸 안에 가진 그것 자체 덕분에, 가장 확실하

---

14 Cyprian of Carthage, *Epistle*, 72.21 (ANF 5:384).

게 **개별 몸이 아닌, 그것이 중생의 권세를 갖는다.** 중생하게 하는 것은 그들의 분리가 아니라, 그들이 교회의 본질을 얻었기 때문이다. 그들이 이것을 버린다면 그들은 중생의 권능을 잃을 것이다. 그런즉 **중생은 각각 성례들을 보존하는 그 교회에게서 나오며, 그런 출생은 어떤 경우든 그에게서만 일어날 수 있다.** 이 출생을 얻은 모든 사람이 이 연합에 속하지 않는다고 해도, 그것이 끝까지 인내하는 자를 구원할 것이다. 여기에 속하지 않는 사람은 분열이라는 명백한 신성모독의 죄를 공개적으로 범하는 자들만 아니라, 겉으로는 이 연합에 속하지만 죄악된 삶으로 아직도 분리된 자들도 해당한다.15

우리는 교회의 처음 400년을 중대한 변화와 발전의 시대라고 특징지을 수 있다. 초기 지도자들은 어느 정도 일치성, 거룩함, 보편성, 사도성의 균형을 유지했다. 그들은 교회의 영적(비가시적), 물리적(가시적) 측면을 필수 요소로 간주했지만, 영적 일치에서 제도적 일치— 점점 복잡해진 위계체계를 포함하여—로 강조점을 점차 옮겨서 교리적, 실제적 거룩함을 위태롭게 하는 지경에 이르렀다. 이그나티우스가 '보편적(catholic)'이란 단어를 사용할 때 본래 의미는 그리스도의 머리됨 아래 있는 전 세계교회들의 총체라는 관념에서 벗어나 교황의 머리됨(서방 로마 가톨릭교회에서) 아래, 또는 몇 차례 교회 공의회를 통해 권위를 발휘한 주교들의 지도력 아래(동방정교회에서) 전 세계에 퍼진 물리적 조직으로 변했다.

또한, 이 시대에 단일 주교의 역할이 먼저 각 지역(도시) 교회를 관장하고, 다음으로 지역 교회들을 관장하는 것으로 강화됨을 본다. 감독정치가 발전하면서 사제들('장로들'이나 '연장자들')은 주교의 역할에 복종하고 평신도는 진정한 교회의 핵심 구조에 점점 더 불필요해졌다. 교회는 2세기 사도신경에 반영되어 있듯이 '성도의 교통'의 관점보다

---

15 Augustine of Hippo, *On Baptism, Against the Donatists*, 1.10.14. (NPNF 1.4:417~18), 진한 부분은 필자가 강조함.

는 제도적 의식, 법률, 직분의 관점에서 이해되었다. 콘스탄티누스 황제가 기독교를 합법적 종교로 만든 뒤(주후 313년), 전 세계 제도적 일치를 성취하고 유지하려고 시도하면서 더 큰 도시의 주교들은 지역적 사법권, 교리적 문제, 교회의 권위를 두고 서로 경쟁하기 시작했다.

그리고 '교황'이라고 불리는 로마의 주교는 다른 모든 주교 위에 우월성을 주장했다. 반대로 동방교회 주교들은 모든 주교가 동등한 지위를 공유하며 공의회—전 세계 주교들의 공식적 모임—가 교회에서 최고 권위를 가진다고 했다.

마지막으로, 성화 교리는 이 시대에 완전히 발전하지 않았다. 일반적으로 구원은 회심을 통해 침례 때 시작해 신자의 삶 전체를 통해 이어지는 과정으로 여겨졌다. 칭의와 성화는 초대교회에서 결코 분명하게 구별되지 않았고, 구원과 성화가 교회의 성례 제도와 구별된다고 여겨지지도 않았다. 침례—새 신자의 침례이건 신자의 유아 침례이건—와 주의 만찬은 구원하고 성화하게 하는 은혜의 주요 수단으로 존중됐다. 교회는 이 두 가지 성례에 더해 신실한 회원의 삶에 성화하게 하는 은혜를 가져온다고 믿어진 다른 관습들—특히 고해와 견진—을 추가했다.

중세시대(500~1500년)

16세기 종교개혁 때까지 교회와 성화는 기독교 신학에서 광범위하고 완전하게 다루어진 적이 없었다.[16] 여러 면에서 이 두 교리는 불가분의 관계에 있었는데, 중세 가톨릭교회가 성례 제도를 구원하는 **동시에** 성화하게 하는 은혜의 수단으로 보았기 때문이다. 교회 지도자들은 교회의 성격과 기능을 점점 더 높은 관점에서 말하곤 했다.

---

[16] Millard Erickson, *Christian Theology*, 1037에 따르면, "기독교 사상사의 어느 때보다 교회 교리가 다른 교리들처럼 직접적이고 완전한 주목을 받았다… 반면에 기독론과 삼위일체론이 4~5세기에 특별히 주목받은 것은, 중세시대 때는 그리스도의 속죄 사역이, 16세기에는 구원 교리가 받았던 것과 같다."

또 기독교가 박해받고 불법적으로 간주한 상태에서 제국의 공식 종교로 성장함에 따라, 권력과 특권, 부와 정치적 영향력을 갖는 쪽으로 바뀌기 시작했고, 그것은 교회가 자신과 세상에서 자신의 위치를 바라보는 시각에 영향을 주었다. R. E. O. 화이트가 말한다.

> [성화 개념은] 중세교회에서 금욕주의(바울의 운동경기를 이분법으로 오용함)로 굳어졌다. 이것은 이중잣대를 포함했다. '성별(sanctity)'과 '성도됨(saintliness)'은 '종교적' 사람(사제, 수도사)에게만 적용됐고, 세상과 타협하는 낮은 성취는 '평범한', '세속적', 또는 '평신도' 그리스도인에게 용인됐다.17

앞에서 언급한 제도화의 씨앗은 초대교회 때 심겼고, 이후 교부시대에 싹이 텄으며, 궁극적으로 중세시대에 광대하고 빽빽한 숲으로 성장했다. 교회론과 성화론 모두 **가시적** 교회—제도적 일치와 전 세계적 통일성—에 압도적으로 집중되었고, 사도적 가르침 및 믿음과 실천의 거룩함에 헌신한 성도의 교통으로 사는 삶인 **비가시적** 교회를 경시했다. 중세시대(약 500~1500년)의 초반에 몇 가지 중대한 발전이 있었다.

- 교황권의 점진적 성장과 부와 정치 권력의 획득
- 시들어가는 영성을 되살리려고 세운 수많은 수도원
- 예배 때 성상, 향, 고정된 예전 사용의 증가
- 이슬람의 전진을 막으려고 십자군을 통해 정치 권력에 행사한 교회의 영향력

이 모두는 교회의 거룩함과 사도성을 위협하면서 제도적 교회에 강한 영향을 주었다. 그러나 주후 1054년에 로마와 콘스탄티노플의 주교들이 서로를 이단으로 정죄함으로 라틴어를 말하는 서방교회와

---

17 R. E. O. White, "Sanctification" in *Evangelical Dictionary of Theology*, 2nd ed., Walter A. Elwell, ed. (Grand Rapids: Baker Academic, 2001).

헬라어를 말하는 동방교회가 갈라지자, 일치성과 보편성은 치명상을 입었다. 분열이 수 세기에 걸쳐 잉태되었지만, 이 공식적 동방/서방 분열은 로마 가톨릭교회가 세상에서 기독교를 배타적으로 대표하고, 성례전을 통해 배타적 구원의 수단을 갖는다고 주장하는 역사적 시발점이 됐다.

그 이후 로마 교회는 권력을 계속해서 키워갔다. 교황들은 이전 시대에 성취한 가시적, 제도적 연합을 신앙과 실천의 절대적 통일성을 위해 강제했다. 동방정교회에서는 '다양성 속에 통일성'이 어느 정도 통용됐지만, 서방 로마 가톨릭교회는 '훈련과 통일성이라는 로마의 이상'을 향해 분투했다.18 이 강조로, '교회법(canon law)'—로마의 위계질서와 모든 사역에서 나오는 영적, 교회적 삶을 지배하는 법과 규범의 체계—으로 알려진 법제화가 이루어졌다. 또한, 이 시대에 유럽 전역에서 대학들이 설립되었는데, 여기서 학자들은 하나님 나라, 곧 가톨릭교회를 위해 모든 지식—특히 철학과 신학—을 융합하고 독점하고자 했다. 점차 종교 체계가 자리 잡았고, 성당과 수도원들이 설립되었으며, 기독교의 부와 번영을 지키려고 전쟁이 일어났다. 교회와 국가의 경계선이 흐려졌고, 세속 세계와 하나님의 신성한 왕국의 구별이 무의미해졌다.

교회론과 성화론에서 가시적, 제도적 교회를 향한 발전을 느끼려면 1215년에 열린 4차 라테란 회의의 주장들을 고려해 보라. 여기에서 침례 받은 모든 그리스도인은 적어도 1년에 한 번 고해 성사에 참여할 의무가 있다고 규정했다. 또한, 교조적으로 화체설—성찬의 빵과 포도주가 사제의 축성으로 기적적으로, 그러나 알 수 없도록 그리스도의 문자적 몸과 피로 변형된다는 믿음—을 승인했다. 또한, 그 회의는 로마 교회가 세상의 모든 다른 교회 위에 수위권을 가진다고 주장했고, 일곱 성례를 사람이 구원받고 성화하는 은혜를 받는 유일한 수단으로 처음 분명하게 명시했다.19

---

18 Margaret Deanesly, *A History of the Medieval Church, 590~1500*, 9th ed. (London: Routledge, 1969), 62.

다섯 교황의 이야기: 교황권의 강화

그레고리우스 1세 (590~604년)	그의 자비롭고 진실한 지도력 아래 로마 교회는 로마가 고트족에게 함락된 이후 생긴 정치적 공백을 메웠다. 로마의 사법권과 선교사 위임권을 주장함으로써 모든 서방교회를 연합시키려 했다.
레오 3세 (795~816년)	샤를마뉴에게 신성로마제국의 '황제' 왕관을 씌워 주었다. 교황이 처음으로 세속 군주 임명은 인간 왕국들에 대한 하나님 나라의 궁극적 승리로 보였다(교회가 국가를 승인하는 것으로 보였다).
그레고리우스 7세 (1073~1085년)	로마 교회가 결코 오류를 범한 적이 없는 유일한 교회며 교황은 왕들을 임명하고 해임할 수 있는 권세를 가졌다고 주장했다.
이노켄티우스 3세 (1198~1216년)	로마 교회는 모든 세속 권력에 절대적 수위권을 갖는다고 주장했다. 힘으로 성지를 되찾으려고 십자군을 요청했다. 4차 라테란 회의(1215)에서 일곱 성례 체계를 교리화했다.
보니파키우스 8세 (1294~1303년)	모든 회의, 왕, 교회에 완전한 교황권을 주장했다. 구원은 최고 로마 주교에게 복종하는 데 달려있다. 하나의, 거룩하고, 보편적이며, 사도적 교회는 교황이 머리가 된 가시적 제도뿐이었다.

15세기가 끝날 때 즈음 저울은 가시적, 비가시적 교회의 균형에서부터 로마 가톨릭교회가 그것 없이는 누구도 구원받을 수 없는 유일하게 참된 교회라는 쪽으로 결정적으로 기울었다. 사실상 보니파키우스 8세는 '유일한 권위(*Unam Sanctum*, 1302)'로 알려진 칙령에서 "우리는 모든 사람이 구원을 위해 로마 교황에게 복종하는 것이 전적으로 필요하다고 선언하고, 진술하며, 정의하고, 또 발표한다."[20] 곧, 교

---

19 4차 라테란 회의에 관해서는 Deanesly, *A History of the Medieval Church, 590~1500*, 147~49를 보라.

황만이 하나의, 거룩하고, 보편적이며, 사도적 교회의 가시적 머리였다. 그가 가르친 것은 믿어야 했고, 그가 명한 것은 복종해야 했다.

반대하는 목소리가 중세시대 내내 들렸지만, 그들의 항의 외침은 억압으로 틀어막혔고, 박해와 심지어 처형까지 받아야 했다. 9세기에 오르배의 고트샬크(804~868년 즈음)는 진정한 교회가 비가시적—가시적 교외에 택자들로 구성된—이며, 침례와 성찬의 성례만이 유효하다고 주장했다.21 같은 시기에 수도사 코르비의 라트람누스는 『주의 몸과 피』라는 논문을 써서 후에 화체설이라는 교리로 정립할 가르침을 반박했다.

중세시대의 어둠이 깊어짐에 따라 제도화된 교회에 다른 도전들이 영국사람 존 위클리프(1320~1384)과 보헤미안 존 후스(1369~1415) 같은 대담한 개혁자에게서 나왔고, 둘 다 『교회에 관하여(*De Ecclesia*)』라는 제목의 책을 썼다. 위클리프의 견해는 후스에게 심대한 영향을 주었는데, 각각 택자의 보이지 않는 교회가 교회의 어떤 가시적 표현의 진정성을 세운다고 주장했다. 따라서 가톨릭교회의 지도층에도—교회 자신을 포함하여—구원받지 못한 사기꾼들이 만연할 수 있고, 평범한 노동자도 교회 안에 진정한 영적 교회를 구성할 수 있다. 그 믿음—최초의 사도와 교부가 강조한 것과 일치하는—은 교회의 권위 체계를 빼앗았고, 따라서 엄한 정죄를 받았다. 예를 들면, 콘스탄스회의(1414)는 후스에게 자기 견해를 방어하도록 소환하면서 회기 동안 안전을 보장했다. 그러나 그가 부름에 응하고 난 뒤 회의는 그를 이단으로 정죄하고 화형에 처했다.

이 회의에서는 우연히 '교황권의 분열'로 알려진 문제를 풀어야 했는데, 세 명이나 되는 교황이 한 가시적 교회의 한 가시적 머리라고

---

20 Deanesly, *A History of the Medieval Church, 590~1500*, 175에서 재인용.

21 Victor Genke and Frances X. Gumerlock, *Gottschalk and a Medieval Predestination Controversy: Text Translated from the Latin*, Mediaeval Philosophical Texts in Translation, no. 47, ed. Roland J. Teske (Milwaukee: Marquette U., 2010), 58을 보라.

주장했다. 그 분열은 로마 교회의 수위권을 잠식했고, 교황권 자체가 분열과 혼란에 휘말렸다. 역설적으로 콘스탄스 회의가 경쟁하던 교황들을 자리에서 물러나게 하는 데 성공하고, 마침내 마르틴 5세를 교회의 새로운 수장으로 선출했을 때 그 회의에서 임명된 지도자는 "총회가 교황보다 우월하다는 것을 부인했는데," 그것은 엄격히 말해 자신의 선출을 무효화할 수 있는 칙령이라는 사실을 깨닫지 못했다.22

말할 필요도 없이 우리는 이 시대가 끝날 무렵에 사도와 초기 교부시대에서부터 몇 가지 중대한 발전과 차이점이 나타남을 알 수 있다. 여기에는 무엇보다 주교의 권위 상승, 교황권의 득세, 예전적 예배의 고착화, 그리고 성례들이 구원하는 은혜의 수단으로 발전하고 더해진 것이 들어간다. 정치적, 도덕적 타락은 전체 기독교 세계를 불안정하게 만드는 위협이 되었다.

콘스탄티노플 회의(주후 381년)는 "하나의, 거룩하고, 보편적이며, 사도적인 교회"에 대한 믿음을 고백했다.23 유안 카메론은 주목했다.

> 교회에 적용되는 모든 전통적 어구 "하나의, 거룩하고, 보편적이며, 사도적인"은 15세기가 되자 어느 정도 의심을 받았다. 곧, 분열로 일치가, 도덕적 타락으로 거룩함이, 일반적 동의 결여로 보편성이, 개별 교황에 의구심으로 사도성이 의심됐다.24

---

22 Deanesly, *A History of the Medieval Church*, 238.

23 The Constantinopolitan Creed (381).

24 Euan Cameron, *The European Reformation* (Oxford: Oxford, 1991), 88.

> **역사를 통해 본 성례의 수**
>
> **초대교회**: 많은 '의식'이 '성례적'—곧, 영적 진리를 신비롭게 가리킨다—이었지만, 침례와 성찬식은 입교와 지속적인 성별을 위한 의식으로써 중심 자리를 차지했다. 어떤 지역에서 고해는 침례 받은 그리스도인으로서 죄에 빠졌던 사람을 교회 교제권으로 회복시키려고 시행되기 시작했다.
>
> **중세교회**: 구원하고 성화하게 하는 은혜로써 일곱 성례가 침례로 시작해, 성찬을 포함하고, 더 나아가 고해 제도, 유아로 침례 받은 사람의 견진, 교회를 물리적으로 확장하는 혼배, 교회를 영적으로 확장하는 서품(혹은 임명), 그리고 죽음을 준비하는 도유(종유)를 포함했다.
>
> **종교개혁시대교회**: 침례와 주의 만찬(또는 성찬)이 교회의 두 가지 성례, 또는 의식으로 회복되었다. 다른 활동들은 성화를 위한 은혜의 수단으로 여겨졌다. 견진, 서품, 도유 등 의식은 어떤 전통에서는 유지되었지만, 성례의 지위로는 아니었다.
>
> **현대복음주의교회**: 침례와 주의 만찬을 일반적으로 성례 또는 의식으로 받아들이고 다른 활동은 간증 또는 영적 성장을 위한 수단으로 시행한다.

종교개혁시대(1500~1700년)

우리는 그리스도의 몸의 비가시적, 영적 실재보다 가시적, 물리적 실재를 불건전하게 강조하는 것을 추적했다. 초기 교부시대에 뿌려진 순수하고 대체로 무해한 씨는, 제도적 일치와 거의 기계적인 성화의 수단이 마련된 묘목의 시기를 지나, 교황의 세속적이면서도 신적인 권위 밑에서 기독교 왕국의 강요된 일치와 인간이 만든 위계질서가 어둡고 깊게 뿌리내린 숲이 되었다. 그렇지만 이 시대를 지나면서 위클리프나 후스를 비롯한 인물들처럼 고립된 개혁의 횃불을 점화한 몇몇 불꽃은 마르틴 루터, 울리히 츠빙글리, 그리고 쟝 칼뱅 등을 통해 모든 것을 사르는 개혁의 불길로 타올랐다.

로마가톨릭의 지배를 종결지은 그 폭발의 한 가지 주된 측면은, 제도적 교회가 아니라 비가시적 택자들이 지상에서 드러난 교회의 가시적 실재보다 우선권을 가지며, 그것에 합법성을 부여한다는 개신교의 주장이었다. 교회의 비가시성을 이렇게 재강조함으로써 루터나 칼뱅 같은 개혁자는 성경의 교훈, 교부의 근거, 그리고 사도신경에 나온 교회의 정의를 크게 의지하여 교회론의 균형을 회복하고자 했다. 야로슬라프 펠리칸은 설명한다.

> 그[루터]가 로마가톨릭 교리 탓으로 돌린 제도화와 더 급진적인 개신교 교리에 적어도 암시되었다고 본 개인주의에 대항하는 근거로 그는 교회의 실재를 성도의 교제로 고백하는 것을 내세웠다.25

티모시 조지도 비슷하게 썼다.

> 따라서 종교개혁의 관점에서 예수 그리스도의 교회는 성도의 교통이고, 성경에 있는 하나님의 말씀을 들은 신실한 자들의 모임이며, 그 주인이신 분을 신실하게 섬김으로 세상에서 그 말씀을 증거한다.26

주어진 영역에서 개혁자들이 성공했건 못했건 그들과 다른 사람들은 비가시적 교회를 지나치게 강조하여 가시적 교회를 무시하든가(개인주의) 가시적 교회를 지나치게 강조하여 비가시적 교회를 무시하는(제도주의, 제도화) 양극단에 치우치지 않고 균형을 회복하려고 노력했다.

---

25 Jaroslav Pelikan, *The Christian Tradition: A History of the Development of Doctrine*, vol. 4, *Reformation of Church and Dogma (1300~1700)* (Chicago: U. of Chicago), 173.

26 Timothy George, *Theology of the Reformers* (Nashville: Broadman & Holman, 1988), 316.

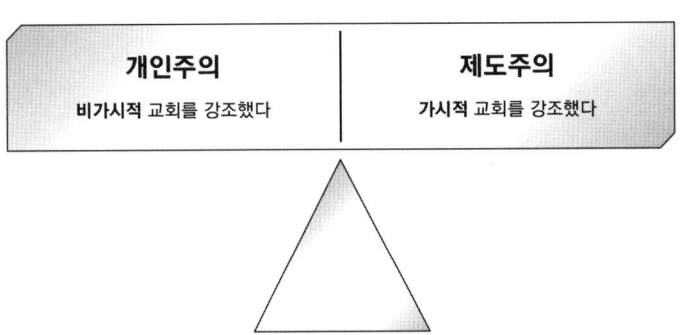

종교개혁의 주요 전통은 수 세기 동안 잃어버렸다고 생각한 교회의 영적, 비가시적 차원을 새로이 강조한 점을 공유했다. 특히 칼뱅주의 개혁전통의 견해는, 루이스 벌코프에 따르면, 이 문제에 관한 한 루터파의 관점과 유사하다. "둘 다 교회의 진정한 핵심은 영적인 실체로서 성도의 교제(communio sanctorum), 곧 비가시적 교회에서 발견된다는 데 동의한다."[27]

교회 정치제도에 관한 세 가지 역사적 모델

감독제	장로제	회중제
• 교회의 권위가 '주교(episkopos)'에게 있다 • 로마가톨릭, 동방정교회, 영국 성공회, 감독교회, 감리교회, 일부 루터교회	• 교회의 권위가 '장로들(presbyteroi)'에게 있다 • 장로교, 개혁 교회, 많은 지방 독립(자주 '장로가 이끄는'이라고 묘사되는) 교회	• 교회의 권위가 선거권을 가진 회중에게 있다 • 재침례교도, 청교도, 회중교회, 많은 '저교회' 또는 자유교회들(대다수 침례교회와 형제모임을 포함)

---

27 Louis Berkhof, *The History of Christian Doctrines*, 237~38.

개신교도는 가톨릭의 구원과 성화 독점이 사도의 규율에서 크게 벗어났다고 주장했지만, 종교개혁은 교회론이나 성화론의 세세한 부분들에서 완전한 합의에 이르지 못했다. 교회 정치와 질서에 관해 몇몇 전통이 소용돌이 가운데 발전했다. 제도적 교회의 가시적 통일성이 비가시적 교회 재강조로 결정적으로 도전받았을 때, 개신교회는 "그렇다면 누가 지역 회중을 이끌어야 하는가? 그것은 어떻게 조직되어야 하는가?"를 묻고 대답해야 했다.

영국교회, 감리교, 일부 루터파 같은 그룹은 감독제 모델의 많은 자취를 보존했고, 지역 주교는 지역 사제에 대한 권위를 유지했다(교황 없이). 칼뱅주의 개혁 운동에서 성장한 다른 그룹들은 장로제 모델을 발전시켰는데, 권위는 지방, 주, 국가 회의 또는 '노회'에 있었다. 곧, 복수 지도력이 정치를 공유했다. 마지막으로 두 모델에 대한 반응으로 회중주의자는 정부나 위계적 지배 없이 자율적인 지역 교회들을 세우고자 했다. 여기에서 최종 권위는 투표할 수 있는 회원들로 된 지역 회중에게 있었다. 오늘날 이 다양한 전통들—감독교회, 장로교회, 회중교회, 그리고 그 사이에서 다양한 명암을 가진—정통 개신교 복음주의에 계속되고 있다. 마찬가지로, 개신교 종교개혁은 성례와 관련해서 몇 가지 경쟁하는 견해를 개진했다. 개혁자들은 로마가톨릭의 일곱 성례제도가 내부적으로 결함이 있다는 데 다소간 동의했어도 침례와 주의 만찬 성례의 정확한 성격과 기능에 합의하지 못했다. 그렇지만 그들은 모두 이 두 가지가 교회의 삶에 유지되어야 한다는 데에 동의했다.

역사로 회고한 교회와 그리스도인의 삶

다음 표는 가장 대표적 견해의 일부를 비교한다.

주창자	침례에 관해	주의 만찬에 관해
로마가톨릭	중생의 침례는 원죄의 죄책과 권능을 제거하고 구원하고 성화하는 은혜를 최초로 주입한다. 어른/침례 받지 않은 유아가 받음.	구원하는 은혜의 성례로 침례 받은 자를 깨끗하게 하고 강화하며 가톨릭교도의 자백과 고해 후 가톨릭을 승인한다. (교리: 화체설)
마르틴 루터 (독일 루터파)	원죄의 죄책을 제거한다. 구원하는 은혜의 표지와 성례로 후에 개인적 믿음으로 유효해진다. 어른/침례 받지 않은 유아가 받음.	성화시키는 은혜의 성례로 믿음을 강하게 한다. 선한 지위를 가진, 침례 받고 견진을 받은 신자가 받음. (교리: 공재설)
울리히 츠빙글리 (스위스 개혁파)	새 언약 공동체로 들어가는 외적 표지. 순종의 행동으로 하나님의 교회의 회원으로서 하나님을 향한 믿음의 삶을 맹세. 어른/침례 받지 않은 유아가 받음.	지속적 믿음과 그리스도와 교제의 외적 표지이자 간증. 기념은 영적 축복을 가져온다. 선한 지위를 가진 침례 받은 신자가 받음. (교리: 상징적 임재)
쟝 칼뱅 (스위스 개혁파)	새 언약 공동체로 들어가는 내적 실제의 외적 상징 (할례가 구약에서 그러했듯). 후에 개인적 믿음에 의해 확증됨. 어른/침례 받지 않은 유아가 받음.	성화시키는 은혜의 내적 실재와 수단의 외적 상징. 선한 지위에 있으며 침례 받고 견진 받은 신자가 받음. (교리: 성령의 권능 가운데 지킬 때 그리스도의 진정한 '영적' 임재)
메노 시몬스 (재침례파)	그리스도를 믿는 믿음의 외적 표지이자 간증. 회개와 순종의 행동으로 믿음과 고백이 선행할 때 유효하다. 자원하는 신자만 받음.	지속적 믿음과 순종의 외적 상징이자 간증. 선한 지위를 가진 침례 받은 신자가 받음. (교리: 상징적 임재)

근대 · 현대시대(1700년~현재)

교회론 관련 근대 · 현대의 이야기는 파편화라고 할 수 있다. 로마 가톨릭교회는 가시적 교회가 은혜와 권위의 유일한 근원이라는 견해를 단순하게 다시 확립했다. 사실, 그 입장은 종교개혁 전보다 후에 더욱 강고해졌을 것이다.[28] 그러는 동안 다른 전통들은 다양한 노선을 따라서 일부는 개혁자의 강조점을 주장했고, 일부는 혼재된 방식을 따랐다. 안전하게 말할 수 있는 한 가지는 복음주의 전통이 그 안에 교파적 관계에 상관없이 교회 정치(감독제, 장로제, 회중제), 성례, 또는 성화에 관한 다양한 견해에서 전형적으로 그 계보를 개혁자에게까지 추적할 수 있다는 점이다.

아마도 당시에 느슨해지기 시작하여 근대 · 현대시대에 파편화가 진행된 다양성의 가장 중요한 점은 성화에 관한 경쟁 모델일 것이다. 종교개혁시대의 주된 취지는 비가시적 교회가 가시적 교회에 생명을 준다는 것이었기에, 몇 세대 안에 구속자와 속량된 사람의 비가시적(그리고 종종 개인적) 관계의 실제적 영향을 강조하는 성화 교리가 발전하기 시작했다. 종교개혁의 다양한 흐름에서 교회의 성격을 이렇게 비가시적 관계에서 찾음에 따라 각기 그다음 논리적 질문―칭의와 성화의 관계는 무엇인가?―과 씨름해야 했다. 그들이 대답하는 가운데 종교개혁 후기에는 성화의 수많은 모델이 싹트고, 우리가 현대 복음주의라고 부르는 다양한 꽃다발 가운데 자리잡은 진정한 꽃의 정원이 되었다.

현대 복음주의 정의는 방어하기가 어렵기로 악명 높지만, 그것을 **묘사하는** 한 가지 방법으로 다음 제안은 합리적일 수 있다. 복음주의는 성경의 권위와 그리스도의 사역이 가져온 결과의 중심성, 또한 그로 인한 개인 회심의 필요성에 긍정으로 귀결되는 데 집중하는,

---

[28] Louis Berkhof, *The History of Christian Doctrines*, 239를 보라.

종교개혁에서 유래한 모든 흐름의 총체다.29 이것을 염두에 두고, 현대 개신교 전통이 성화론을 형성한 다양한 방식들을 제시하는 것은 복음주의 교리를 개관하는 데 필수적이다.

종교개혁으로부터 어떻게 그런 것들이 일어났는지 세세히 분석하기 위한 처음 두 작업은 단순하다—우리는 루터교(루터의 가르침에서 나온) 전통과 개혁주의(주로 칼뱅의 가르침에서 나온) 전통을 열거해야 한다. 그렇지만 그다음엔 무엇을 해야 하는가?30 이어지는 논의에서 복음주의 스펙트럼에서 성화에 관한 견해는 다음 요소들로 결정된다는 가정에 따라 진행하겠다.

- 칭의와 성화의 관계에 관한 견해
- 성화에서 성령의 역할에 관한 견해
- 신자가 성화를 추구하기 위해 성령을 개입시키는가에 대한 견해

복음주의 주요 견해 목록을 만들다 보면 다음 목록을 얻는다고 생각한다: 루터파, 개혁파, 웨슬리안/성결교 견해.31

---

29 이 묘사는 Alister McGrath에게 빚진 바다. Alister McGrath, *Christian Theology: An Introduction*, 5th ed. [West Sussex: John Wiley & Sons, 2011], 80에 따르면, "복음주의는 종종 네 묶음의 가정에 중심을 둔다고 주장된다: 1. 성경의 권위와 충분성; 2. 십자가에서 그리스도의 죽음을 통한 속량의 고유성; 3. 개인적 회심의 필요성; 4. 전도의 필요성, 우선성, 긴급성."

30 많은 복음주의자가 그들의 기원을 여러 갈래의 웨슬리안, 오순절, 침례교에서 찾는다. 그 전통의 하나에서 나온 다른 사람은 성화를 이해할 때 독특한 강조점을 가진 탓에 구별되는데, 예를 들면 케직 사상, 또는 어떤 책에서 '아우구스티누스-세대주의'라고 불리는 견해이다. Stanley N. Gundry, et al., *Five Views on Sanctification* (Grand Rapids: Zondervan, 1987), 197을 보라.

31 만약 이 구조가 어떤 사람에게 심각한 반대를 일으킨다면, 내 대답은 이와 같다. "x라는 견해는 신학적이고 역사적이라는 이유로 y전통의 다양성으로 합당하게 분류될 수 있다." 한 가지 예가 오늘날 하나님의 성회에서 자주 옹호하는 성화 견해인데, 내가 심각하게 고민하고 나서 제안하는 바는

루터파의 성화 견해

성화에 관한 루터교의 핵심점은 "의로운 동시에 죄인(simul iustus et peccator)"라는 전통 어구에서 가장 자주 볼 수 있다.[32] 많은 루터교인이 죄인을 위한 가장 결정적 행위는 하나님께서 죄인을 자기 앞에 받아주신다는 선언—하나님의 의롭다는 선언, '칭의'—이라고 주장함으로 이것을 설명한다. 성화는 사람의 관점에서 볼 때 칭의 받은 상태 이상이 아니다—성화는 칭의이고 칭의는 성화이다. 데이빗 스캐어는 관찰한다. "성화는 칭의와 동일한 실재를 묘사하지만, 칭의 받은 신자의 세상 및 사회와 관계를 묘사한다."[33] 피퍼도 비슷하게 말한다. "성경은 성령이 복음 안에서 사람의 믿음을 일으킬 때마다 즉시 동일한 사람 안에서 그 믿음을 통해 성화와 선행을 일으킨다… 그러므로 성화가 없는 곳에 믿음도 없다는 말은 옳다."[34]

루터교 사상에서 칭의/성화는 긴밀하게 묶여 있고 오직 믿음에 의한 칭의를 전방위적으로 강조하기 때문에, 어떤 사람은 루터교 성화론을 반율법주의—또는 선행에 반대하는—라고 비난했다.

웨슬리안/성결교 성화 교리의 범주 아래 둘 수 있다는 것이다. 이 관점은 하나님의 성회 회원이자 Southwestern Assemblies of God University 교수인 Bruce Rosdahl이 자신의 박사 논문 "하나님의 성회의 성화 교리(The Doctrine of Sanctification in the Assemblies of God)" (Dallas Theological Seminary, 2008)에서 잘 변호했다.

[32] David P. Scaer, "Sanctification in Lutheran Theology," *Concordia Theological Quarterly* 49, no. 2 (April–July 1985): 187에 따르면, "'의로운 동시에 죄인'이라는 루터의 개념은 루터파의 칭의뿐 아니라 성화를 이해하는 데 근본적이다."

[33] Scaer, "Sanctification in Lutheran Theology," 188.

[34] Francis Pieper, *Christian Dogmatics*, 3 vols. (St. Louis, MO: Concordia, 1953), 3:8.

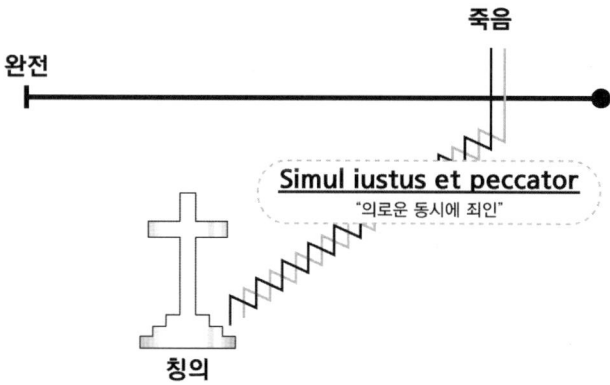

그것은 루터의 가르침을 볼 때 사실무근이다. 그보다 루터교인은 확신 있게 말한다. 칭의는 행위와 관계없이 믿음만으로 되지만, 신자는 선행을 **해야** 하는데, 성경은 사람이 선행할지 말지를 각자의 분별에 맡긴다고 말씀하지 않기 때문이다.35

개혁파의 성화 견해

개혁파 접근 방식은 루터파 견해와 상당히 비슷해 같은 지점, 곧 오직 믿음을 통한, 은혜에 의한 칭의에서 출발한다. 그러나 개혁파 전통에서 하나님의 구원하시는 사역의 두 측면은 그렇게 잘 통합되어 있지 않고 구별된다(완전히 분리된 것은 아니지만). 성화론에서 루터파와 개혁파를 구별하는 것은 (1) 성령의 역할과 (2) 신자가 어떻게 성령의 사역에 참여하는가에 관한 문제로 보인다.

첫째, 개혁파 전통은 성령을 성화의 우선적 대행자로 보고, 또 성화의 은혜는 칭의의 은혜와 범주가 다르다고 여긴다. 요한네스 볼레비우스(1600년 즈음)는 다음 내용을 썼다.

---

35 Pieper, *Christian Dogmatics*, 3:29.

성화는 칭의와 다음 점이 다르다. (1) 종류에서: 전자의 의는 질 범주에 속하지만, 후자는 관계 범주에 속한다. (2) 형식에서: (a) 칭의에서 믿음은 선행의 원리이자 뿌리로 간주한다. (b) 칭의에서 죄는 책임성과 형벌에 관해서만 제거되지만, 성화에서 죄는 존재에 관하여 점차 폐기된다. (c) 칭의에서 그리스도의 의가 우리에게 전가되지만, 성화에서는 우리 안에 고유하게 있는 새로운 의가 우리에게 주입된다. (3) 정도에서: 칭의는 개인적이며 완전하게 모든 이에게 일어나는 사건이지만, 성화는 점진적인 사건으로 점차 완전을 향해 나아가며, 다양한 성령의 은사에 따라 어떤 일에서는 더욱 빛나지만, 다른 일에서는 덜 빛난다.[36]

근대·현대시대를 돌아보면 헤르만 빗시우스는 성화가 "선택받은 자들이 거듭나고 의롭게 되며 죄의 간악함으로부터 하나님 형상의 순결함으로 지속해서 점점 더 변화하게 하시는 하나님의 실제 역사"라고 말했다.[37] 그러나 개혁파 전통에서는 성화에서 하나님의 일은 주로 성령의 역사라는데 동의했다. 벌코프는 대표적으로 "**성화는 성령의 은혜롭고 지속적인 역사로써 하나님은 이를 통해 의롭게 된 죄인을 죄의 오염으로부터 그의 본성 전체를 하나님의 형상으로 새롭게 하시며, 선행을 실천할 수 있는 능력을 주시는 것이라고 정의할 수 있을 것이다**"라고 말한다.[38]

---

[36] Johannes Wollebius, *Christianae Theologiae Compendium*, I.31.xiii. Cited by Heinrich Heppe, *Reformed Dogmatics Set Out and Illustrated from the Sources*, trans. G. T. Thomson (Grand Rapids: Baker, 1978), 566.

[37] Herman Witsius, *The Economy of the Covenants Between God and Man*, vol. 3, 2nd American ed. (New York: Thomas Kirk, 1804), 221.

[38] Louis Berkhof, *Systematic Theology*, new comb. ed. (Grand Rapids: Eerdmans, 1996), 532.

둘째, 신자가 하나님의 영의 일에 어떻게 관련되는가에 관해 개혁파 전통에 따르면, 성령에 의해 내적으로 능력을 입은 중생한 사람이 책임감 있게 참여하는 것이다. 신자가 할 일은 **자기 부인**(mortification)과 **소생**(vivification)이라는 쌍둥이 요소에 초점이 맞춰져 있는데, 에베소서 4장에서 나온 것이다. "그 옛사람을 벗어버리고, 마음의 영을 새롭게 하여… 새 사람을 입으십시오." 자기 부인과 소생으로 특징지워지는 명령들—또는 죽었다가 살아남—은 그리스도인의 삶이 '잘될 때와 잘되지 않을 때'를 포함하되 전체적 방향은 그리스도 안에서 성숙임을 분명하게 말한다. 그런데도 죽을 때까지 온전함에는 이르지 못한다.

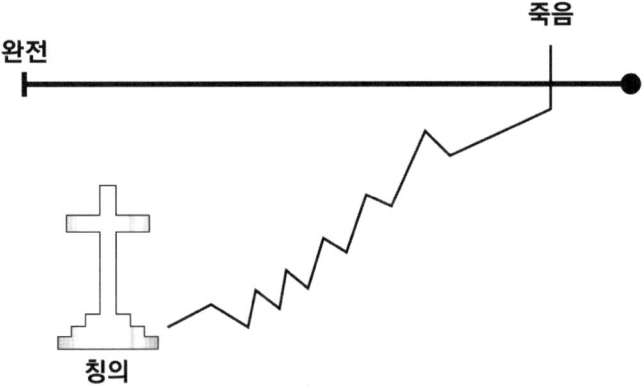

웨슬리안/성결파의 성화 견해

개혁파 관점에서 자라난 웨슬리안 견해—존 웨슬리(1703~1791)의 이름을 딴—는 근대·현대시대, 특히 복음주의 성화에 가장 심오한 영향을 끼쳤다. 이 관점에는 세 가지 명제가 지배적이다.

1. 사랑의 법은 성경의 도덕 명령의 성취다.
2. 신자는 사랑의 법에 따름으로써 '완전 성결'에 이를 수 있다.
3. 이 첫 두 원리는 칭의와는 완전히 구별된, 성화시키는 은혜라는 하나님의 두 번째 일을 암시한다.

이 모델은 혁신적 관찰로 시작한다. 예수께서 구약 율법의 요약이 "네 마음을 다하고, 네 목숨을 다하고, 네 뜻을 다하여, 주 너의 하나님을 사랑하여라"(신 6:4; 마 22:37 참고)라는 명령에 있다고 말씀하셨기에, 존 웨슬리는 '사랑의 법'에 따라 사는 것은 도덕법을 성취하는 것과 같다고 추론했다. 멜빈 디터는 말한다.

> 구약과 신약을 [웨슬리가] 연구하고 나서 내린 결론은 그리스도 자신이 산상수훈에서, 이후 연속해서 신약 모든 책에서 가르친 대로 은혜 아래서 '사랑이라는 최고의 법'을 성취하는 사람이 십계명의 도덕적 의도도 성취한다는 것이다. 따라서 웨슬리는 율법의 도덕적 의무 성취를 성화의 과정이자 목표와 연결했는데, 그것은 도덕법의 성취와 만족을 신자의 칭의 사건에서 찾는 정통 개혁주의의 객관적 견해보다 더 나아간 것이다.39

그런데 신자의 삶을 관찰하면, 많은 사람이 사랑의 법에 따르는 경험을 하지 못한다는 결론에 이른다. 결과적으로 웨슬리안은 신자가 완전 성결을 경험하려면 하나님 은혜의 두 번째 역사가 필요함을 깨달았다. 존경받는 대표자 케네스 그라이더는 **제2의 축복**이란 용어가 "완전 성결은 진정으로 우리의 회심 이후에 받는다는 사실을 강조한다"라고 말한다.40

---

39 Melvin E. Dieter, "The Wesleyan Perspective," in *Five Views on Sanctification*, eds. Stanley N. Gundry, et al. (Grand Rapids: Zondervan, 1987), 25.

40 Kenneth J. Grider, *Entire Sanctification: The Distinctive Doctrine of Wesleyanism* (Kansas City, MO: Beacon Hill, 1980), Kindle location 479. Grider도 (같은 장에서 나중에) 완전 성화를 경험하는 것은 은혜의 두 번째 사역으로 명명할 수 있음을 인정했다.

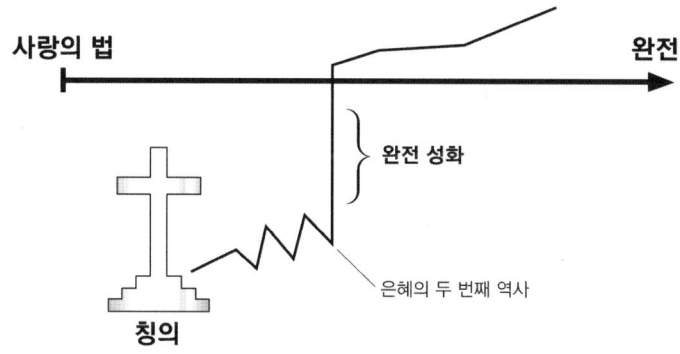

다른 비슷한 견해도 웨슬리안 가계도에 분류할 수 있다. 예를 들면, 19세기와 20세기에 웨슬리안 성결 운동의 복잡한 그물망에서 오순절 운동이 일어났다. 일부 오순절파는 성화의 전체 방향은 위에서 기술한 바와 같지만, '전적으로 성화하는' 대신 사람은 '성령의 침례'를 받아야 한다고 생각했다.41 하나님의 성회가 더 발전하면서 결국 성령 침례와 완전 성결의 개념적 연결점은 제거됐다.42

1700년대부터 오늘날까지 개신교 복음주의 전통에서 교회론과 성화론은 종종 극단적 다양성 가운데서도 근본적 일치를 분명히 보여 왔다. 그 일치는 모든 복음주의 교회론에서 볼 수 있는 지배적 주제 —**비가시적 교회는 가시적 교회의 기반이다**—에서 확인할 수 있다. 이 명제에서부터 성령의 사역이 성화의 핵심이라는 확신이 나왔다.

---

41 Grider, *Entire Sanctification*, Kindle locations 511~16을 보라.

42 예를 들면, 근본 진리 선언(하나님의 성회 교리 진술)의 1961년 수정판 성화 항목에서 완전 성화에 관한 모든 명확한 언급을 삭제했다. Bruce Rosdahl, "Sanctification in the Assemblies of God" (PhD. Dissertation, Dallas Theological Seminary, 2008), 198을 보라.

교회사에서 교회와 영적 성장

교부시대 (100~500)	중세시대 (500~1500)	종교개혁시대 (1500~1700)	근대·현대시대 (1700~현재)
• 교회는 가시성이 점차 강조되기는 했지만, 영적(비가시적), 물리적(가시적)인 것으로 간주	• 로마 가톨릭교회가 서방에서 권위를 행사하고 교리, 행습, 구조에 통일성을 강제(500~1500)	• 마르틴 루터가 교황권에 도전하여 신학과 실천에 이뤄진 불법적 발전을 대항해 종교개혁을 촉발함	• 현대 복음주의가 일어나 선교와 복음 전도가 확대됨(1700~현재)
• 안티오크의 이그나티우스는 전 세계 교회를 묘사하려고 '가톨릭'이란 말을 처음 사용(약 110년)	• 동방정교회와 로마가톨릭은 부분적으로 로마의 수위권 주장으로 분열됨(1050)	• 개신교 종교개혁은 감독제, 장로제, 회중제 전통을 낳은 정치적 변화를 가져옴(1550~1700)	• 교리에서 자유주의가 발전하면서 나타난 논쟁으로 주요 교단이 분열되고 새로운 교단과 독립 교회 생김(1850~1950)
• 이단 위협으로 단일 주교의 역할이 강화됨(100~500)	• 교회 조직과 권력은 세속적 문제에 교회의 역할 증대와 함께 증가(500~1500)	• 교회는 경쟁하는 많은 교단으로 쪼개졌고, 각각은 자신의 정치제도와 일부 독특한 교리와 행습을 발전시킴(1500~1700)	• 현대 에큐메니컬운동은 다양한 교회와 교단에 교리적, 예전적, 심지어 조직적 일치를 추구(1900~현재)
• 침례는 구원하는 은혜의 수단으로 점점 여겨짐(200~400)	• 화체설이 로마가톨릭의 공식 교리가 됨(1215)		
• 콘스탄티노플 회의(381)는 정통 교회론을 "하나의, 거룩하고, 보편적이며, 사도적"이라고 정의	• 일곱 성례 체계 교리화(1439)	• 트렌트공회는 개신교 교회론에 대항하는 로마가톨릭 교리를 공고히 함(1545~1563)	• 성화에 관한 다양하고 경쟁하는 모델이 성행함(1700~현재)
• 로마가 전 세계에 대한 교황권을 점점 주장(250~500)	• 반대 목소리(예를 들면 위클리프와 후스)를 침묵하게 함(1300~1500)		

그러나 결정적으로 이 두 가지를 긍정하는 복음주의 교회는 성화론과 교회론의 측면이 어떻게 들어맞는가를 설명하는 데서 놀라운 창조성을 보여주었다. 그 결과는? 무수한 정통 개신교 관점을 수용하는 경이로운 복음주의 전통의 세계다. 루터교도부터 장로교도, 침례교도부터 오순절교도, 감리교도부터 성서교회, 성공회부터 재침례교도—다양성 속의 통일성…"하나의, 거룩하고, 보편적이며 사도적인 교회"다.

반드시 기억해야 할 사실

얼마 전에 내 아들은 피위 야구팀에서 경기했다. 코치는 내 친구였고, 나는 힘닿는 대로 돕는데, 날아가는 공을 막거나 1루수 코치를 맡았다. 타격 연습 때, 그가 얼마나 자주 "볼에서 눈을 떼지 마!"라고 말했는지 나는 추측조차 할 수 없다. 그 또래의 아이들은 여전히 필수적인 손과 눈의 협업이 발전하는 단계이고, (내가 어릴 때 접시를 만지려고 하면 아버지가 한두 번 말씀하시는 것을 들었다고 생각한다) 오랜 경험을 통해 볼을 치는 것을 배울 때 첫 번째 할 일은 정말로 **볼에서 눈을 떼지 말라**는 것이다.

성경의 중심 본문 몇 개를 살펴보았고, 교회사에서 교회론과 성화론의 주제가 어떻게 발전했는지를 음미했다면, 이제 우리가 그 과정에서 마주친 핵심 원리를 점검할 차례다. 이것들은 복음주의자가 교회론과 성화론을 어떻게 보는지 이해하는 기초다. 우리가 이 원리에서 눈을 떼지 않는다면 우리는 이 중요한 교리를 제대로 이해하는 과제가 주어질 때 아웃당하지 않을 것이다.

사실 1. 교회론의 핵심 원리는 그리스도 안에서 구원하시는 하나님과의 관계다

신학을 공부하다 보면 전통적으로 라틴어로 보존된 어구들을 만난다. 나는 가끔 라틴어로 그것들을 적는 유일한 이유가 실재보다 더 복잡하게 보이게 하려는 것이 아닌가 하는 의구심이 든다는 점을 인정한다. 그러나 나는 계속해서 여기저기서 라틴어가 영어 번역보다 훨씬 더 많은 것을 전달해 주기에 그 보존 가치를 안다.

그런 표현 중 하나가(적어도 내 책에서는) *sine qua non*이다. 문자적으로 번역하면 '아닌 것 없이'인데, 이것은 전형적으로 없어서는 안 되거나 필수 상태나 요소를 가리킨다. 이것을 다르게 말하면 *sine qua non*은 그것이 없이는 [무언가] 존재할 수 없음을 가리킨다.

내가 그것을 영어로 번역하려고 애쓰는 것을 보며 여러분은 이제 내가 왜 그 어구를 내버려 두는 것이 가장 좋겠다고 생각하는지 알 것이다. 하지만 그것이 이 작은 단락의 요점은 아니다. 요점은 이것이다. 진정한 교회의 *sine qua non*은 구속자와 구속받은 자의 구원하는 관계다. 하나님이 우리 세상으로 내려오셔서 인간을 구원하는 관계로 들어오지 않으셨다면 교회는 없었을 것이다. 물론 교회 건물과 교회 회원들, 교회 활동과 프로그램은 남아 있을지라도 그것들은 진정한 교회—성도의 교제—를 구성하지 못한다.

교회는 영적 생명을 받은 사람으로 이루어진다. 구원의 선물은 교회로 결실한다. 비가시적 관계는 가시적 교제를 일으킨다. 이것을 보여주는 한 본문이 에베소서 5장에 있는데, 거기서 바울은 그리스도와 교회 관계를 남편과 아내 관계와 연결한다. 우리가 이 단어들만 간단하게 고려해도 한 가지 경이로운 특징을 발견한다. 그리스도는 교회를 사랑하셔서 교회가 성별 되도록 교회에 자신을 주셨다. 이것은 교회의 본질적 특징이 예수 그리스도를 통해 하나님과 구원의 관계에 참여한다는 것을 암시하는 것으로 보인다.

우리는 이미 교회사를 조사하면서 이 사실의 능력을 보았다. 이것은 사도적 교회와 종교개혁 교회의 중심 명제며, 이것을 긍정하거나 부정하는 것이 이 교리의 역사가 지나온 핵심 경로를 형성한다. 마지막으로 (아래의) '피해야 할 위험' 부분에서 보겠지만, 알아야 할 점은 이 핵심 원리를 인정하고 실천하면 하나님의 백성은 교회론에서 많은 중대한 위험으로부터 보호받는다는 것이다.

사실 2. 교회의 가시적 측면은 교회의 비가시적 실재를 섬기고, 영화롭게 하며, 발전하게 해야 한다

두 번째 사실은 첫 번째 사실의 거울, 곧 직접 결과로 나타난다. 논리는 결정적이다. 교회가 정확히 그 자체로 하나님의 선물인 비가시적 관계 때문에 존재한다면, 교회에 대한 모든 것은 이 관계의 발전을 도모해야 한다. 이것을 뒤집어 말하면, 우리가 교회의 비가시적 측면보다 가시적 측면을 강조한다면, 우리는 하나님이 제공하신 관계의 우선성을 부인하고 가시적 교회가 구원의 근원이라고 주장하는 것이다. 복음주의자에게 이것은 말이 되지도 않는다.

사실 3. 그리스도의 몸에 있는 다양성은 하나님의 계획이다

나는 약 15년 전부터 머리를 밀고 있다. 그것은 조만간 대머리가 될 것을 예견한 실험으로 시작했다. 나는 아내에게 대머리가 시작되면 '주변머리'만 남겨두기보다 완전히 대머리로 밀고 싶다고 말했다.

아내 반응은 나를 놀라게 했는데, 아내는 '미리 보기'를 시도해 보라고 축복해 주었다. 그리고 나는 내 반응에 스스로 놀랐다. 참 편했다.

분명한 것은 이것이다. 나는 내 몸의 꼭대기를 불명예에서 구하려고 노력했기에 내 머리를 미는 것을 고려했다. 그것이 성경적 교회론에 관한 사실의 요점이다. 그리스도의 몸은 서로 다른 수많은 개인으로 이루어졌고, 그리스도의 몸에 속하도록 침례를 주신 같은 성령께서 모두에게 고유한 선물을 주셨다. 각 사람—몸의 각 부분—은 가시적이다(고린도전서 12장을 보라).

게다가 이것은 하나님께서 계획하신 부분이다. 이 다양성은 그분 지혜며 교회를 위한 축복이다. 사실, 한 부분에서(에베소서 4장을 보라) 이 다양성은 그리스도께서 교회를 세우시려고 교회에 주신 '선물'로 묘사된다.

그렇지만 인간 관점에서 우리는 종종 이 다양성을 교회의 고통으로 본다. 다른 사람들, 다른 관점들, 다른 은사들, 다른 관심들… 이 모두가 갈등을 더 늘린다. 알력으로. 어려움으로.

그러므로 우리는 주기적으로 이것을 기억할 필요가 있다. **교회 안의 다양성은 하나님의 계획이다!** 더구나 이 다양성에 대한 우리 반응은 그리스도 안에서 몸의 일체성을 축하하는 동시에 긍휼로 서로를 높이는 것이다.

사실 4. 성경은 이 교회라는 것을 어떻게 '운영해야' 하는가에 침묵하지 않는다

내가 결코 잘하지 못했던 일 하나가 내 삶에 주어지는 모든 설명서를 따라잡는 것이다. 여러 해 동안 나는 설명서의 홍수에 빠졌다. 잔디 깎기 설명서, 습기제 설명서, 전기 온도 변화기 설명서, 부엌 믹서 설명서… 목록은 계속, 계속 늘어난다. 나는 이미 우주의 먼지보다 더 많은—대략 10^{87} 정도—설명서를 가졌다고 느낀다. 나는 그것들을 가진 것이 옳다고 생각한다. 대체 왜 그것들을 버리지 않으려고 하는가?

두 가지 대답이 가능한데, 어느 것이 더 강력한지 모르겠다. 첫째, 나는 독일 계통이고, 아마 그것이 말해야 할 전부일지도 모른다. 그렇지 않다면 둘째. 만약 만에 하나 내 개가 우연히 내 아들이 믹서를 사용할 때 부딪혀서 플랑크 회전 분사 장치가 손상되면 어쩌겠는가? **그러면** 무엇을 해야 하는가? 내가 이것을 집에서 (올바른 도구로서) 고칠 수 있을지 아니면 그 믹서를 내버려야 할지 어떻게 알겠는가?

그러나 내가 공들여 내 손 가까이에 두려고 하는 유일한 '설명서'는 성경이다. 모든 진실한 복음주의자처럼 나도 그것을 하나님의 말씀으로 간주하며, 그것은 나를 네 번째 사실로 인도한다. 우리에게는 이 **교회**라는 것을 어떻게 '운영해야' 하는가에 관한 지시가 없지 않다. 우리는 이미 두 가지 중심 본문(고린도전서 11장과 마태복음 28장)을 검토했는데, 교회가 주의 만찬과 침례라는 두 의식(또는 성례)을 실행해야 한다는 점에 동의하는 것을 보았다. 우리가 디모데전서 4:13과 베드로후서 3장에서 배운 것—초대교회는 사도들의 편지를 읽었고 그 내용과 씨름했다—을 여기에 더하면, 설교가 우리 모임의 일부가 되어야 한다고 제안할 수 있다. 이 요소들은 찬양과 기도(에베소서 5장을 보라)와 함께 우리가 모일 때 우선적이고 필수적인 요소들이었던 것으로 보인다.

이것 역시 중대한 질문을 하게 한다. 이 성경적 개념이 우리에게 더는 권위가 없다고 봐야 할 것인가? 왜 우리는 그런 가르침에 이리저리 따지며 생각하는가? 교회 예배 때 '우리가 원하는 대로' 할 자유가 우리에게는 없다. 우리는 하나님 말씀에 순종해야 하고, 모든 복음주의자는 의식을 축하하고 우리 예배를 형성할 가장 적절하고도 성경에 충실한 방식을 찾아야 한다.

사실 5. 성화와 칭의는 불가분하게 엮여 있다.

내가 아내와 함께 스코틀랜드에 살 때 우리는 에든버러에 거의 규칙적으로 방문하는 특권을 누렸는데, 그 여행 중 한 번은 '회색 수도사 바비'라는 이름의 개에 관한 전설을 알았다. 그 이야기에 따르면, 1800년대 존 '늙은 족' 그레이('Auld Jock' Gray)라는 사람은 도시를 위해 일했는데, 위스키 테리어를 갖고 있었다. 그레이와 바비는 떨어지지 않았다. 그들은 너무도 붙어있어서 늙은 족이 1858년에 죽자 바비도 회색 수도사 교회에 있는 그의 묘지로 따라갔다. 그러자, 전설에 따르면, 바비는 자기 주인의 안식처를 지키는 가드가 되어 14년 뒤 자신이 죽을 때까지 그 일을 계속했다고 한다.

마을 사람들은 바비의 충성심에 깊이 감동하여 그를 기리는 동상을 세웠다. 1872년 그 개의 죽음 직후 처음 세워졌고, 그것을 여전히 회색 수도자 바비 술집 앞에 있는 묘지의 바로 건너편에서 볼 수 있다.

바비가 그 주인에게서 떨어지기를 거부한 것을 보면서 나는 분리할 수 없는 또 다른 짝에 관하여 조명해 볼 가치가 있는 사실을 떠올린다. 이것은 구원의 두 단계(또는 측면) 관계에 관한 것으로, 성화는 칭의와 분리될 수 없음이다. 또는 달리 말해서, 칭의는 성화를 암시하는데, 이것에 관해 복음주의자는, 극히 일부의 반대가 있겠지만, 어디서나 동의한다. 다음에 이야기할 것은 가장 치열한 논쟁으로 치닫는 경향을 보이는 문제인데, 현재로서는 여기에 그것을 남겨두자고 제안하는 바다. 하나님이 칭의에서 구원의 사역을 시작하신다면 그분은 가장 확실히 성화에서 그 사역을 계속하시며 영화에서 완성하실 것이라고 말하는 것으로 충분하다.

곧 우리가 교회론과 성화론의 영역에 있는 몇 가지 위험을 논할 때 우리는 칭의와 성화의 관계를 유지하는 것이 핵심임을 안다.

사실 6. 성화는 신자의 책임 있는 참여를 동반하는, 성령의 사역이다

이 사실은 성화 교리에 관련하여 실질적으로 가장 중요하다고 할 수 있다. 복음주의자는 교리적으로 첫째 것(신적 요소)과 둘째 것(인간적 요소) 모두가 성화 과정에 들어가는 것에 동의한다. 그러나 이 점을 인식하면서도 일부 복음주의자는 첫째 것을 강조하는 데 너무 열심인 나머지 신자가 죄에 대한 책임을 하나님의 발치에 두는 것으로 끝날 정도로 치우친 성화 견해를 옹호한다. 반면에 어떤 복음주의자는 둘째 것을 너무도 강조하여 성화는 성령의 사역으로 여겨지지 않거나 구원에서 전적으로 선택적 측면으로 여긴다.

우리는 차라리 성화가 칭의와 분리될 수 없이 연결되어 있지만, 그런데도 칭의와 구별된다는 점을 받아들이는 편이 낫다. 우리는 이 점을 이렇게 특징지을 수 있다. 칭의는 순수하게 하나님의 일이고, 영화도 순수하게 하나님의 일이지만 성화는 구원의 중간으로서 인간 행위에 **일부** 의존한다. 따라서 앤서니 회케마 같은 개혁파 신학자의 말처럼, 성경은 "성화를 우리의 책임 있는 참여를 동반하는 과정이라고 묘사한다"라는 말을 참고하는 것이 열쇠다.1

사실 7. 나는 고등학교 체조팀의 일원이었다

그렇다, 우리는 팀이 있었다. 하지만 나는 그렇게 뛰어나지 못했다. 그러나 우리는 좋은 시간을 보냈고, 아무도 몸이 영구적으로 상하지 않았기에 성공이었다.

체조 경기의 실상 하나는 팀 경기라는 것이지만, 언제나 혼자서 시합한다. 모든 경기, 모든 시간 당신과 기구뿐이다. 당신의 점수가 팀의 총점에 더해지지만, 그것은 또한 당신 자신의 개인 기록으로 남는다.

이것은 성화 경기를 묘사하는 합당한 방식이다. 여러분은 열심히 혼자서, 그리고 팀원들과 함께 일해야 한다. 그리고 여러분 점수는 여러분 팀뿐 아니라 여러분의 개인 성취에 영향을 끼친다.

우리 대부분은 성화의 '개인적 측면'을 잘 안다. 우리는 (상당히 많은 말로) 자기 부인과 살아남, 영적 훈련, QT, 기도 일기, 성경 연구 등에 관해 들어왔다. 나는 이것들을 절대적으로 지지한다! 체조 경기와 마찬가지로, 준비는 개인적인 동시에 팀원의 도움이 필요하다.

그러나 이것은 대다수 복음주의자에게 덜 친숙한 부분으로 인도한다. 솔로의 요소가 있지만, 성화의 전체 패턴은 팀에 기초해 있다.

각 개인은 거룩함에서 자기 성장에 책임을 지지만(성령의 사역에 책임 있게 참여함으로) 개인으로서 우리 성장은 **항상** 그리스도의 몸이라 맥락에서 일어난다. 우리는 그 몸의 한 부분으로 훈련하고, 성장한다. 그리스도인으로서 우리의 삶은 그 몸을 반영한다.

---

1 Anthony Hoekema, "The Reformed Perspective" in *Five Views on Sanctification*, 70.

정확히 이것 때문에 우리 모임을 버리고, 다음 부분이 제시하듯, '외로운 성화'를 추구함은 바람직하지 **않다**(히 10:25). 또 이것 때문에 교회가 힘든 훈련 과정을 버리는 것이 바람직하지 않은 것이다. 그러나 이런 방식으로 본다면 상황은 잘 이해되기 시작한다. 성화는 팀 경기다.

반드시 기억해야 할 다섯 가지 사실

1. 교회론의 중심 원리는 그리스도 안에서 구원하시는 하나님과의 관계다.
2. 교회의 가시적 측면은 교회의 비가시적 실재를 섬기고, 영화롭게 하며, 발전하게 해야 한다.
3. 그리스도의 몸에 있는 다양성은 하나님의 계획이다.
4. 성경은 이 **교회**로 불리는 것을 어떻게 '운영해야' 하는가에 침묵하지 않는다.
5. 성화와 칭의는 불가분하게 엮여 있다.

피해야 할 위험

나는 독을 나타내는 데 흔히 사용하는 상징—해골과 X자형 뼈—이 해적을 가리키는 전형적 상징이라는 사실을 처음 깨달은 날을 결코 잊지 못한다.

내가 보기에 식인종이 해적을 절대 먹지 않는 이유는 이것이 틀림없다.

아주 심각하게도 우리의 교회론과 성화론 공부는 몇 가지 위험들을 아슬아슬하게 피해 왔다. 이제 조심스럽게 '먹지 마시오'라는 표시를 두어가지 관념에 적용해 보자. 교회에 해를 끼치거나, 독이 되거나, 거룩함에 있어서 자기 성장에 해를 끼치거나 독이 되는 개념, 태도, 또는 행동이 있다. 당신이 이런 사고를 받아들이거나 이런 원칙들에 따라 행동할 때 정확히 **무슨** 일이 일어날까에 확신이 없지만, 그것이 핵심은 아니다. 핵심은 이것이다. 당신이 해골과 X자형 뼈를 보면, 그 내용물을 먹거나 마시지 않겠다고 결심하라.

이것을 기독교 신앙의 구조 자체를 위협하는 오류를 두고 사용하는 용어인 **이단**을 경고하는 말로 받아들이지 말기 바란다. 여기에 열거된 위험들은 이단 목록에 포함되지는 않더라도 교회의 생명력을 위협한다. 나는 그것들이 위험한 정도의 순서로 열거하지 않고, 먼저 다소 느슨하게 교회론적 위험을, 그리고 성화론과 관련한 위험을 열거하겠다.

위험 1. **몸이라기보다 기업**

이 위험은 궁극적으로 예수 그리스도와 구원의 관계라는 근본적 성격을 강조하지 못한 데서 비롯한다. 우리가 보았듯이, 교회론에 관한 복음주의 관점의 특징은 비가시성과 가시성의 균형 유지이다. 그리스도를 통해 성령에 의해 하나님과 영원한 구원의 관계에 들어간 모든 사람으로 구성된 비가시적 교회가 진정한 교회다. 모든 가시적 교회는 이 진정한, 비가시적 교회의 표현이다.

그러나 우리가 가시적 교회를 떠받치는 비가시적 실재를 보지 못할 때 잘못된 것들에 초점을 둘 수 있다. 예를 들면, 우리는 순전히 가시적 용어로만 교회를 다루기 시작한다. 마치 이것이 그리스도의 몸(corpus)이라기보다 기업(corporation)인 것처럼 행동한다. 이런 태도는 교회에 매우 파괴적인데, 사업 규칙은 잔인하고 살인적이기 때문이다. 회사가 생존하려면 번영해야 한다. 반대자를 제거하라. 약한 구성원을 버리라. 이익을 극대화하려고 규모를 지금 또 한 번 줄여라.

이것은 몸이 일하는 방식이 **아니다**. 여러분의 허파가 막힌다고 그것을 잘라내고 새로운 것으로 대체할 수 없다. 온몸은 치유를 위해 함께 일하고 치유될 때까지 고통을 겪는다. 교회가 그리스도의 몸이라는 관념 자체가 이것을 어떻게 보고 또 다루어야 하는지를 암시한다.

한 가지 **가능한** 위험 신호는 지도자가 읽는 책이 기업 세계에서 나온 것일 때 문제가 될 수 있다. 나를 오해하지 말기 바란다. 지도력을 배움은 긍정적 효과가 있고, 특히 사역에서 지도자의 위치에 있는 사람에게 그렇다. 그러나 교회 지도자는 **목회**에 관한 책을 읽고 있는가? 몸의 생활에 관해서는? 깨어진 관계를 치유하는 것에 관해서는? 예수님의 방식은 회사 CEO의 방식이 아니다. 결과적으로 목회자의 주된 패러다임이 전적으로 기업 경영에서부터 도출하는 상황을 정말로 받아들여야 하는가?

여기에 분명하게 구별되는 선은 없다. 그러나 교회 지도력은 단순히 사업적 명민함이나 '일이 되게 하는' 것이 아니다. 때로 그런 것들이 포함되지만, 교회 지도력은 절대로—여러 차례 말하건대—구속자와 구속받은 자 사이의 영적 관계에 초점을 맞춰야 한다. 이것이 **영**

적 지도력이고, 우리가 지도자이건 일반 회원이건, 교회를 사업의 일종으로 보는 태도를 받아들일 때마다 가장 중요한 것을 놓친다.

위험 2. 건강보다 성장

나는 최근에 아들을 연례 검진시키려고 소아청소년과에 데려갔고, 검사를 받는 동안 오늘날 의학 지식에 다시 한번 감탄했다. 물론 여전히 탐구해야 할 신비가 많이 있지만, (예를 들면) 어떻게 소년기와 청소년기 몸이 성장하는지에 관한 지식은 이전보다 훨씬 더 세밀해졌다. 이 글을 쓰면서 반가운 것은 아이의 성장을 측정할 때 몸에 더해진 부분을 찾는 것이 아니라는 점이다. 감사하게도 우리는 몸에서 해야 할 일을 해내는 발달을 측정함으로써 성장을 측정한다.

두 번째 위험은 역시 교회에서 영적 관계라는 근본 요소를 간과하는 데서 일어난다는 점에서 첫 번째 것과 관련 있는데, 마찬가지로 우리가 가시성보다 비가시성에 우위를 두지 않을 때 드러난다. 간단히 말해서 우리가 교회의 가시적 관점에 초점을 두고 가시적인 것으로 측정하기 시작하고, 사역의 성공조차 같은 관점에서 측정할 때 위험해진다. 이 오류는 내가 보기에 복음주의 세계에 편만한데, 이것은 우리의 DNA 자체를 부정하는 것이다. 우리에게는 **비가시적 교회가 가시적 교회를 일으킨다**고 주장하는 풍성한 유산이 있다. 우리에게는 거듭남—요한복음 3장에서 예수님이 묘사하신 대로 위로부터 태어나는 것—이 그리스도를 통해 은혜와 믿음으로 우리에게 주어진, 하나님과의 관계를 의미한다고 주장하는 강력한 전통이 있다. 이것이 우리를 교회 일부가 되게 한다.

그러나 많은 교회가 출석자의 수나 물리적인 예배당의 크기, 또는 예산 규모로 측정되는 성장을 추구하고 있다. 우리가 그것을 어떻게 하든 상관없이, 영적 성장보다 **어떤** 종류의 물리적 발전에 우선순위를 둔다면, 우리 유산을 부인하고 있는 것이다.

아마도 우리 주님은 교회를 그리스도의 몸으로 은유하심으로써 우리가 일반적으로 가정하는 것보다 더 많은 것을 의도하셨을 것이다. 몸은 어떻게 자라는가? 확실히 물리적 크기나 다양한 부분의 수치에 사로잡혀서가 아니다. 몸은 건강을 추구함으로써 자라며 그것이 우리의 초점이 되어야 한다.

이 원리―교회 성장은 영적인 것으로 간주되어야 한다―는 고린도전서 3장이 지지하는데, 거기에서 사도 바울은 '교회 세우기'를 말한다(특히 10절을 보라). 그가 언급하는 종류의 건물은 **진리로 성장**, 또는 **영적 성숙으로 성장**―분열과 파당을 제쳐두는 방식으로―하는 것이다. 4장이 끝날 무렵 쟁점은 매우 분명해진다. 바울은 고린도 교회가 크기나 숫자, 또는 예산의 성장이 아니라, 적당한 '안내자'를 따름으로써―그리스도를 본받는 자들을 본받음으로써―성장하기를 바란다.

그렇다면 **여러분은** 교회 성장을 어떻게 정의하겠는가? 여러분의 성장에 관한 초점이 숫자나 권력, 예산, 대지에 있다면 여러분은 아마 **모조 복음주의자**일 것이다. 반면에 여러분이 말하는 '성장'이 그리스도를 닮아가는 데서 오는 발전이나 거룩함에서 식별할만한 성장을 의미한다면, 개혁자들의 정당한 후예이자 사도적 가르침의 수호자이다.

위험 3. 파편화된 가정

내가 6학년이었을 때 한 친구가 운동장에서 잘못한 일로 학급 전체가 벌을 받았다. 그렇다, 한 사람이었다. 이것은, 최소한 10대 초반의 아이들에게, '불의 경고'를 발동하기에 충분했다. 그러나 상황을 거의 참을 수 없게 한 것은, 잘못한 쪽은 심지어 우리 반도 아니었다는 점이다. 그[녀]와 그[녀]의[1] 반 전체는 벌을 받지 않았지만, 24

---

[1] 내가 괴롭히는 사람의 성별을 솜씨 있게 모호하게 한 것이 마음에 드는가? 나는 학내 위반에 관한 제한 법규가 아직도 유효할까 두렵다. 자, 이건 겨우 40년 전에 일어나지 않았는가.

명 정도의 무죄한 아이는 돌이킬 수 없이 난폭한 무법자 무리로 낙인찍혔다.

셋째 위험은 이것과 공통점이 있다. 파편화된 가족은 교회가 그리스도의 몸이라는 사실을 잊어서, 교회가 몸 생활(body life)을 위한 장소로서 몸과 관련한 쟁점들을 논할 곳임을 잊는 데서 볼 수 있다. 이렇게 되면 점차 우리는 어쩌다가 출석했지만, 아직 예수를 믿거나 따르지 않아서 진정한 (비가시적) 교회의 일원이 아닌 사람의 비위를 맞추기 시작한다.

우리는 설교의 내용을 바꾸기 시작한다. 하나님 말씀을 심도 있게 강해하면 어떤 사람은 불쾌할 수 있으므로 없앤다. 확신에 강한 태도를 보이는 것도 '계몽된' 문화에 사는 많은 사람에게 거부감이 들기 때문에 사라진다. 어떤 문제를 토론하는 일은 사라지고, 단순하고 공격적이지 않은 교리만 남는다. 이 모든 일은 우리가 하나님 말씀의 진리에 준비되지 않은 군중의 욕구에 맞추어야 한다는 관념에 점차 종속되었기에 발생한다.

나는 이것을 '파편화된 가족'이라고 부르는데, 그리스도의 실제 몸은 이제 바깥 추운 데 버려졌기 때문이다. 섬김의 방향이 다른 사람들에게 향한다면, 몸은 먹고, 교제하며, 진정한 가족의 시간을 갖기 위해 어디로 가야 하는가? 6학년 때의 경험에서 징계를 **받아야 했던** 쪽은 받지 않았다. 파편화된 가족에서 '교회'는 교회의 필요를 채우지 않는다.

위험 4. 분파주의의 경고음

나는 주립대학의 동문으로 내 졸업장에는 '루이지애나 주립대학 농업기계학부(Louisiana State University and Agricultural and Mechanical College)'라고 쓰여있다. 그래서 내가 볼 때, 대부분 'LSU'라고 부르는 것은 사실 'LSU A&MC'이다.

이것을 들으면 여러분은 내가 대학 풋볼 경기의 열성 팬임에 놀라지 않을 것이다. 특히 LSU와 SEC 풋볼팀을 응원한다. 나는 행복한 마음으로 남동부 리그**만이 진짜** 대학 풋볼을 한다고 말한다.

실제로 나는 진정한 LSU(와 SEC) 지지자이지만, 다른 학교나 리그가 합법적이지 않다거나 존경스럽지 않다고 믿지는 않는다. 요점은 이것이다. 교만하면 우리는 때로 우리 그룹**만이** 무언가에 관한 비결이 있다고 결론을 내릴 수 있다. 또는 이것이 복음주의 기독교 신앙의 '진정한' 유산일 수 있다. 오직 **우리** 교회가 진리를 알고 있고, 진리를 실천하며, 진리를 가르친다.

우리 복음주의자는 태생적 특질인 하나님 말씀의 진리를 높이 평가한다. 하지만 종종 그 헌신은 노래를 부르면서 우리를 멸망으로 이끈다. 마치 뱃사람들이 사이렌의 노래에 매료되었듯이 우리는 자기 목소리에 매료되어 우리만이 그리스도의 몸이나 진정한 복음주의를 적합하게 대표할 수 있다고 결론짓는다. 우리는 다른 교회들을 희망의 여지 없이 잘못된 길로 갔거나 단지 명목상의 그리스도인으로 치부해 버린다.

그런 분파주의는 더 큰 그리스도의 몸을 갈라놓았다. 우리는 비본질적 쟁점을 본질의 수준에 올려놓았다. 이렇게 새롭게 정의한 '본질'에 관한 불일치에 근거하여 우리는 많은 공통점을 가진 그리스도 안의 형제, 자매와 교제하거나 협력하기를 거부한다. 게다가 그렇게 하면서 우리는 거리 저편 '그 교회'에 거주하는 이상하고, 신비한 생물에 관한 편견을 강화한다.

분파주의 사이렌 노래, 곧 고유한 자기 전통의 제단에 일치성을 무너뜨리는 위험은 기독교의 중심 진리에 대한 공동 고백에 기초를 둔 아름다운 일치를 파괴한다. 빈켄티우스의 규범이 말하듯 우리는 '어디서나, 언제나, 모두에 의해' 믿어진 실재를 공유한다.[2]

---

[2] 빈켄티우스 규범(the Vincentian Canon, AD 434)에서.

위험 5. 외로운 순찰자 성화

나는 「외로운 순찰자(*Lone Ranger*)」라는 TV 에피소드를 기억할 정도로 나이가 들었다. 그가 왜 그 이름으로 알려졌는가를 내가 생각할 때 무작위로 팬들에게 조사를 해보면 가장 흔한 대답은 그가 범죄와 불의에 홀로 맞서서 싸웠기 때문이라고 할 것이다. 결국, 이것이 외로운 순찰자라는 말에서 계속 유추할 수 있는 점이다. 그 주인공의 이름은 여섯 명의 텍사스 순찰대를 포함한 대학살에서 유일하게 살아남은 일과 더 많이 관련되지만—그는 생존한 '유일한' 순찰대원이다—나는 문화적으로 승인되는 외연적 의미와 싸울 위치에 있지 않다. 이 토론의 목적상 '외로운 순찰자'를 '혼자서 해낸다'라는 의미라고 가정하자.

우리가 직면해야만 하는 위협의 하나는 '외로운 순찰자 성화'는 거룩함에 있어서 성장이 '혼자서 해내는' 영역이라는 견해다. 곧, 지역 교회는 내 영적 성장에 필수적이지 않다. 그곳은 내 개인적 성장을 위한 부대 효과가 있지만, 성장은 대체로 몸과 별개로 이루어진다. 이 접근법은 잘못되었고, 위험하며, 그리스도의 몸을 해친다.

무엇보다 우리를 그리스도와 연합하게 하는 침례—구속자와 우리의 영적 관계를 시작하게 하는 침례—는 또한 우리를 그의 몸인 교회 일부가 되게 한다. 다른 말로 해서 우리는 성령에 의해 교회(와 상관없이가 아니라) **안으로** 침례를 받는다. 그의 몸 일부가 되어 시작된 관계가 어떻게 그 실재를 무시하고 피하는 상황에서 지속할 수 있을까? 이것은 앞서 고린도전서 12장에서 마주한 교훈이다. 몸의 어떤 부분도 몸에서 떨어지면 제대로 기능하거나 성장할 수 없다.

나는 성화가 공동체적 측면과 개인적 측면 사이의 균형이 있어야 한다는 점을 인정한다. 개인으로서 우리는 주님과 친밀함을 추구하고 영적 훈련을 수행한다. 그러나 그 추구와 훈련은 그리스도의 몸에 속한 우리의 위치를 부정하는 것이 아니다. 오히려 그것은 우리의 자리를 강화하고 몸을 섬기는 것을 목적으로 한다. 이것이 결국 정확히 바울의 로마서 12:1~2의 '개인적 성화' 본문에 있는 사고의 흐름이다.

대다수 복음주의자가 이 본문을 강해한 내용을 보면, 개인적으로 우리 몸을 산 제물로, 영적 예배로 바치는 것이 전체 요점이라고 생각한다. 이것은 바울이 긍정하는 한 요소지만, 나는 홀로 바치는 것이 전부라고 믿지 않는다. 개인적으로 희생하거나 하나님께 순복하는 것은 몸에 유익을 주기 위한 것이다. 이것이 3~13절의 요점이다. 따라서 **개인적 성화조차 몸을 위한** 것이다.

위험 6. 복음주의 율법폐기론

율법폐기론은 종교개혁시대에 루터교에서 비롯한 개념이다. 루터파 사상은 칭의라는 완성된 일을 대단히 강조한 탓에 거룩한 삶에 관한 신자의 후속적 태도에 관해 의문이 생겨나기 시작했다. 달리 말하면, 칭의가 신자에게 끝난 일이라면, 그리고 하나님 앞에 올바른 지위가 어떤 행위와도 상관없이 오직 믿음으로 얻어진다면, 믿음으로 의롭게 된 이후 왜 행위가 필요한가?

이것은 정직한 질문이고 루터파 전통이 재빨리 추려낸 질문이기도 하다. 그 대답은 본질적으로 칭의는 완전하고, 행위와 상관없이 오직 믿음에 근거한다는 것이다. 그러나 칭의가 암시하는 것은 모든 신자가 칭의에 걸맞은 삶을 살 것으로 기대한다는 점이다. 그렇다. 비록 거룩한 삶으로 칭의를 얻는 것은 아니지만, 거룩한 삶은 필요하다. 루터파 안에서 거룩한 삶의 필요성을 부인하는 사람들을 가리켜 율법폐기론자라고 한다.

옛날 사람들과 상당히 비슷하게 우리의 많은 사람이 이 요점을 놓치고 있다. 오늘날 그리스도를 진심으로 믿고 정통 이신칭의 교리를 읊어대지만, 칭의가 암시하는 것을 보지 못하는 사람들 가운데 내가 **복음주의 율법폐기론**이라고 부르는 질병이 만연해 있다. 그리스도께서 형성하시는 삶을 살지 못하고, 대신 그들은 완전히 문화적으로 적응되었다. 이런 통계는 어디에나 있다. 곧, 우리는 같은 약점을 보이고, 똑같이 돈을 쓰고, 결혼과 이혼에 관해 똑같은 가치관을 나타낸다.

"내가 거룩하니 너희도 거룩하라"(벧전 1:16)라는 성경의 명령과 진지하게 씨름하는 그리스도인의 양심의 조류는 어디 있는가? 복음주의 율법폐기론이 승리한 듯이 보인다. 지금은 또 다른 루터가 나타나 하나님의 백성에게 거룩한 삶을 살도록 부를 때다.

위험 7. 경건해 보이는 자기계발

예전에 모든 차에는 카뷰레터, 곧 공기와 연료를 적당한 비율로 섞어 실린더에 점화하는 내부 폭발 엔진 부품이 있었다. 이제 연료 주입에는 더 나은 방법을 채택하여 같은 기본 작업을 수행하지만, 옛날 사람인 나는 카뷰레터를 이용해서 차가 멈추던 시절의 아름다운 추억을 잃었다고 말하고 싶다. 구체적으로 말해, 우리는 무수한 미세한 부품으로 이루어진 한 부품을 잃었다.

내가 처음 카뷰레터를 분해하던 때가 내 머리에 각인되었다. 그것은 4개의 실린더 엔진이었고, 나는 그것을 청소해야 했기에 떼어내서 마냥 기뻐하며 분해하기 시작했는데, 분해 설명서 없이 그런 일을 할 때 찾아오는 많은 위험요소를 미처 알지 못했다. 내가 그것을 다시 재조립했을 때 재설정을 준비하면서 스스로 잘했다고 등을 두드리고 있었는데… 그때 바닥을 보니 내가 놓친 부품 하나가 있었다. 내 마음은 무너졌다! 한 작은(그러나 부재한) 부품이 카뷰레터가 제대로 작동하지 않는다.

같은 문제가 우리의 마지막 '위험'을 반영한다. 율법폐기론은 칭의와 성화의 바른 관계를 오해함을 포함한다. **경건해 보이는 자기계발**은 성화에서 성령의 역할을 오해한다. 불행하게도 그것은 결정적인 부분—성령의 역할—을 빠뜨린 결과로, 성화가 작동하지 않게 한다.

로마서 6장에 관해 앞에서 성화가 닥터 슈스의 「모자 쓴 고양이」에 나오는 첫째 것과 둘째 것으로 설명된다고 제안했다. 그때 우리는 성화에 대한 복음주의 견해의 상표는 첫째 것(신적 요소)과 둘째 것(인간적 요소) 둘 다 포함한다는 인식이었다. 경건해 보이는 자기계발의 오류는 성화가 신자의 책임 있는 참여를 동반하는 성령의 사역이라는 성경적 진리를 부인한다.3

이 위험의 근원은 교회가 개인의 집합이라기보다 영적 유기체라는 믿음을 상실한 데 있다. 교회가 그리스도의 몸이라는 사실을 놓칠 때 우리는 그것을 다르게 보기 시작한다. 그러면 각 개인은 자신의 '외로운 순찰자 성화'에 남겨지고, 그 결과 성화는 자기계발로 축소된다.

그렇지만 우리 문화는 거룩함에 있어서 성장은 하나님의 영과 올바른 관계에서 온다는 것을 기억하게끔 도와주지 않는다. 우리는 매번 우리가 우리 운명의 주인—우리는 우리 영혼의 선장—이라는 말을 듣는다. 그러나 이것은 경건해 보이는 자기계발의 목소리다. 이것은 거짓말이다.

성화는 구속자와 구속받은 사람의 비가시적 관계의 일부다. 그것으로 성화는 온전히 성령의 사역에 의존한다. 그 부분을 망각하지 말라!

피해야 할 일곱 가지 위험
1. 몸이라기보다 기업
2. 건강보다 성장
3. 파편화된 가정
4. 분파주의의 경고음
5. 외로운 순찰자 성화
6. 복음주의 율법폐기론
7. 경건해 보이는 자기계발

---

3 Anthony Hoekema 덕분에 이 유용한 어구를 사용할 수 있어 그에게 감사한다. Hoekema, "The Reformed Perspective" in *Five Views on Sanctification*, 70을 보라.

실천해야 할 원리

알프레드 테니슨 경의 시, 「빛 여단의 진격」은 그 시구를 새롭게 곱씹어 볼 때마다 마음을 사로잡는다. 얼마나 큰 힘이 거기에서 솟아나는지! 얼마나 정교한 솜씨로 테니슨은 독자를 전쟁의 혹독한 경험으로 끌어들이는지!

내가 항상 읽을 때마다 멈추게 되는 곳은 둘째 연이다.

"진격 앞으로, 빛의 여단이여!"
거기에 당황하는 사람이 있었는가?
병사들은 알지 못했을지라도
누군가 실수했다는 것을
그들은 대답하면 안 되었고
왜인지 생각해서도 안 되었고
다만 싸우다 죽을 뿐
죽음의 계곡 속으로
육백 명은 들어갔다.[1]

여기서 영면한 전사들은 자신들은 '싸우다 죽는 것', 비록 누군가 중대한 실수를 했어도 용감하게 전진하는 것밖에는 할 수 있는 일이 없음을 알았다. 확실히 이 작품의 중심 파토스는 나에게 숭고함과 허망함의 날카로운 상호작용으로 보인다.

---

[1] Alfred, Lord Tennyson, "The Charge of the Light Brigade." wikipedia.org/wiki/The_Charge_of_the_Light_Brigade_(poem), 2013년 1월 20일에 접속함.

아마도 이것이, 덜 심하지만, 우리가 현재 서 있는 곳이다. 우리는 핵심 원리들을 그 성경적, 역사적 문맥 가운데서 대면했다. 우리는 교회론과 성화론 교리에서 나온 관점과 개념을 생각했다. 이제 질문 하나가 우리 앞에 의미 있게 나타난다. "그래서 무엇이 달라지는가?"

달라지려면 우리—당신과 나—는 갑옷을 입고 '살거나 죽거나'의 자세로 숭고하게 전진해야 한다. 어느 방향으로? 우리가 대담하게 행진할 때 어떤 행동을 취해야 할까? 내가 제안하는 것은 우리는 다음 다섯 가지 원리에 어떻게 반응할지 신중하게 고려하라는 것이다. 비록 많은 이가 동일하게 (혹은 더) 강력한 실천 원리 다섯 가지를 떠올릴 수도 있겠지만, 나는 이 방법들을 실천할 때 세상을 더 나은 곳이 되게 변화하게 하는 역할을 한다고 분명히 기대한다.

원리 1. 믿음의 일치를 추구하라

나는 대학교 다닐 때 아주 드문 룸메이트를 만났다. 우리는 으레 일어나게 마련인, 사소한 오해를 다룰 수 있는 충분한 여유를 서로에게 주면서 잘 지냈다. 그는 완전히 하나님의 선물이었다.

그는 뉴올리언스 출신이었고, 내가 그의 부모님 댁에 머물렀을 때 그와 그의 친구들은 내게 마르디 그래스 축제에 초대해 주었다. 우리는 몇 개의 퍼레이드에 참여했는데, 군중이 엄청났고, 도시는 흥분에 싸인 동시에, 낯설고 어색했다. 내 룸메이트는 "내 옆에 머물러"라고—단 한 번도—말할 필요가 없었다. 나는 그 상황에서 그에게서 떨어지지 않기로 철저하게 다짐했다. 나의 안녕은 확신하건대 거기에 달려있었다.

그래서 여기 질문이 있다. 여러분은 복음주의에 속한 다양한 교회, 그룹, 또는 단체를 둘러보면서 어떻게 생각하는가? 그것들은 마르디 그래스 군중—여러분의 안녕을 위협하는—과 유사한가? 아니면 내 룸메이트와 그의 친구들—여러분의 안녕을 지켜줄 유일한 희망—과 비슷한가?

여러분은 이미 내가 이런 식의 사고를 어디로 이끌고 갈지 알기에 바로 말하겠다. 성경적 교회론을 살아내려고 몸부림치면서 실천해야 할 첫째 원리는 이것이다. 곧, 믿음의 일치를 추구하라.

나는 바로 이 금언을 인정하는 교리 진술을 가진 신앙고백 기관에서 일하는 것에 감사한다. 이것은 구원을 위한 그리스도의 사역은 모든 교회론의 출발점이라는 것을 인정하는 데서 오는 직접 결과라고 믿는다. 당신이 가입한 가시적 교회가 중요하지만, 더욱 중요한 것은 그리스도와의 동일시다. 그것이 내가 일하는 대학원이 "모든 신자는… 모든 분파적 차이를 넘어, 순전한 마음으로 피차 뜨겁게 사랑하며, 평화의 끈으로 성령의 하나 됨을 지킬 신성한 의무를 진다"라고 진술한 데 감동하는 이유다.2

원리 2. 가입하라

우리는 믿음의 일치를 추구하는 것이 비가시적 교회를 적절하게 강조―**그리스도 안에** 있는 모든 사람이 비가시적 교회인 그의 몸의 회원이라는 인식―하는 데서 나온다는 것을 안다. 이 둘째 원리는 유사한 자리, 곧 가시적 교회를 적절히 강조하는 데서 나온다.

만약 여러분이 예수 그리스도를 믿는 사람이라면―만약 여러분이 영적으로 부활, 승천하신 하나님의 아들과 영적으로 연합되었다면―해야 할 일은 단순히 이것이다. 지역 교회에 가입하라. 여러분이 영적으로 그분과 연합되고, 그 결과 그의 몸, 비가시적 교회에 소속함은 그 몸의 지역적, 가시적 표현에 참여해야 함을 내포한다, 아니 요구한다.

이 원리를 둘러싼 몇 가지 측면이 더 있는데, 첫째는 히브리서에 있는 권면이다. "어떤 사람들의 습관처럼, 우리는 모이기를 그만하지 말고, 서로 격려하여 그날이 가까워져 오는 것을 볼수록, 더욱 힘써

---

2 Dallas Theological Seminary, *Doctrinal Statement*, Article XIII. dts.edu/about/doctrinalstatement/, 2012년 12월 20일에 접속함.

모입시다"(10:25). 신자가 지역 교회에 진정으로, 지속해서, 협조적으로 참여하는 일에는 타협의 여지가 없다.

더욱이, 단순히 참여하기로는 충분하지 않다. 성경에 따르면, 하나님의 영은 모든 신자에게 은사, 재능, 능력, 확신, 감각과 그 이상의 것으로 갖추게 하신다. 이 모든 것은 교회의 건강을 위한 것이다. 그렇다면 분명히 단지 '교회 문만 들락거리거나' '규칙적으로 출석만' 하는 것은 기준 미달이다.

여기에서 명령하는 것은 당신의 은사를 몸의 유익을 위해 사용하기 위해 애쓰라는 것이다. 예를 들어, 위에 나온 말씀 바로 위의 구절은 "그리고 서로 마음을 써서 사랑과 선한 일을 하도록 격려합시다"이다(24절). 바로 거기에 모든 영광이 있다. **지역 교회에 가입하여 당신의 은사를 교회의 유익을 위해 사용하라.** 이것이 너무 번거롭다고 느낀다면, 당신은 자문할 필요가 있다. '나는 자신의 위안을 위한 욕구보다 몸의 필요에 우선순위를 둘 만큼 겸손한가?' 외로운 순찰자는 통하지 않는다. 주님은 우리가 몸의 나머지 지체와 조화로운 일치 가운데 살며 성장하도록 명하셨다. 그 외 다른 방식은 통하지 않는다.

원리 3. 권위를 가진 사람에게 순종하라

오래전 내가 엔지니어로 지낼 때 심각한 어려움에 맞닥뜨린 프로그램과 씨름하고 있었다. 그 문제의 성격을 고객에게 설명할 준비를 하면서 내가 제안한 해결책과 그것을 감당하는 데 필요한 시간과 돈을 보고, 회사 본부의 부회장이 나를 방문했다. 그는 전체 이야기를 묻고 세부사항을 이해한 다음, 고객에게 거짓말을 하라고 말했다.

나는 내 귀를 믿을 수 없었다. 나는 그에게 진실을 말할 것이고, 그 결과가 어떻든 내가 기꺼이 감수하겠으며, 우리에게 닥친 장애를 극복하는 데 아무리 어려운 일도 할 각오를 했다고 말했다. 그때 올바른 일을 하면서 내 직업을 잃을 걱정은 절대 하지 않았다.

다행히 그때 모든 일이 잘 풀렸다. 나는 진실을 말했다. 고객은 나의 정직함과 일을 바로잡겠다는 강한 의지에 고마워했다. 우리 팀 전체가 열심히 일했고 프로그램 문제를 성공적으로 해결했다.

이것은 여러분이 진실을 말하면 모든 일이 다 잘된다는 뜻이 아니다. 그것은 내가 말하고자 하는 바가 아니다. 나는 권위를 가진 사람이 우리에게 도덕적으로 부적절한 일을 명령할 때도 있음을 말한다. 그 경우 신자는 올바른 일을 해야 할 책임이 있다. 갈등이 일어날 때 우리는 사람보다 하나님께 순종해야 한다(행 5:29를 보라).

우리는 권위와 순응을 말하기에, 우리의 교회론 가운데 탁월함을 추구하면서 강조해야 할 셋째 원리를 제안하고자 한다. **영적 권위를 가진 사람에게 순종하기를 연습하라.**

대다수 아니면 많은 사람이 이 일로 어려움을 겪는다. 우리는 보통 태어날 때부터 타고난 끈기와 개척 정신으로 어려움에 맞서고, 순전히 독립적 의지의 힘으로 성공을 쟁취하는 사람을 존경하도록 훈련받았다. 이것이 미국인의 방식이 아닌가?

슬픈 것은 이것이―교회에서는―올바른 방식이 아니라는 점이다. 하나님의 계획에 따르면, 그분의 백성에게 그들을 인도할 영적 목자를 주셨다. 목사. 장로. 감독. 주교… 여러분의 교회전통이 어떤 용어를 사용하든 누군가 여러분을 영적으로 돌보고 먹일 책임을 진다. 그것이 내가 말하는 사람이고 여러분이 그 사람(또는 그 사람들)에게 **순종해야** 한다.

물론 나는 전에 이 모든 말을 들었다. "**순종**은 너무 강한 단어다!"와 "그것은 권위를 가진 사람들에게 너무 많은 힘을 부여한다!" 하지만 아니다, 그것은 너무 강한 단어가 아니다. 그것은 성경에서 직접 나온 개념이다. 그리고 그들은 **절대적** 권위를 갖지 않는다. 다만 **영적** 권위의 자리에 있는 것이다. 여러분은 그들의 지도를 따르려고 여러분의 도덕적 원칙을 축소하고 바꿀 필요가 없지만, 영적 발전과 교회 질서 문제에서 우리(미국인)는 다소 오래된 순종을 배워야 한다. 우리는 히브리서 13:17에 주목해야 한다.

> 여러분의 지도자들의 말을 곧이듣고, 그들에게 복종하십시오. 그들은 여러분의 영혼을 지키는 사람들이요, 이 일을 장차 하나님께 보고드릴 사람들입니다. 그러므로 여러분은 그들이 기쁜 마음으로 이 일을 하게 하고, 탄식하면서 하지 않게 해 주십시오. 그들이 탄식하면서 일하는 것은 여러분에게 유익이 되지 못합니다.

원리 4. 영적 훈련을 개발하라

나는 중학생 때 2년 동안 레슬링부 선수였다. 그때 나는 그 운동을 계속하지 않겠다고 결심했는데, 너무 심한 고통을 겪었기 때문이다. 나는 백만 개의 팔굽혀펴기와 윗몸일으키기를 해야 했다. 학교 운동장을 수천 번 돌아야 했다. 땀을 흘려 '몸무게가 늘리려고' 고무 재질 옷을 입고 달려야 했다. 또 실제로 레슬링을 할 때 모든 근육을 사용하고, 몸에서 모든 습기를 **마지막 한 방울까지** 빼내는 육체적 소모가 있었다. 혀는 입천장에 들러붙었는데, 그것은 1월에 얼어붙은 금속에 붙는 것 같았다. 눈알은 건포도처럼 완전히 쪼그라든다.

좋다, 마지막 부분은 과장이다. 하지만 심각하게—그럴 가치가 없었다. 내게는.

인생에서 다양한 성취를 쌓는 데 우리가 치르는 대가는 넷째 원리를 고려하게 한다. 영적 훈련을 개발하라. 이것은 형이상학적 팔굽혀펴기와 윗몸일으키기에 해당하며, 성경은 그 중요성을 계시했고, 신실한 그리스도의 제자들도 세대에서 세대를 거쳐 그것을 강조했다.

나는 어떤 훈련이 '가장 좋은가' 하는 논쟁에 엮이고 싶지 않다. 다만 시간의 검증을 거친 것들에 집중하면 어떤가? 기도. 하나님 말씀 연구. 묵상(특히 하나님 말씀). 금식. 하나님 말씀 암송. 침묵.

이것들 전부, 또는 일부가 이상하거나 살짝 이교적으로 보인다면, 여러분은 우리 신앙의 풍부한 유산과 접촉을 잃었다. 여기 도전이 있다. 이 훈련들에 관해 조금 읽어보라. 그리고 그것들을 시도해 보라. 처음부터 윗몸일으키기 천 개를 시도하려고 하지 마라. 그래도 그것들을 훈련하라. 인내하면서. 꾸준히.

충고를 한마디 하자면, 이 어느 훈련에도 '마술'은 없다. 수많은 연습이 위대한 레슬링 선수를 만들지 않듯이(내가 안다, 나를 믿어라), 금식이 여러분을 '위대한 그리스도인'이 되게 하지는 않는다. 각각의 전체 요점은, 첫째로 여러분이 살아계신 하나님과 관계에, 둘째로 그리스도의 몸과 관계에 초점을 맞추도록 돕는 것이다. 이 훈련들을 몸과 분리하지 말고, 하나님의 영광과 그리스도의 몸의 유익을 위해 개발하라.

원리 5. **책임성을 고취하라**

실천해야 할 마지막 원리는 사실 두 가지 다른 원리의 파생물이다. 여러분이 교회에 가입하여 영적 훈련을 하면, 반드시 투명함을 특징으로 하는 영적 관계를 개발할 수 있다. 그리고 그것은 매우 좋다.

책임성(accountability)—개인과 그리스도의 몸 모두에게 유익을 주는 종류—은 적어도 두 곳에서 일어난다. 첫째는 정직함과 진실함을 갖춘 개인적 관계다. 둘째는 지역 교회의 삶에서다.

모든 신자는 전적인 신뢰와 공개된 책임성의 관계에 있는 친구 한 명, 또는 두 명에게서 유익을 얻을 수 있다. 이것은 영성 개발의 중요한 부분이다. 동시에 모든 지역 교회는 책임성—각 지체가 몸에 적합한 말과 행동을 하도록 책임지는—에 헌신할 필요가 있다. 이 '구조적 수준'의 책임성은 교회가 거룩할 수 있도록 돕는다.

실천해야 할 다섯 가지 원리

1. 믿음의 일치를 추구하라
2. 가입하라
3. 권위를 가진 사람에게 순종하라
4. 영적 훈련을 개발하라
5. 책임성을 고취하라

과거와 현재의 목소리

21세기에 살면서 누리는 가장 놀라운 축복의 하나는 지난 시대를 두루 살펴보고 믿음의 영웅들을 생각해 볼 수 있음이다. 아우구스티누스의 작품들을 읽고, 마르틴 루터의 통찰력과 논쟁하며, 안셀무스의 지혜에 탄복할 수 있다는 것은 얼마나 큰 영예인가. 이 특권을 정기적으로 이용하면, 우리는 '거인들의 어깨 위에 섬'으로써 진정 중요한 쟁점이 무엇인지 알고, 또 우리의 사고가 얼마나 많은 부분에서 우리 선조들에 의해 형성되었는지 깨닫는다.

이 거인들은 교회론과 성화론에 관해 무슨 말을 했는가? 이 장에서는 이 질문에 답하려고 교회사의 각 주요 시대마다 이 교리 주제와 관련하여 선택된 인용문들을 제시한다.[1]

---

[1] 별다른 언급을 하지 않으면, 교부 인용은 『니케아 이전 교부들(Ante-Nicene Fathers, ANF)』이나 『니케아와 니케아 이후 교부들(Nicene and Post-Nicene Fathers, NPNF)』에서 나왔다. 초기 기독교 문헌 다음에 나오는 괄호 안의 삽입구는 이 자료를 가리킨다. 예를 들어, 'ANF 3:34'는 Roberts와 Donaldson 판 『니케아 이전 교부들』 3권 34쪽을 말한다. NPNF는 두 시리즈를 포함하는데 이것을 위해 나는 첫 숫자(1이나 2)로 시리즈를 가리키고, 다음에 시리즈 중 권수(볼륨)를, 마지막에는 그 권의 페이지를 명시한다. 예를 들어, 'NPNF 1.3:34'는 첫 시리즈 3권, 34페이지를 말한다. 이 자료의 더 최근 번역이 있지만, 이것을 사용함은 저작권을 공유하고, 또한 쉽게 온라인(www.ccel.org)으로 접근할 수 있기 때문이다.

교부시대(100~500년)

디다케(*Didache*, 50~70년 즈음)

"다음 순서로 침례를 주라. 이 모든 것을 점검한 다음, 흐르는 물에서 아버지와 아들과 성령의 이름으로 침례를 주라. 그러나 흐르는 물이 없다면, 다른 물로 침례를 주라. 찬물로 침례를 줄 수 없다면, 따뜻한 물로 주라. 그러나 둘 다 여의치 않다면, 머리 위에 아버지와 아들과 성령의 이름으로 세 번 부으라. 침례 전에 침례를 베푸는 자와 침례를 받는 자, 그리고 그 외 다른 사람도 가능하다면, 금식하라. 또 여러분은 침례 받을 사람에게 하루나 이틀 전에 금식하도록 가르쳐라."2

로마의 클레멘스(Clement of Rome, 95년 즈음)

"사도들은 우리에게 주 예수 그리스도에게서 받은 복음을 전파했다. 예수 그리스도는 하나님에게서 [받아서 그렇게 했다]. 따라서 그리스도는 하나님에게서 보내심을 받았고, 사도들은 그리스도에게서 보내심을 받았다. 이 두 가지 임명은 모두 하나님의 뜻에 따라 질서 있게 이뤄졌다. 그러므로 그들은 하나님과 그리스도의 명령을 받고, 하나님의 말씀으로 굳건히 서서, 성령의 확신으로 나가서 하나님 나라가 가까이 왔다고 선포했다. 그렇게 나라와 도시들에서 설교하면서 그들은 [자기 수고의] 첫 열매들을 임명했고, 그들을 나중에 믿을 사람들의 주교와 집사들이 되도록 먼저 성령으로 확증했다. 이것은 새로운 일도 아니었는데, 여러 시대 전에 주교와 집사에 관해 기록되어 있었기 때문이다. 어떤 곳에서 성경을 말하기를, '나는 의로움 가운데 그들의 주교들을, 믿음 중에 그들의 집사들을 임명할 것이다.'"3

---

2 *Didache* 7.1-4; from Michael W. Holmes, ed., *The Apostolic Fathers: Greek Texts and English Translations of Their Writings*, 3rd ed. (Grand Rapids: Baker, 2007), 355.

안티오크의 이그나티우스(Ignatius of Antioch, 110년 즈음)

"분쟁은 악의 시작이므로 피하라. 여러분은 예수 그리스도께서 아버지를 따르듯 주교를 따르고, 사도들을 따르듯 장로들의 회의를 따르며, 집사들을 하나님의 명령대로 존경하라. 아무도 주교 없이 교회와 관련된 어떤 일도 하지 말라. 주교(또는 그가 임명한 사람 누구든)의 권위 아래 있는 성찬식만을 유효하게 받아들여야 한다. 주교가 있을 때 회중이 있다. 예수 그리스도께서 계신 곳마다 보편 교회가 있다. 주교 없이 침례를 주거나 성찬을 나눌 수 없다. 그러나 그가 승인하는 것마다 하나님을 기쁘시게 하므로, 당신이 하는 모든 일이 믿음직하고 유효하려면, 그의 승인을 받으라."[4]

"모든 사람은 예수 그리스도를 존경하듯 집사들을 존경해야 한다. 그것은 그들이 아버지의 모델인 주교를 존경하고 장로들을 하나님의 회의와 사도들의 무리처럼 존경해야 하는 것과 같다. 이것이 없이는 어느 그룹도 교회라도 불릴 수 없다."[5]

순교자 유스티누스(Justin Martyr, 150년 즈음)

"우리가 가르치고 말하는 것이 진리라고 설복하고 믿으며, 그에 합당하게 살도록 결심하는 사람마다 자기 과거의 죄를 용서받도록 기도하고, 금식으로 하나님께 간구하도록 가르침을 받아야 하며, 우리도 함께 기도하고 금식해야 한다. 그러면 그들은 물이 있는 곳으로 인도받아 우리 자신이 중생한 방식대로 중생한다. 만유의 아버지

---

[3] Clement of Rome, *First Epistle of Clement to the Corinthians*, 42.

[4] Ignatius of Antioch, *To the Smyrnaeans* 8.1~2 in Holmes, *The Apostolic Fathers*, 255.

[5] Ignatius of Antioch, *To the Trallians* 3.1 in Holmes, *The Apostolic Fathers*, 217.

와 주이신 하나님과 우리의 구원자 예수 그리스도와 성령의 이름으로 그들은 그때 물로 씻긴다."6

"이 음식은 성찬이라고 불리는데, 우리가 가르치는 것이 진리라고 믿고, 죄 사함을 위한 씻음으로 씻겨 중생했으며, 그리스도께서 명하신 대로 사는 사람만 여기에 참여할 수 있다. 우리는 보통 빵과 보통 음료를 받듯이 이것을 받지 않는다. 하나님의 말씀으로 육체가 되신 예수 그리스도 우리 구주께서 우리의 구원을 위해 몸과 피를 가지셨듯이, 우리도 그분의 말씀에서 나온 기도로 축복받고, 변화를 거쳐 우리의 피와 살을 먹이는 음식은 육체가 되신 바로 그 예수님의 몸과 피라고 가르침 받았다."7

"우리 중에 부유한 사람은 가난한 사람을 도와야 한다. 또 우리는 항상 모여야 한다. 우리가 공급받는 모든 것에 그의 아들 예수 그리스도와 성령을 통해 축복한다. 또 일요일이라고 불리는 날에 도시나 시골에 사는 사람이 모두 한곳에 모이면, 사도의 회고록과 예언자의 글을 시간이 허락하는 한 읽는다. 그리고 읽는 사람이 마치면 사회자는 구두로 이 선한 것을 본받도록 가르치고 권면한다, 그러면 우리는 함께 일어나 기도하고, 전에 말했듯 기도가 끝나면 빵과 포도주와 물을 가져오고, 사회자는 자기 능력대로 기도와 감사를 똑같이 올리며, 사람들은 아멘으로 동의한다. 그리고 나서 각자에게 분배하고 축복한 것에 참여하며 참석하지 못한 사람을 위해 일부를 집사를 통해 보낸다. 여유가 있는 사람과 자원하는 사람은 각자가 합당이 생각하는 만큼 준다. 모은 것은 사회자에게 맡기고 그는 고아와 과부와 병이나 기타 이유로 필요가 있는 사람과 갇혀 있거나 우리 가운데 기거하는 사람을 구제하는데, 한 마디로 궁핍한 모든 사람을 돌본다. 하지만 일요일을 우리 일반 모임으로 지킴은 어둠과 물질

---

6 Justin Martyr, *First Apology* 61 (ANF 1:183).

7 Justin Martyr, *First Apology* 66 (ANF 1:185).

가운데 변화를 일으키신 하나님께서 세상을 만드신 날이고, 예수 그리스도 우리 구주께서 같은 날 죽은 자들 가운데 살아나셨기 때문이다. 그분은 새턴[Saturn, 토요일]의 전날에 십자가에 달리셨고, 새턴의 다음 날, 곧 태양의 날에 사도들과 제자들에게 나타나셔서 이것들을 가르쳐 주셨다."[8]

리용의 이레나이우스(Irenaeus of Lyons, 180년 즈음)

"이 설교와 이 믿음을 받은 교회는 전 세계에 흩어져 있지만, 한 집을 소유한 것처럼 이것을 조심스럽게 보존한다. 교회는 또 [교리의] 요점들을 마치 하나의 영혼을 가진 것처럼 같은 마음으로, 한 입을 가진 것처럼 완전한 조화를 이루며, 그것들을 선포하고 가르치며 전수한다… 교회 지도자의 누구도 아무리 화술이 탁월해도 이것과 다른 교리를 가르치지 않는다… 믿음은 언제나 하나였고 이에 관한 논의에 대단히 능한 사람이라도 이것에 더하거나, 아무리 말할 것이 없는 자라도 이것을 축소하지 않는다."[9]

"교회에 있는 장로들에게 순종하는 것이 의무다. 그들은, 내가 말했듯이, 사도들에게서 계승된 사람이고, 감독직의 계승과 함께 아버지의 기쁘신 뜻에 따라 확실한 진리의 은사를 받았다. 그러나 타락한 마음을 가진 이단으로서, 또는 교만하고 자신을 기쁘게 하는 분리파로서, 또는 이익이나 헛된 영광을 위해 행동하는 위선자로서 원시적 계승에서부터 이탈해 어떤 장소가 되었든 자기들끼리 함께 모이는 사람을 의심하는 [것도 의무다]…

"그러나 많은 사람이 장로라고 믿지만, 자신의 욕망을 섬기고, 하나님 경외하기를 마음의 첫째 자리에 두지 않으며, 다른 사람을 멸시하는 행동을 하고, 우두머리의 자리에 있다는 교만으로 높아지며,

---

[8] Justin Martyr, *First Apology* 67 (ANF 1:185~86).

[9] Irenaeus of Lyons, *Against Heresies* 1.10.2 (ANF 1:331).

비밀리에 악한 행동을 하면서 '아무도 보지 않는다'라고 말하는 사람들은 하나님의 말씀으로 정죄를 받는다. 그분은 겉모습에 따라 판단하지 않으시고 외모가 아닌 마음을 보신다…

"그러므로 우리는 그런 사람들에게서 떨어질 필요가 있고, 내가 이미 주목했듯이 사도들의 교훈을 고수하는 자들과 장로회와 더불어 다른 사람을 세우고 바로잡으려고 건전한 말과 흠 없는 행동을 보이는 사람과 함께해야 한다…

"교회는 그런 장로들의 필요를 채워주며, 예언자도 그들에 관해 말씀하기를, '내가 평안한 중에 너의 통치자들을, 의로움 가운데 너의 주교들을 주리라.' 주께서도 그런 사람들에 관해 '충성되고 지혜 있는 종이 되어 주인에게 그 집 사람들을 맡아 때를 따라 양식을 나눠 줄 자가 누구냐? 주인이 올 때 그 종이 이렇게 하는 것을 보면 그 종이 복이 있으리로다.'라고 선언하셨다. 바울도 우리에게 어디에서 그런 사람을 발견할지 가르치면서, '하나님은 교회에 첫째 사도들을, 둘째 선지자들을, 셋째 교사들을 세우셨습니다'라고 말한다. 그러므로 하나님의 은사가 주어진 곳에서 우리는 사도들에게서 나온 교회 계승이 있고, 말에 있어서 타락하거나 부패하지 않았을 뿐 아니라, 행동도 온전하고 흠이 없는 사람들에게서 진리를 배워야 한다. 이들은 모든 것을 창조하신 한 하나님에 관한 우리 믿음을 보존하고, 우리를 위해 그런 놀라운 경륜을 이루신 하나님의 아들을 사랑하는 일을 북돋우고, 우리에게 성경을 가르칠 때 하나님을 저주하지 않고, 족장들의 명예를 실추시키지 않으며, 선지자들을 멸시하지 않으면서 안전하게 강해한다."[10]

안티오크의 테오필루스(Theophilus of Antioch, 180년 즈음)

"바다에는 섬이 있고 거기에는 거주할 수 있고 물이 있고 소출이

---

[10] Irenaeus of Lyons, *Against Heresies* 4.26.2~5 (ANF 1:497~98).

풍성하며 폭풍에 지친 사람들이 피할 수 있는 안식처와 항구가 있는 것처럼, 하나님은 세상에서 죄악에 시달리고 지친 사람에게 모임들—거룩한 교회를 말한다—을 주셨다. 거기에는 잘 정박할 수 있는 섬의 항구처럼 진리의 교리들이 남아 있다. 진리를 사랑하고 하나님의 진노와 심판을 피하여 구원받기 원하는 사람이 이곳으로 달려온다."11

카르타고의 테르툴리아누스(Tertullian of Carthage, 208년 즈음)

"육체는 영혼이 깨끗해지도록 씻겨졌다. 육체는 영혼이 성별 되게 기름 부어졌다. 육체는 영혼이 강화되도록 (십자가로) 표시되었다. 육체는 영혼이 성령의 조명을 받도록 안수받았다."12

"빵을 가져 제자들에게 주시면서 '이것은 내 몸이다', 곧 내 몸의 비유라고 말씀하심으로 그것을 자기 몸으로 만드셨다. 그러나 비유는 먼저 진실한 몸이 있은 다음에야 성립할 수 있다."13

"교회는 아무리 수가 많고 커도 사도들이 설립한 하나의 원시 교회가 있을 뿐이며 모두 거기에서 나왔다. 이런 식으로 모든 교회는 원시 교회이고, 사도적이다. 모두가 평화로운 교통과 형제애의 이름과 환대의 끈으로 깨지지 않은 통일성을 가진 하나임이 입증된다."14

알렉산드리아의 클레멘스(Clement of Alexandria, 215년 즈음)

"주님은, 요한의 복음서에 따르면 '내 살을 먹고 내 피를 마시라'라고 말씀하실 때 상징으로 이것을 세우셨다. 분명히 은유로써 믿음과 약속—교회가 여러 지체로 이뤄진 한 사람처럼 새로워지고 성장하는—

---

11 Theophilus of Antioch, *To Autolocus* 2.14 (ANF 2:100).

12 Tertullian, *On the Resurrection of the Flesh* 8 (ANF 3:551).

13 Tertullian, *Against Marcion* 4.40 (ANF 3:281).

14 Tertullian, *Prescription against Heretics* 20 (ANF 3:252).

을 마실 수 있는 속성으로 묘사했는데, 그 둘은 합쳐져서 주의 살과 피가 그러하듯, 몸인 믿음과 영혼인 소망이 하나로 결합한다."15

카르타고의 키프리아누스(Cyprian of Carthage, 250년 즈음)

"그리스도의 신부는 간음할 수 없다. 그녀는 부패하지 않고 순결하다. 그녀는 한 집을 가졌고, 정결한 겸손으로 한 침상을 거룩하게 지킨다. 그녀는 하나님 나라를 위해 낳은 자녀들을 지명한다. 누구든 교회로부터 분리해 간음한 사람과 연합하면, 교회에 주어진 약속으로부터 끊긴다. 그리스도의 교회를 버리는 사람은 그리스도의 상을 얻을 수도 없다. 그는 이방인이며 신성 모독자며 적이다. 교회를 어머니로 갖지 않는 사람은 하나님을 아버지로 가질 수 없다. 누군가 노아의 방주 밖에서 피할 수 있다면, 교회 밖에 있으면서 피할 수 있을 것이다."16

"가장 심각한 범죄자와 하나님께 많은 죄를 범한 사람조차 후에 믿으면 죄 사함이 주어진다. 누구도 침례와 은혜로부터 금지당하지 않는다. 하물며 유아를 금하는 일은 더욱 피해야 한다. 유아는 아담을 따라 육체로 태어나서 옛날에 죽음이 처음 탄생했을 때 그 오염에 걸려들었다는 것 외에는 최근에 태어나서 죄를 짓지 않았다는 바로 그 이유로 더 쉽게 죄 용서를 받을 수 있다—그는 자기 죄가 아니라 다른 사람의 죄를 용서받는 것이다."17

사도들의 법규(*Apostolic Constitutions*, 275년 즈음)

"가톨릭교회는 하나님의 농장이며 그가 사랑하시는 포도원으로 그분의 무오하고 신성한 종교를 믿는 사람을 포함한다. 그들은 그분의

---

15 Clement of Alexandria, *The Instructor* 1.6 (ANF 2:219).

16 Cyprian, *On the Unity of the Church* 6 (ANF 5:423).

17 Cyprian, *Epistle* 58.2 (ANF 5:354).

영원한 나라를 믿음으로 상속자가 됐으며, 그분의 신성한 영향과 성령의 교통에 참여한다. 그들은 예수님으로 무장하고 마음에 그분을 경외하는 마음을 받았다. 그들은 그리스도의 귀하고 순결한 피 뿌림을 받아 누리고, 전능하신 하나님을 아버지라고 부를 자유를 가졌으며, 그분의 사랑하시는 아들과 함께 공동 상속자이자 공동 참여자다. 구원자의 명령으로 구원받고, 그분의 영광스러운 말씀에 동의함으로 그의 약속들을 누리는 자여, 이 거룩한 교리에 주의하라."18

카이사레아의 바실리오(Basil of Caesarea, 364년 즈음)

"믿음은 침례로 완전해지고, 침례는 믿음으로 세워지며, 그 둘은 서로에 의해 완성된다. 우리가 아버지와 아들과 성령을 믿듯이, 우리는 또한 아버지와 아들과 성령의 이름으로 침례를 받는다. 먼저 구원으로 인도하는 신앙고백이 있고, 우리의 동의에 도장을 찍는 침례가 따른다."19

콘스탄티노플 공의회(Council of Constantinople, 381년)

"[우리는] 하나의, 거룩하고, 보편적이며, 사도적 교회를 [믿는다]. 우리는 죄 사함을 위한 한 침례를 고백한다."20

히포의 아우구스티누스(Augustine of Hippo, 425년 즈음)

"우리가 엄숙하게 시행하는 침례라는 위대한 성례의 의미는, 그분이 죄의 모양을 가진 육체로 죽었기에 죄에 대하여 죽었듯이 이 은혜를 얻는 모든 사람이 죄에 대하여 죽어야 한다는 것, 그리고 그분이 무덤에서 다시 살아나셨듯이 [침례]탕에서 중생으로 살아나 성령

---

18 *Apostolic Constitutions*, 1.1.pref. (ANF 7:391).

19 Basil of Caesarea, *On the Holy Spirit* 12.28 (NPNF 2.8:18).

20 *The Constantinopolitan Creed*, in Leith, Creeds of the Churches, 33.

안에서 새로운 삶을 시작해야 한다는 것이다.

"갓 태어난 유아부터 나이든 노인까지 침례를 금할 사람이 없듯이, 침례에서 죄에 대해 죽지 않는 사람도 없다. 그러나 유아는 원죄에 대해서만 죽는다. 더 성장한 사람들도 그들이 갖고 나온 원죄에 더해 악한 삶을 살며 지은 모든 죄에 대해 죽는다."[21]

"그 문장이 [문자적으로 해석되건 비유적으로 해석되건] 명령의 일종이라면, 범죄나 악덕을 금하든, 신중하고 관대한 행동을 권장하든 비유가 아니다. 그런데 만약 그것이 범죄나 악덕을 권하거나 신중하고 관대한 행동을 금한다면, 그것은 비유적으로 보아야 한다. 그리스도께서 '인자의 살을 먹지 않으면', '그의 피를 마시지 않으면 너희에게 생명이 없다'라고 말씀하신다. 이것은 범죄나 악덕을 권하는 것으로 보인다. 따라서 이것은 비유로서, 우리가 우리 주의 고난에 동참할 것과 그의 몸이 우리를 위해 상하고 못 박혔다는 사실을 달콤하고 유익한 기억으로 간직해야 한다는 뜻이다."[22]

"이것은 그리스도인들의 제사다. 우리는 여럿이지만, 그리스도 안에서 한 몸이다. 그리고 이것은 신자에게 알려진 대로, 교회가 제단의 희생으로 계속해서 축하하는 제사인데, 거기에서 교회는 하나님께 바치는 제사에서 교회 자신이 바쳐진다고 가르친다."[23]

중세시대(500~1500년)

보에티우스(Boethius, 520년 즈음)

"그러므로 그 하늘의 교훈이 온 세상에 퍼지고, 민족들이 함께 엮이며, 교회들이 세워져 온 지구를 채우며 한 몸을 형성하는데, 그 머리이

---

[21] Augustine, *The Enchiridion* 42~43 (NPNF 1.3:252).

[22] Augustine, *On Christian Doctrine* 3.16 [24] (NPNF 1.2:563).

[23] Augustine, *City of God* 10.6 (NPNF 1.2:184).

신 그리스도는 지체들이 반드시 그 머리가 가신 곳으로 따라오도록 하늘로 올라가셨다… 따라서 온 세상에 퍼진 이 가톨릭교회는 세 가지 특별한 표지로 구별된다. 여기에서 믿어지고 가르쳐지는 것은 무엇이건 성경, 또는 보편적 전통, 또는 적어도 그 자신의 고유한 관습으로 권위를 갖는다. 그리고 이 권위는 교부들의 보편적 전통으로서 온 교회에 효력을 갖는데, 각각의 개별 교회는 지역성의 차이와 각각의 선한 판단에 따른 개별 법규와 고유한 의식에 의해 존재하고 지배를 받는다."24

다마스쿠스의 요한(John of Damascus, 740년 즈음)

"우리는 죄 사함과 영원한 삶을 위한 하나의 침례를 믿는다. 침례는 주님의 죽음을 선언하기 때문이다. 우리는 진실로 거룩한 사도가 말한 것처럼, '침례를 통해 주의 짐을 진다.' 따라서 우리 주께서 단번에 죽었듯이 우리도 단번에 침례를 받고, 주의 말씀에 따라 아버지, 아들, 성령에 대한 고백을 배운 대로 **아버지와 아들과 성령의 이름으로** 침례 받는다… 거룩한 사도가 **그리스도와 그의 죽음으로 우리가 침례 받는다**고 말했지만, 이 말로 침례를 시행해야 한다는 뜻이 아니라, 침례가 그리스도의 죽음의 이미지라는 뜻이다. 세 번 잠기는 침례는 우리 주께서 3일 동안 묻힘을 상징한다… 그리고 그분은 우리에게 물과 성령으로 거듭나야 한다는 명령을 내리셨고, 기도와 간청을 통해 성령은 물로 가까이 오신다. 인간의 본성이 영혼과 몸의 이중성을 갖기에, 그는 우리에게 물과 성령이라는 이중적 정화를 내리신다. 성령은 그분의 형상과 모양대로 지어진 우리 안쪽을 새롭게 하고, 물은 성령의 은혜로 몸을 죄로부터 씻어주고 부패에서 구한다. 물은 진실로 죽음의 이미지를 표현하지만, 성령은 생명의 보증이시다."25

---

24 Boethius, "On the Catholic Faith" in *The Theological Tractates, The Consolation of Philosophy*, trans. H. F. Stewart and E. K. Rand, The Loeb Classical Library (London: Heinemann, 1918), 69, 71.

25 John of Damascus, *An Exact Exposition of the Orthodox Faith*

"아담이 영적 존재였다는 사실을 볼 때, 출생과 음식 모두 영적이어야 하지만, 우리는 이중적 복합적 본성을 가졌으므로 출생이 이중적이고 마찬가지로 음식도 복합적이어야 한다. 그러므로 우리는 물과 성령으로, 곧 거룩한 침례로 태어난다. 그리고 음식은 하늘에서 내려온 생명의 양식인 우리 주 그리스도시다… 그러나 다르게 말하면, 빵은 먹음으로, 포도주와 물은 마심으로 그 본성이 먹고 마시는 사람의 몸과 피로 바뀌고 다른 사람이 되지 않는 것과 마찬가지로, 단상의 빵과 포도주와 물은 성령의 임재와 기도로 초자연적으로 그리스도의 몸과 피로 변해 둘이 아닌 하나가 된다. 그러므로 믿음으로 합당하게 참여하는 사람에게 이것은 죄 사함과 영생과 영혼과 육체를 보존하지만, 믿음 없이 부당하게 참여하는 사람에게 이것이 징계와 형벌인 것은, 주님의 죽음은 영원한 복을 누리기 위한 생명과 불멸이 되지만, 믿지 않는 자들과 주님을 죽인 자들에게는 징계와 형벌인 것과 같다. 빵과 포도주는 그리스도의 몸과 피에 대한 단순한 상징이 아니라(하나님이 금하신다!), 주님 자신의 신성한 몸이다. 주께서 말씀하시기를 '이것은 내 몸이라'라고 하셨고, 내 몸의 상징이라고 하지 않으셨기 때문이다. 또한 '내 피'라고 하셨고, 내 피의 상징이라고 하지 않으셨다. 그리고 이전에 주님은 유대인들에게 '**인자의 살을 먹지 아니하고 인자의 피를 마시지 않으면 너희 속에 생명이 없느니라. 내 살은 참된 양식이요 내 피는 참된 음료로다.**'라고 하셨고, 또 '**나를 먹는 그 사람도 나로 말미암아 살리라**'라고도 하셨다."26

코르비의 라트람누스(Ratramnus of Corbey, 830년 즈음)

"겉으로 보면 빵의 형체는 전에 있던 그대로 제시되고, 그 색깔이

4.9 (NPNF 2.9:77~78).

26 John of Damascus, *An Exact Exposition of the Orthodox Faith* 4.13 (NPNF 2.9:82~83).

나타나며, 그 맛을 느낄 수 있다. 그러나 내적으로는 완전히 다른 것을 의미하는데, 훨씬 더 귀중하고, 훨씬 탁월한 것은 이것이 천상적이며 신적이기 때문이다. 즉, 그것은 그리스도의 몸이 전시되는 것으로서 육신의 감각으로가 아니라, 믿는 영혼의 눈을 통해서만 보이고, 취해지며, 먹게 된다…

"따라서 육신의 감각을 사용하지 말라. 그것은 여기서 아무것도 구별하지 못한다. 진실로 그것은 그리스도의 몸이지만, 그분의 육신이 아니라 영적인 몸이다. 그것은 그리스도의 피지만, 육신의 피가 아니라 영적인 피다. 그러므로, 그 무엇도 물리적으로 이해할 것이 아니라, 영적으로 이해해야 한다. 그것은 그리스도의 몸이지만, 육신적이지 않고, 그리스도의 피지만 육신적이지 않다…

"단상에 놓인 빵이 그리스도의 몸과 그것을 받는 회중의 몸을 상징한다는 것은 그리스도의 진정한 몸이 처녀에게서 태어나셔서, 젖을 먹고, 고난 겪으시고, 죽으시고, 장사지냈다가, 다시 살아나 하늘로 올라가시고, 아버지의 우편에 앉으시고, 심판하시려고 오실 그 몸이라는 것을 명백히 보여주기 위함이다. 그러나 주님의 상에 놓인 것은, 그 사도가 '우리는 많지만, 그리스도 안에서 한 떡과 한 몸이라'라고 증언했듯이, 그 몸의 신비를 담고 있다."[27]

오르배의 고트샬크(Gottschalk of Orbais, 840년 즈음)

"신중한 독자여, 여러분이 읽는 것에 주의를 기울이라. 침례의 은혜로 속량되었지만, 자기 자신의 의지로 죄 가운데 남아 있어서 마땅히 멸망할 자와 침례의 은혜로 이미 속량되었을 뿐만 아니라, 과거에 그리스도

---

[27] Ratramnus, *On the Body and Blood of the Lord*, 9, 60, 96, in *Book of Ratramnus the Monk of Corbey, Commonly Called Bertram, on the Body and Blood of the Lord* (Oxford: John Henry Parker, 1838), 5, 32, 52~53.

주의 고난, 죽음, 피로 속량된 자를 구별하라. 그들이 멸망하지 않을 것은 그의 구속자께서 죽음으로 이 잃어버린 자를 찾아주셨기 때문이다. 침례의 속량으로 유아들 역시 원죄로부터 사면된다. 같은 식으로 어른들도 침례로 오직 과거의 죄만 용서받는다. 그러나 택자들은 둘째 아담의 피 안에서 중보자의 은혜로 인해 잉여적으로 의롭게 된다.

"복된 독자여, **한 주, 한 믿음, 한 침례, 한 하나님**(엡 4:5~6)이란 말씀에 주의를 기울이라. 각 그리스도인은 세 번 침례를 받을지라도, 곧 세 번 물에 잠기더라도 침례가 하나인 것과 같이, 아버지와 아들과 성령은 본성에 있어서 하나시고, 위격에 있어서 셋─하나님, 주, 성령─이시되, 각 위격은 의심의 여지 없이 각자 완전한 하나님, 주, 그리고 영이시다. 마찬가지로 주께서 처음에 사도들을 물로 침례를 주시고, 다음에 자신이 약속하신 대로 성령과 불로 주셨듯이, 세 번의 침례를 받았다고─하나님이 금하신다!─알거나 믿게 할 것이 아니라, 한 번, 곧 성령 때문에 받았는데, 그 침례는 전적으로 완전하며 권능에서도 충만하다."28

페트루스 아벨라르두스(Peter Abelard, 1140년 즈음)

"누군가 침례를 받기 전에 이미 믿고 사랑한다면… 자신의 이전 죄를 진심으로 회개한다면… 나는 주저하지 않고 그가 의롭거나 의를 가졌다고 말할 텐데, 그것은 각 사람에게 각자의 것을 돌려주는 것이다. 그러므로 우리는 예레미야와 요한이 모태에서부터 성별되었다고 할 때, 그들이 당시에 침례의 자리를 차지하고 있던 할례의 성례를 받아야 할 필요가 있었다고 해도 영적으로 조명되어서 하나님을 이미 알고 사랑했다고 본다.

---

28 Gottschalk of Orbais, *On Different Ways of Speaking about Redemption* in Victor Genke and Francis X. Gumerlock, eds. and trans., *Gottschalk and a Medieval Predestination Controversy: Texts Translated from the Latin*, Mediaeval Philosophical Texts in Translation, vol. 47, ed. Roland J. Teske (Milwaukee: Marquette U., 2010), 157~58.

"그렇다면 여러분은 왜 전에 그들이 가진 믿음과 사랑으로 이미 의롭게 되었고, 만약 그때 죽었다고 해도 구원받았을 사람이 할례나 침례를 받을 필요가 있었는지 물을 것이다… 하지만 우리는 하나님을 [하나님] 자신 때문에 진심으로 순수하게 사랑하는 모든 사람이 이미 생명으로 예정되었다고 믿는다."29

페트루스 롬바르두스(Peter Lombard, 1160년 즈음)

"이제 새로운 법의 성례를 살펴보자. 그것들은 침례, 견진, 축복의 빵(곧, 성찬), 고해, 종유, 서품, 혼배다. 어떤 것은 침례처럼 죄를 치유하고 돕는 은혜를 제공한다. 다른 것은 혼배처럼 치유만을 베푼다. 다른 것은 성찬과 서품처럼 우리에게 은혜와 미덕을 강하게 한다.30

"이제 신성한 임명을 생각해 보자…

"그리고 일곱 영의 성례에 일곱 교회 직분이 있는데, 즉 문지기, 낭독자, 퇴마사, 복사, 집사서리, 집사, 사제. 그러나 모두 성직자, 즉 '제비로 뽑힌 자'라고 불린다…

"비록 모든 [서품이] 영적이고 신성하지만, 교회법은 두 가지만을 최고로 신성한 서품이라고 부르는데, 그것은 집사회와 장로회다. 왜냐하면, 이 두 가지만 초대교회에 있었고, 사도들의 교훈도 이 두 가지에 대해서만 주어졌다고 쓰여 있기 때문이다. 사도들은 각 도시에서 주교와 사제들을 임명했다… 그러나 집사서리와 복사는 교회가 시간이 지나면서 스스로 세운 것이다."31

---

29 Peter Abelard, *Commentary on Romans* 2:4 (on Romans 3:27) in Stephen R. Cartwright, *Peter Abelard: Commentary on the Epistle to the Romans*, The Fathers of the Church: Medieval Continuation (Washington, DC: The Catholic University of America Press, 2011), 169~70.

30 Peter Lombard, *The Sentences*, vol. 4 (4.2.1), trans. Giulio Silano (Toronto: Pontifical Institute of Mediaeval Studies, 2010), 9.

스테파누스 랭턴(Stephen Langton, , 1200년 즈음)

"침례를 받겠다는 의지가 아직 그 기회가 없었던 사람에게 유효한 만큼, 다른 사람을 위한 침례를 받겠다는 의지와 함께 침례 받았다는 사실은, '같은 사랑의 상태에서'를 덧붙인다면, 동등하게 유효하다. 같은 사랑의 상태에서 행한 모든 일은 같은 공로를 갖는데도 침례를 받는 것이 침례를 받은 당사자에게 유효한 것은, 침례의 경우 사랑이 그 안에서 자라기 때문이다."32

토마스 아퀴나스(Thomas Aquinas, 1265년 즈음)

"교회라고 불리는 곳에서는 기독교 신자가 신성한 예배를 위해 함께 모인다. 따라서 우리 교회는 성전과 회당 모두를 대신한다. 교회의 제사는 영적인 까닭에, 우리에게 제사의 장소는 가르침의 장소와 다르지 않다. 비유적으로 추론한다면, 여기에 싸우는, 혹은 승리하는 교회의 일치가 담겨있다고 할 수 있다."33

마이스터 에크하르트(Meister Eckhart, 1300년 즈음)

"우리 주님 몸에 참여하고 싶은 사람은 감정이나 헌신이 무르익기까지 기다리지 말고 그들의 [이것을 향한] 태도나 성향을 고려해야 한다. 당신이 하고 싶은 것에 의미를 두지 말고 당신이 받아야 할 것과 그것에 대한 당신의 생각에 의미를 두라…

---

31 Lombard, *The Sentences*, 4:138~39, 147.

32 Stephen Langton, *Fragments on the Morality of Human Acts* 3, in Eugene R. Fairweather, ed., *A Scholastic Miscellany: Anselm to Ockham*, The Library of Christian Classics (Louisville, KY: Westminster John Knox, 1956), 358.

33 Thomas Aquinas, *Summa Theologica* (New York: Fathers of the English Dominican Province, 1911), 2(1).102.4.

"그러나 여러분은 말할 것이다. '네 선생님, 하지만 나는 너무 수치스럽고 차갑고 둔감해져서 감히 주님께 나갈 수가 없어요!' 그 말에 대답한다.

"그럴수록 하나님께 더 나아가야 한다. 그분께 연합함으로 하나가 되면, 의롭게 된다. 성례에서 발견하는 은혜만큼 분명한 것은 다른 어디에도 없다. 거기서 여러분의 신체적 힘은 우리 주의 몸의 임재가 가진 압도적인 권능으로 집중하며 중심을 찾는다. 흩어진 감각들이 하나로 모이고, 지나치게 가라앉은 감각들은 고양되어 진정한 제물처럼 하나님을 향한다."[34]

교황 보니파키우스 3세 (Pope Boniface VIII, 1302)

"우리는 하나의 거룩한, 보편적, 사도적 교회가 있다고 믿고 주장하는 신앙―이것을 우리는 확고하게 믿고 공개적으로 고백한다―과 교회 밖에는 구원이나 죄 사함이 없다는 점에 강권적으로 이끌린다… 교회는 한 신비스러운 몸을 대표하며, 이 몸의 머리는 그리스도이시다. 그리스도에게는 진정으로 하나님이 머리이시다. 그 안에 한 주, 한 믿음, 한 침례가 있다…

"이 교회와 그 권능에 두 개의 칼이 있는데, 말하자면, 영적인 것과 세속적인 것으로, 우리는 이것을 복음의 말씀에서 배우는데, 사도가 '보소서 여기 칼 두 자루가 있습니다'(교회에, 곧 사도들이 말씀하고 있듯이)라고 했을 때, 주님은 너무 많다고 하지 않으시고, 충분하다고 하셨다… 그러므로 영적인 칼과 물리적 칼이 교회의 권세에 있으며, 후자는 진실로 교회를 위해, 전자는 교회에 의해, 하나는 사제들이, 다른 하나는 왕과 군인들이, 그러나 사제의 뜻과 용인에 따라 사용해

---

[34] Meister Eckhart, *About the Body of Our Lord, How Often One Should Partake of It, with What Devotion and in What Manner* in Raymond Bernard Blakney, *Meister Eckhart: A Modern Translation* (New York: Harper & Brothers, 1941), 27~30.

야 한다. 게다가 하나는 다른 칼 아래 있어야 하고 속세의 권세는 영적 권세에 굴복해야 한다… 그러므로 이 권세는 사람에게 주어져 사람이 사용하지만, 사람에게 속한 것이 아니라 신성한 권세로서 주의 입술을 통해 베드로에게 주셨고, 그분과 그분[그리스도]을 고백하는 그분 안에 있는 후계자들을 위해 반석 위에 세워졌다. 주님은 베드로 자신에게 말씀하셨다. '무엇이든지 네가 묶으면' 등등. 그러므로 누구든지 하나님이 제정하신 이 권세에 저항하면 하나님의 질서에 저항하는 것이다… 더구나 우리는 모든 사람이 로마 추기경에게 복종하는 것이 구원에 전적으로 필수적임을 선포하고, 선언하며, 알린다."35

존 위클리프(John Wycliffe, 1380년 즈음)

"여러분이 그리스도의 교회가 지상에 머리를 가져야 한다고 말한다면, 그것이 사실인 것은 그리스도께서 머리이시고, 그분은 여기서 운명의 날까지 그분의 신성함으로 어디서나 당신 교회와 함께하신다."36

존 후스(John Hus, 1419년 즈음)

"거룩한 보편 교회는 모든 예정된 자들의 수이며, 그리스도의 신비한 몸—그리스도 자신이 머리가 되시는—이자 그리스도의 신부로서 그는 그녀를 위대한 사랑으로 자신의 피로서 속량하셔서 마지막에 그녀를 죽어야 할 죄의 주름진 것이나, 가벼운 죄의 오점이나, 그녀를 더럽게 하는 어떤 다른 것 없이 영광스러운 존재로 소유하시고, 그녀가 거룩하고 흠 없이 영원히 신랑 그리스도에게 안기기를 원하신다."37

---

35 Pope Boniface VIII, *The Bull Unam Sanctum in James Harvey Robinson, ed., Translations and Reprints from the Original Sources of European History*, vol. 3.6, The Pre-Reformation Period (Philadelphia: U. of Pennsylvania, 1897), 19~21.

36 John Wycliffe, *The Church and Her Members*, 2.

"거룩한 보편—우주적—교회는 예정된 자들의 총합(*omnium predestinatorum universitas*), 또는 과거, 현재, 미래의 모든 예정된 자들이다."[38]

"거룩한 우주적 교회는 하나로서 구원받은 모든 예정된 자들로 구성되며… 그리스도만이 교회의 머리인 것은, 그분만이 교회 안에서 가장 존귀한 분으로 교회와 그 지체들에게 은혜의 삶을 향해 움직이고 이해가 깊어지도록 하시는 까닭이다."[39]

"어떤 장소나 사람의 선택이 그 사람을 거룩한 보편 교회의 회원이 되게 하지 못하고, 오직 하나님의 예정이 사랑 안에서 그리스도를 신실하게 따르는 모든 사람의 경우에 그렇게 되게 한다. 또 아우구스티누스에 따르면… 예정은 은혜를 통한 하나님 의지의 선택이다. 또는 흔히 말하듯 예정은 현재의 은혜와 미래의 영광을 위한 준비—준비시키는 것—이다."[40]

종교개혁시대(1500~1700년)

마르틴 루터(Martin Luther, 1525)

"내가 믿기로 지상에는 한 머리이신 그리스도 아래 순수한 성도들의 작고 거룩한 그룹과 회중이 있어서, 다양한 은사를 받았지만 사랑 안에서 분파나 분열 없이 한 믿음, 한 마음과 이해 안에서 성령께 함께 부름을 받았다. 나도 역시 그 교회의 일부이자 지체이며 그것이 소유하는 모든 것에 참여하는 공동소유자로서, 여기에 들어가는 관문이 되는 하나님의 말씀을 들었고 계속 들음에 따라 성령께 여기로 이끌려 와서 일체가 되었다."[41]

---

[37] John Hus, *The Church*, trans. David Schaff (New York: Charles Scribner's Sons, 1915), 10.

[38] Hus, *The Church*, 3.

[39] Hus, *The Church*, 83.

[40] Hus, *The Church*, 22~23.

아우그스부르크 신앙고백(Augsburg Confession, 1530년)

"그들[루터 교회]은 하나의 거룩한 교회가 영원히 지속해야 한다고 가르친다. 교회는 성도의 회중으로 그 안에서 복음이 바르게 가르쳐지며, 성례가 올바르게 시행된다.

"교회의 진정한 일치를 위해 복음의 교리와 성례의 시행에 동의하는 것으로 충분하다. 인간의 전통, 즉 사람이 제정한 의식이나 예식은 어디서나 똑같다. 바울이 말했듯이, 한 믿음, 한 침례, 한 하나님이자 모든 것의 아버지 등."[42]

쟝 칼뱅(John Calvin, 1560년)

"교회는 보편적, 또는 우주적으로서, 그리스도를 나누지 않고는 둘 또는 셋으로 이루어질 수 없다. 그것은 불가능하다. 모든 하나님의 택자는 그리스도 안에서 너무도 긴밀하게 연합되어 한 머리에 의존하면서 함께 뭉쳐지고, 한 몸이 되며, 서로의 지체들처럼 함께 연결된다. 그들은 같은 하나님의 영 아래서 한 믿음, 소망, 사랑 안에 함께 삶으로서 진실로 하나가 되고, 동일한 영생의 유업으로뿐 아니라, 한 하나님과 그리스도께 참여하도록 부름을 받는다."[43]

"하나님 말씀이 순수하게 설교되고 들려지며, 성례들이 그리스도께서 제정하신 대로 시행되는 곳마다 의심할 바 없이 하나님의 교회가 존재한다."[44]

---

41 Martin Luther, *The Large Catechism*.
42 The Augsburg Confession, Article VII.
43 John Calvin, *Institutes of the Christian Religion*, IV.i.2.
44 Calvin, *Institutes of the Christian Religion*, IV.i.9.

영국 교회(The Church of England, 1563)

"그리스도의 보이는 교회는 신실한 사람의 회중으로서, 그 안에서 필수적으로 요구되는 모든 일에서 순수한 하나님의 말씀이 설교되고, 성례가 그리스도의 명령에 따라 적절하게 준수되어야 한다.

"예루살렘, 알렉산드리아, 안티오크 교회가 오류를 범했듯, 로마 교회도 생활과 의식의 시행 방식뿐 아니라 신앙의 문제에 있어서 오류를 범했다."[45]

"그리스도께서 제정하신 성례는 기독교인의 신앙고백의 배지, 또는 표시(tokens)일 뿐 아니라, 확실한 증언, 은혜의 유효한 표(signs), 그리고 우리에 대한 하나님의 선의로서, 그것으로 그분은 우리 안에서 보이지 않게 일하시고, 그에 대한 우리의 믿음을 일으키실 뿐 아니라, 강화하고 확증하신다.

"그리스도 우리 주께서 제정하신 두 가지 성례가 있는데, 그것은 침례와 주의 만찬이다."[46]

"침례는 기독교인을 아직 교화되지 않은 사람들과 구별해 주는 신앙고백의 표(sign)이자 차이의 특징(mark)일 뿐 아니라, 중생 또는 새로운 출생의 표로써 바르게 침례를 받은 자는 마치 도구로 하듯, 교회에 접붙임을 받는다. 죄 용서의 약속과 성령으로 하나님의 아들들로 입양된다는 약속은 침례로서 가시적으로 표시되고 인침을 받는다. 신앙은 확증되고, 은혜는 하나님께 기도로 증가한다."[47]

"주의 만찬은 그리스도인들이 서로 간에 가져야 할 사랑의 표일 뿐 아니라, 그리스도의 죽음에 의한 속량의 성례다. 그것을 바르고

---

[45] *The Thirty-Nine Articles* 19 in Leith, *Creeds of the Churches*, 273.
[46] *The Thirty-Nine Articles* 25 in Leith, *Creeds of the Churches*, 274.
[47] *The Thirty-Nine Articles* 25 in Leith, *Creeds of the Churches*, 275~76.

합당하게 믿음으로 받는 한, 우리가 쪼개는 빵은 그리스도의 몸에 참여하는 것이며, 마찬가지로 축복의 잔은 그리스도의 피에 참여하는 것이다.

"주의 만찬에서 화체설(또는 빵과 잔의 본성이 변화된다는 것)은 성경으로 입증될 수 없고, 명백한 성경 말씀을 거스르며, 성례의 성격을 전복시키고, 많은 미신이 일어나게 했다.

"그리스도의 몸은 오직 하늘에 속한 영적 방법에 따라 만찬에서 나누어지고, 취하며, 먹을 수 있다. 주의 만찬에서 그리스도의 몸을 받아서 먹는 수단은 믿음이다."[48]

벨기에 신앙고백(The Belgic Confession, 1619)

"진실한 교회를 알려주는 표지(marks)는 다음과 같다. 거기에서 복음의 순수한 교리가 설교되고, 그리스도께서 제정하신 대로 성례들이 순수하게 유지되며, 죄를 벌하는 데 교회 징계가 시행된다. 요약하면, 모든 것이 순수한 하나님의 말씀에 따라 운영되고, 그것에 거스르는 것들이 거부되며, 예수 그리스도께서 교회의 유일한 머리로 인정된다. 여기에서 진정한 교회가 확실하게 알려지며, 누구도 거기에서 자신을 분리할 수 없다."[49]

웨스트민스터 신앙고백(*Westminster Confession*, 1646년)

"비가시적, 보편적, 또는 우주적 교회는 모든 택자의 수로 이루어지며, 그 머리 되시는 그리스도 아래 하나로 모여 왔고, 모이고 있으며, 모일 것이다. 또 교회는 그 신부이며, 그 몸, 그리고 모든 것을 모든 것 안에서 채우시는 분의 충만함이다.

---

[48] *The Thirty-Nine Articles* 28 in Leith, *Creeds of the Churches*, 276.

[49] The Belgic Confession, Article 29.

"가시적이며, 복음 아래서 보편적, 또는 우주적 교회(이전처럼 율법 아래서 한 나라에 국한되지 않고)는 진정한 종교를 시인하는 온 세상 사람들과 그들의 자녀로 구성되었다. 그것은 주 예수 그리스도의 왕국이며, 하나님의 집과 가족이며, [그것과 상관없이] 일반적인 구원 가능성은 없다.

"그리스도께서는 이 가시적 보편 교회에 세상 끝날까지 이생에서 성도를 모으고 성숙하게 하기 위한 사역과 규례, 하나님의 의식들을 주셨고, 자신의 임재와 성령으로 그분의 약속에 따라 그것들이 거기에서 유효하게 만드신다.

"이 보편 교회는 때로는 더, 때로는 덜 가시적이었다. 그것을 구성하는 개별 교회들은 복음 교리가 가르쳐지고 수용되며, 의식들이 시행되며, 공적 예배가 그 가운데서 다소간 순수하게 시행되는 정도만큼 순수하다."50

"침례는 신약의 성례로 예수 그리스도께서 정하셨고, 수침자를 가시적 교회로 엄숙하게 받아들이려고 침례를 줄 뿐 아니라, 그가 예수 그리스도를 통해 새로운 삶을 살도록 은혜 언약, 그리스도에게 접붙여짐, 중생 또는 죄 사함, 그리고 하나님께 바쳐진다는 표와 인 침이기도 하다. 그 성례는 그리스도께서 직접 세우셨고, 그의 교회 안에서 세상 끝날까지 계속되어야 한다…

"이 의식을 정죄하거나 무시하는 것은 큰 죄지만, 은혜와 구원은 이것에 분리할 수 없게 이어져 있어서 아무도 이것이 없이는 거듭나거나 구원받을 수 없다. 다시 말해, 침례 받은 모든 자는 의심할 바 없이 중생했다."51

---

50 *The Westminster Confession* 25:1~4 in Leith, *Creeds of the Churches*, 222.

51 *The Westminster Confession* 28:1, 5 in Leith, *Creeds of the Churches*, 224.

"우리 주 예수는 배반당하신 밤에 주의 만찬으로 불리는, 그의 몸과 피의 성례를 세우시고 세상 끝날까지 그의 교회에서 지키게 하셨다. 그것은 그의 죽음을 통한 희생을 영원히 기억하고, 진정한 신자들에게 거기에서 주어지는 모든 혜택을 인치시려 함이다. 그 안에서 신자들은 영적으로 공급받으며 성장하고, 그분께 빚진 모든 의무에 더욱 헌신하게 된다. 우리는 그분의 신비한 몸의 지체들로서 그분과, 또 서로 간에 교통하게 하는 연대와 보증이 되게 하신다."52

"유효하게 부르심을 받고 중생한 자들은 그들 안에 창조된 새로운 마음과 새로운 영을 받았고, 그리스도의 죽음과 부활의 공로로 말미암아 그들 안에 거하시는 그분의 말씀과 성령에 의해 더욱 실제적이며 개인적으로 성별되었다. 온몸에 관한 죄의 권세는 파괴되었고, 그 안에 있는 여러 정욕은 점점 더 약해졌고 죽었으며, 그들은 점차 모든 구원의 은혜에서 진정한 거룩함을 실천하도록 각성하고 강화되었는데, 그것이 없이는 아무도 주를 보지 못할 것이다.

"이 성화가 사람 전체를 변하게 하지만, 이생에서는 불완전하다. 여전히 부패의 여파가 모든 부분에 남아 있어서 영을 거슬러 욕망하는 육과 육을 거스르는 영 사이에 지속적이며 그칠 줄 모르는 전쟁이 일어난다."53

프란시스 튜레틴(Francis Turretin, 1680년 즈음)

"[성화는] 엄격하게 사람의 진정한 내적 혁신에 사용되는데, 하나님은 성화를 통해 믿음으로 그리스도 안에 심기고 의롭게 된 사람(말씀의 사역과 성령의 효력으로)을 점차 태생적 타락에서 건지시고, 자신의 형상으로 변하게 하신다. 세상과 죄에서부터 분리되고 하나님을 섬기게 성별되었다는 것은 그의 본성에 혁신이 일어났음을 암시한다."54

---

52 *The Westminster Confession* 29:1 in Leith, *Creeds of the Churches*, 225.
53 *The Westminster Confession* 13:1~2 in Leith, *Creeds of the Churches*, 225.
54 Francis Turretin, *Institutes of Elenctic Theology*, II.xvii.2.

침례교 필라델피아 신앙고백(Baptist Philadelphia Confession, 1688)

"(성령과 진리의 은혜로운 내적 역사와 관련해) 비가시적이라고 부를 수 있는 보편적, 또는 우주적 교회는 택자들 전체의 수로 구성되고, 그 머리이신 그리스도 아래 하나로 모였고, 모이고 있으며, 모일 것이다. 그것은 또한 그 신부, 그 몸, 그리고 모든 것 안에서 모든 것을 채우시는 분의 충만함이다."55

근대 · 현대시대(1700년~현재)

존 웨슬리(John Wesley, 1745년 즈음)

"보편적, 또는 우주적 교회는 하나님께서 앞서 설명한 성품을 갖게 세상에서 부르신, 우주의 모든 사람이다. '한 믿음, 한 소망, 한 침례, 모든 것 위에 계시고, 모든 것을 통하여 계시고, 모든 것 안에 계시는, 한 하나님, 모든 것의 아버지'를 가졌으므로 '한 영'으로 연합된 '한 몸'이 되어야 한다."56

개혁 감독교회 신앙 조례(Articles of Religion of the Reformed Episcopal Church, 1876)

"온 세상에 흩어져서 믿음으로 그리스도께 붙으며, 성령에 참여한 바 되고, 아버지를 영과 진리로 예배하는 영혼들은 그리스도의 몸,

---

55 The Philadelphia Confession 26.1 in Philip Schaff, *The Creeds of Christendom*, vol. 3, The Evangelical Protestant Creeds, 4th ed. (New York: Harper & Row, 1919), 738.

56 John Wesley, "Sermon 74: Of the Church," in *Sermons on Several Occasions*, Christian Classics Ethereal Library (ccel.org/ccel/wesley/sermons.vi.xxi. html).

하나님의 집, 선한 목자의 무리—거룩하고 우주적인 기독교 교회—이다. 그리스도의 가시적 교회는 순수한 하나님 말씀이 선포되고, 침례와 주의 만찬이 거기에 필수적으로 요구되는 모든 것들에 있어서 그리스도의 명한 대로 적절하게 시행되는 신자들의 회중이다. 그것들은 주님 자신이 행하시고, 명하시며, 그의 사도들에 의해 확정된 필수항목으로 여겨져야 한다."57

프란시스 피퍼(Francis Pieper, 1924)

"교회의 교리가 가진 성격은, 만약 어떤 사람이 일찍이 오류를 범하면, 그의 모든 교리적 오류가 교회에 관한 가르침에서 재생된다는 것이다. 기독교 교회의 회원권은 오직 그리스도에 대한 믿음으로 세워지므로, 교회에 대한 성경적 교리는 이신칭의를 올바로 이해함을 전제한다. 그것은 그리스도의 대리적 만족(satisfactio vicaria)에 의한 객관적 화해, 은혜의 수단에 의한 죄 용서의 수여, 인간의 협력 없이 오직 성령으로만 창조되고 유지되는 믿음에 의해 죄 사함을 받음이다. 이런 전제들이 없는 교회의 개념은 성경적일 수 없다."58

"교회는 모든 시대, 모든 나라와 모든 곳에서 그리스도 안에 있는 모든 신자를 포용하기에 우주적, 또는 보편적(ecclesia universalis sive catholica)이다. 기독교 신앙은 시대의 흐름에서 그 성격이 변하지 않았다. 그것은 언제나 그리스도의 속량 사역에서 비롯한 죄 사함을 믿음이었다. 이 가르침은, 흔히 주장되는 것처럼, 루터나 옛 루터파 교리학자가 고안한 교리가 아니라, 그리스도의 사도들과 그리스도 자신의 교리다."59

---

57 Articles of Religion of the Reformed Episcopal Church in America 21 in Schaff, *The Creeds of Christendom*, 3:821.

58 Francis Pieper, *Christian Dogmatics*, 3 vols. (St. Louis: Concordia, 1953), 3:402.

로버트 소시(Robert L. Saucy, 1972)

"성령의 임재는 교회에 초자연적 능력을 주며, 따라서 교회를 모든 인간 단체 가운데 특별하게 한다. 진정한 교회는 성령의 거룩한 임재와 사역이 알려진 곳에서만 분명하게 드러난다. 교회가 세상에서 결정적 요인이 되는 데 실패하는 것은 교회에서 역동적 능력으로서 살아있는 성령 위격의 실재를 인식하는 데 실패한 결과다."60

토마스 오든(Thomas Oden, 1992)

"교회는 하나로서 그리스도 안에서 하나 됨을 발견한다. 교회는 세상에 생명을 중재하려고 세상과 구별된다는 의미에서 거룩하며, 성령의 열매를 세상의 삶에서 맺는다. 교회는 모두를 위해 전체적이라는 의미에서 보편적이며, 모든 시대와 모든 장소를 포용한다. 교회는 예수님의 삶과 부활에 대한 첫 증인들의 간증에 근거하며, 그들의 사역에 의존하고, 그것을 지속한다는 의미에서 사도적이다."61

미국 복음주의 자유 교회(Evangelical Free Church of America, 2008)

"우리는 진정한 교회가 하나님의 은혜로 그리스도를 믿는 믿음만을 통해 의롭게 된 모든 사람으로 구성한다고 믿는다. 그들은 그리스도께서 머리가 되시는 그의 몸에 성령으로 연합되었다. 진정한 교회는 지역 교회들을 통해 나타나며, 그 회원은 오직 신자들로만 구

---

59 Pieper, *Christian Dogmatics*, 3:410~11.

60 Robert L. Saucy, *The Church in God's Program* (Chicago: Moody, 1972), 22.

61 Thomas Oden, *Systematic Theology*, vol. 3, "Life in the Spirit" (San Francisco: HarperCollins, 1992), 303.

성해야 한다. 주 예수는 두 의식, 곧 침례와 주의 만찬을 명하셨는데, 그것들은 가시적으로 만질 수 있는 형태로 복음을 표현한다. 그것들은 구원의 수단이 아니지만, 진정한 믿음으로 교회가 축하할 때 이 의식들은 신자가 확신하게 하며 또한 그들을 양육한다."62

그레그 앨리슨(Gregg Allison, 2012년)

"교회는 회개와 예수 그리스도를 믿음을 통해 구원받고 성령의 침례로 그의 몸에 연합한, 하나님의 사람들이다. 이것은 서로 관련된 두 요소로 되어있다. 우주적 교회는 오순절 날부터 재림 때까지 확장되는 모든 그리스도인의 교제로 현재 하늘에 있는 죽은 신자들과 전 세계의 살아있는 신자들을 포함한다. 이 우주적 교회는 송영적이고, 말씀 중심적이며, 성령으로 움직이며, 언약적이고, 고백적이며, 선교적이고, 시공간적/종말론적으로 특징지어지는 지역 교회들 안에서 나타난다."63

---

62 *The Statement of Faith of the Evangelical Free Church of America*, Article 7, in EFCA, Evangelical Convictions (Minneapolis: Free Church Pub., 2011), Kindle Locations 50~54.

63 Gregg Allison, *Sojourners and Strangers: The Doctrine of the Church* (Wheaton, IL: Crossway, 2012), 29.

서재에 두고 읽어야 할 책

이 책은 폭넓은 정통 개신교 복음주의 관점에서 주요 교리의 중심 주제, 핵심 본문, 기본 방향 등을 제시한다. 이 주제를 상세하게 탐험하려면 몇 차례 생애를 보내야 한다. 그래서 그것들 일부라도 더 깊이 연구하게 도우려고 여러분 서재에 두고 읽어야 할 책을 추천한다. 우리는 각 책의 내용과 경향을 간단히 설명하고, 또한 등급([초급], [중급], [고급])도 표시한다. 여러분은 다양한 복음주의 관점에서 나온 대표 목소리를 발견해야 한다.

교회론에 관한 일반 도서

Allison, Gregg R. *Sojourners and Strangers: The Doctrine of the Church*. Wheaton, IL: Crossway, 2012. 교회론에 관해 널리 읽히는 이 종합서는 온건한 세대주의 관점으로 쓰였고, 권위 있는 '복음주의 신학의 기초(Foundations of Evangelical Theology)' 시리즈 일부다. [중급]

Bannerman, D. Douglas. *The Scripture Doctrine of the Church*. Reprint. Grand Rapids: Baker, 1976. 스코틀랜드 자유 교회 목사(보수 장로교)인 배너만이 쓴, 교회에 관한 아마도 가장 유명한 책일 것이다. 아브라함 때부터 현재 시대까지 교회에 관한 언약적 관점을 제시한다. [중급]

Berkouwer, G. C. *The Church*. Grand Rapids: Eerdmans, 1976. 『개혁주의 교회론』. 나용화·이승구 옮김. 서울: 기독교문서선교회, 2016. 화란 개혁주의 관점에서 교회론을 제시한 권위 있는 저술로 '중간 정통'이란 명칭을 얻는 데 충분할 만큼 독창적이다. 이 책은 친구와 적에게 동시에 존중받는다. [고급]

Bonhoeffer, Dietrich. *The Communion of Saints: A Dogmatic Inquiry into the Sociology of the Church*. New York: Harper & Row, 1963. 『성도의 교제: 교회사회학에 대한 교의학적 연구』. 유석성·이신건 옮김. 디트리히 본회퍼 선집 1. 서울: 대한기독교서회, 2010. 본회퍼의 유명한 *Sanctorum Communio*(성도의 교제) 개념과 씨름. [고급]

Bonhoeffer, Dietrich. *Life Together*. Trans. John H. Doberstein. New York: Harper & Row, 1954. 『현대인을 위한 성도의 공동생활』. 조현진 옮김. 프리셉트 클래식 10. 서울: 프리셉트, 2011. 강력하고 간결한 이 작은 보석 하나만으로도 본회퍼는 역사의 한 자리를 확보한다. [중급]

Clowney, Edmund P. *The Church*. Downers Grove, IL: InterVarsity, 1995. 『교회』. 서울: IVP, 1998. 현재 교회론에 관한 표준이며, 언약 신학 관점에서 쓰인 교회에 관한 최고 저술의 하나. [중급]

Dulles, Avery. *Models of the Church*. Expended ed. New York: Doubleday, 1987. 현대 로마가톨릭 관점에서 교회를 이해하는 다양한 접근법을 정밀하고 사려 깊게 분석했다. [고급]

Ferguson, Everett. *The Church of Christ: A Biblical Ecclesiology for Today*. Grand Rapids: Eerdmans, 1996. 유명한 학자인 퍼거슨의 이 작품은 높이 평가받으며, 그리스도 교회의 교리적 특징들을 방어한다. [중급]

Horrell, J. Scott. *From the Ground Up: New Testament Foundations for the 21st Century Church*. Grand Rapids: Kregel, 2004. 이 소책자(94쪽)는 신약 본문과 밀접한 관계를 유지하면서 교회론을 친숙한 형태로 소개한다. [초급]

Littell, Franklin H. *The Anabaptist View of the Church*. Boston: Starr King, 1958. 재침례교 운동과 그것의 더 최근 형태들의 역사를 연구한 책으로 높이 평가받는다. [고급]

Radmacher, Earl D. *The Nature of the Church: A Biblical and Historical Study*. Hayesville, NC: Schoettle, 1996. 세대주의 관점에서 쓰였고, 철저함과 명료함으로 높이 평가받는다. [고급]

Saucy, Robert. *The Church in God's Program*. Chicago: Moody, 1972. 『하나님이 계획하신 교회』. 김기찬 옮김. 서울: 생명의말씀사, 1994. 세대주의 관점에서 쓰였다. [중급]

Stackhouse, John G. Jr., ed. *Evangelical Ecclesiology: Reality or Illusion?* Grand Rapids: Baker, 2003. 다양한 학자가 논문 모음으로 도전적 질문과 고무적인 토론을 제공하는 혼합본이며, 교회론에 관한 폭넓은 복음주의 사고를 묘사한다. [고급]

Stedman, Ray C. *Body Life.* 3rd ed., Glendale, CA: Gospel Light/Regal, 1979. 쉽게 읽을 수 있는 문체로 쓰인 이 책은 교회를 생각하는 데 성경적 진실성에 관한 폭넓은 관심을 불러일으켰다. [중급]

Svigel, Michael J. *RetroChristianity: Reclaiming the Forgotten Faith.* Wheaton, IL: Crossway, 2012. 쉽게 읽을 수 있으면서도 종합적인 이 책은 시대를 훑어가면서 금괴들을 골라내고, 교회의 풍성한 유산 중 최고의 것을 재천명한다. [중급]

Volf, Miroslav. *After Our Likeness: The Church as the Image of the Trinity.* Grand Rapids: Eerdmans, 1997. 『삼위일체와 교회』. 황은영 옮김. 서울: 새물결플러스, 2012. 볼프는 가장 독특한 방식으로 삼위일체를 교회론의 기초로 삼아야 한다고 강조한다. [고급]

Walvoord, John F. *The Church in Prophecy.* Grand Rapids: Zondervan, 1964. 세대주의 견해로 교회의 미래를 강조한다. [고급]

Webber, Robert E. *Common Roots.* Grand Rapids: Zondervan, 1978. 복음주의 역사적 뿌리에 관한 사려 깊은 토론과 함께 교회론에서 어떻게 더 깊어질 수 있는지 자극하는 통찰력 있는 제안들을 내놓는다. [고급]

Willimon, William H. *What's Right with the Church.* San Francisco: Harper & Row, 1985. 넓은 전통적 교회 관점에서 쓰인 이 책은 교회의 성공을 경축한다. [중급]

Yancey, Philip. *Church: Why Bother?* Grand Rapids: Zondervan, 1998. 『교회, 나의 고민 나의 사랑』. 윤종석 옮김. 서울: IVP, 2010. 읽기 쉬우면서도 사고를 자극하는 이 책은 우리에게 교회의 장점을 생각하게 한다. [초급]

침례와 주의 만찬에 관한 책

Armstrong, John H., ed. *Understanding Four Views on Baptism*. Grand Rapids: Zondervan, 2007. 침례에 관한 주요 견해와 함께 기고자의 반응도 제시한다. [중급]

Armstrong, John H., ed. *Understanding Four Views on the Lord's Supper*. Grand Rapids: Zondervan, 2007. 주의 만찬에 관한 주요 견해와 함께 기고자의 반응도 제시한다. [중급]

Baillie, Donald. *The Theology of the Sacraments*. New York: Scribner's, 1957. 성례의 신학적 기반을 상당히 열린 마음으로 토론한다. [고급]

Barrett, C. K. *Church Ministry and Sacraments in the New Testament*. Grand Rapids: Eerdmans, 1985. 교회 사역의 성경적 기초에 관한 권위 있는 개관이다. [고급]

Beasley-Murray, George R. *Baptism in the New Testament*. Grand Rapids: Eerdmans, 1962. 침례에 관한 최고 수준의 작품이다. [고급]

Berkouwer, G. C. *The Sacraments*. Grand Rapids: Eerdmans, 1969. 통찰력 있고 높이 평가되는 토론으로 온건한 화란 개혁파 관점에서 쓰였다. [고급]

Ferguson, Everett. *Baptism in the Early Church: History, Theology, and Liturgy in the First Five Centuries*. Grand Rapids: Eerdmans, 2009. 초대교회의 침례 행습에 관해 가장 존중되고 철저한 연구로 타의 추종을 불허한다. [고급]

Jewett, Paul K. *Infant Baptism and the Covenant of Grace*. Grand Rapids: Eerdmans, 1978. 언약 신학 관점에서 신자의 침례를 강력하게 방어한다. [중급]

Moore, Russell D. *Understanding Four Views on the Lord's Supper*. Grand Rapids: Zondervan, 2007. 주의 만찬에 관한 침례교, 개혁파, 루터파, 로마가톨릭 견해를 옹호하고 비판하는 논문집이다. [중급]

Witherington, Ben. *Making a Meal of It: Rethinking the Theology of the Lord's Supper*. Waco, TX: Baylor, 2007. 주의 만찬의 역사적 발전을 강조하는 내용을 이해하기 쉽게 설명한다. [중급]

Witherington, Ben. *Troubled Waters: Rethinking the Theology of Baptism*. Waco, TX: Baylor, 2007. 신자의 침례와 유아세례의 두 측면을 인정하는 중간적 접근법을 취한다. [중급]

교회 정치와 정책에 관한 책

Cowan, Stephen B. *Who Runs the Church? Four Views on Church Government*. Grand Rapids: Zondervan, 2004. 주의 만찬에 관한 감독제, 장로제, 단일장로 회중제, 복수장로 회중제 견해를 옹호하고 비판하는 논문집이다. [중급]

Strauch, Alexander. *Biblical Eldership*. Littleton, CO: Lewis and Roth, 1988. [중급]

Warkentin, Marjorie. *Ordination: A Biblical-Historical View*. Grand Rapids: Eerdmans, 1982. 몇 가지 다른 전통에서 서품의 성경적 기반과 역사적 실천을 연구했다. [중급]

예배와 교회 사역에 관한 책

Peterson, David. *Engaging with God: A Biblical Theology of Worship*. Downers Grove, IL: InterVarsity, 2002. 『성경신학적 관점으로 본 예배신학』. 김석원 옮김. 서울:부흥과개혁사, 2011. 교회 예배를 다루는 성경 본문을 종합적으로 검토한다. [고급]

Wilson, Jonathan. *Why Church Matters: Worship, Ministry, and Mission*. Grand Rapids: Baker, 2006. 교회에서 예배가 의미하는 바를 재고하도록 도전한다. [중급]

교단 특색이 있는 교회론 책

Aarflot, Andreas. *Let the Church Be the Church: The Voice and Mission of the People of God.* Minneapolis: Augsburg, 1988. 노르웨이 교회 주교가 루터파 관점으로 썼다. [중급]

Avis, Paul D. L. *The Church in the Theology of the Reformers.* Atlanta: John Knox, 1981. 종교개혁의 교회론에 관한 강조점들을 추적한, 잘 쓴 권위 있는 작품이다. [중급]

Avis, Paul D. L. *The Identity of Anglicanism: Essentials of Anglican Ecclesiology.* London: T. & T. Clark, 2007. 성공회의 독특한 개신교 감독제 교회론을 개관한다. [중급]

Durnbaugh, Donald F. *The Believer's Church: The History and Character of Radical Protestantism.* New York: Macmillan, 1968. 『신자들의 교회: 영광스러운 교회의 권위』. 최정인 옮김. 대장간, 2015. 형제교회의 독특한 교회론을 방어한다. [중급]

Harvey, H. *The Church: Its Polity and Ordinances.* Reprint ed. Rochester, NY: Backus, 1982. 침례교 정책에 관한 고전적 변호이다. [중급]

Jackson, Paul R. *The Doctrine and Administration of the Church.* Des Plaines, IL: Regular Baptist, 1968. 보수 침례교 관점으로 침례교 정책을 설명한 책으로 높이 평가받는다. [중급]

Kuiper, R. B. *The Glorious Body of Christ.* Grand Rapids: Eerdmans, 1967. 개혁파 관점의 논의로 영향력 있다. [중급]

MacGregor, Geddes. *Corpus Christi: The Nature of the Church According to the Reformed Tradition.* Philadelphia: Westminster, 1958. 역사적, 교의적 관점에서 장로교 교회론을 변호한 고전이다. [고급]

성화와 그리스도인의 삶에 관한 일반 도서

Alexander, Donald L., ed. *Christian Spirituality: Five Views of Sanctification*. Downers Grove, IL: InterVarsity, 1988. 이 '다섯 견해' 책은 전통적 논문과 반응의 형식을 따른다. 아마 최고의 강점은 성화에 관한 루터파 견해를 실은 점이다. [중급]

Bolsinger, Tod E. *It Takes a Church to Raise a Christian: How the Community of God Transforms Lives*. Grand Rapids: Brazos, 2004. 교회는 삼위일체 영성에 기초한 공동체 생활로 보여야 한다는 점을 대중적 언어로 제안한다. [초급]

Bonhoeffer, Dietrich. *The Cost of Discipleship*. New York: Macmillan, 1963. 『나를 따르라』. 이신건 옮김. 신앙과지성사, 2013. 그리스도께 헌신할 때 치러야 할 대가에 관한 고전 작품이다. [중급]

Bridges, Jerry. *The Practice of Godliness*. Colorado Springs: NavPress, 1983. 『경건에 이르는 연습』. 서울: 네비게이토, 1986. 하나님을 향한 삶의 가치를 지향하는 짧은 묵상 모음집이다. [초급]

Bridges, Jerry. *The Pursuit of Holiness*. Colorado Springs: NavPress, 1996. 『거룩한 삶의 추구』. 서울: 네비게이토, 1989. 경건함을 추구할 필요성에 관한 또 다른 모음집이다. [초급]

Dieter, Melvin, et al. *Five Views of Sanctification*. Grand Rapids: Zondervan, 1987. 『성화에 대한 다섯 가지 견해』. 김원주 옮김. 서울: IVP, 1991. 또 다른 '다섯 견해' 책(에세이/반응 형식)으로 '아우구스티누스-세대주의' 견해를 포함한다. [중급]

Elder, E. Rozanne, ed. *The Spirituality of Western Christendom*. Kalamazoo, MI: Cistercian, 1984. 교회사 전반에서 영성에 관한 다양한 관점을 다룬 권위 있는 저술이다. [중급]

Ferguson, Sinclair B. *Christian Spirituality*. Downers Grove, IL: InterVarsity, 1988. 『성화란 무엇인가』. 이미선 옮김. 서울: 부흥과개혁사, 2010. 이 '다섯 견해' 책은 게르하르트 포드가 쓴 루터파 성화론에 관한 논쟁적 논문을 포함한다. [중급]

Foster, Richard J. *Celebration of Discipline: The Path to Spiritual Growth*. San Francisco: Harper & Row, 1978. 『영적훈련과 성장』. 권달천 옮김. 서울: 생명의말씀사, 2009. 일부 전통적 훈련과 영성에서의 역할에 관한 유명한 연구다. [초급]

Foster, Richard J. *Streams of Living Water*. San Francisco: HarperSanFrancisco, 1998. 『생수의 강: 기독교 영성의 여섯 가지 위대한 전통』. 박조앤 옮김. 서울: 두란노, 2011. 기독교 영성에 관한 주요 관점을 연구한다. [초급]

Land, Steven J. *Pentecostal Spirituality: A Passion for the Kingdom*. Journal of Pentecostal Theology Supplement Series 1. Shefield, UK: Shefield Academic, 1993. 오순절파 견해를 옹호한다. [중급]

Lawrence, Brother. *The Practice of the Presence of God with Spiritual Maxims*. Grand Rapids: Baker, 1967. 『하나님 임재 연습』. 배응준 옮김. 서울: 규장, 2008. 시대를 초월한 고전으로 하나님의 임재에 관한 의식과 그것이 영성에 미치는 영향을 탐구했다. [초급]

Packer, J. I. *Keep in Step with the Spirit*. Old Tappan, NJ: Revell, 1984. 『성령을 아는 지식』. 서문강 옮김. 서울: 새순, 1990. 개혁파 관점에서 그리스도인의 삶에 관해 쓴 작품으로 높이 평가받는다. [중급]

Piper, John. *Desiring God*. Portland, OR: Multnomah, 1986. 『하나님을 기뻐하라: 하나님 안에서 행복을 누리는 법』. 박대영 옮김. 서울: 생명의말씀사, 2016. [동일한 이름의] 사역을 낳은 유명한 책으로, 신자가 하나님을 기뻐할 것을 강조하는 영성을 탐구한다. [초급]

Schaeffer, Francis. *True Spirituality*. Wheaton, IL: Tyndale, 1971. 『진정한 영적생활』. 권혁봉 옮김. 서울: 생명의말씀사, 1974. 영성과 죄에 대한 예속과 씨름하는 고전이다. [중급]

Sproul, R. C. *Pleasing God*. Wheaton, IL: Tyndale, 1988. 『하나님이 기뻐하시는 삶: 참된 그리스도인의 거룩하고 복된 일상』. 이길상 옮김. 서울: 생명의말씀사, 2015. 개혁파 관점에서 성화를 논의한다. [초급]

Toon, Peter. *Spiritual Companions: An Introduction to the Christian Classics*. Reprint, Grand Rapids: Baker, 1992. 기독교 영성에 관한 고전에서 뽑은 글모음이다. [중급]

Webber, Robert E. *The Divine Embrace: Recovering the Passionate Spiritual Life*. Grand Rapids: Baker, 2006. 『하나님의 포옹』. 차명호 옮김. 서울: 미션월드라이브러리, 2007. 교회사 전반에서 영성의 개념들에 문화가 어떤 영향을 끼쳤는지 조망한다. [중급]

성화에 관한 독특한 관점의 책

Belew, Pascal P. *The Case for Entire Sanctification*. Kansas City, MO: Beacon Hill, 1974. 웨슬리안/성결교 관점에서 이생에서 완전한 성결의 가능성을 논증한다. [중급]

Berkouwer, G. C. *Faith and Sanctification*. Studies in Dogmatics Series. Trans. John Vriend. Grand Rapids: Eerdmans, 1952. 화란 개혁파 관점에서 성화를 다룬 고전이다. [고급]

Chafer, Lewis Sperry. *He That Is Spiritual*. Grand Rapids: Zondervan, 1967. 성령과 관련한 삶에 관한 독특한 접근법을 설명하는 작은 책이다. [중급]

Grider, J. Kenneth. *Entire Sanctification: The Distinctive Doctrine of Wesleyanism*. Kansas City, MO: Beacon Hill, 1980. 성결교 운동에서 완전 성결과 성령 침례에 관한 책으로 존중받는다. [중급]

Pentecost, J. Dwight. *Designed to Be Like Him: Understanding God's Plan for Fellowship, Conduct, Conflict, and Maturity*. Chicago: Moody, 1966. 그리스도인의 삶에 관한 세대주의 관점을 설명한 유명한 책이다. [중급]

Pink, Arthur W. *The Doctrine of Sanctification*. Swengel, PA: Reiner, 1966. 개혁파 관점에서 성화를 제시한 책으로 오래도록 존경받는다. [중급]

Ryrie, Charles C. *Balancing the Christian Life*. Chicago: Moody, 1969. [성화에 관한] 개념과 어려움을 쉬운 말로 논한다. [초급]

Wesley, John. *A Plain Account of Christian Perfection*. Reprint ed. London: Epworth Press. 『그리스도인의 완전』. 이후정 옮김. 서울: 감리교신학대학교출판부, 2006. 성결교 운동에서 성화에 관한 아마도 가장 영향력 있는 작품이다. [중급]

'그분이 다시 오실 때':
부활, 심판, 회복

마이클 J. 스비겔 Michael J. Svigel

2부

2부 그분이 다시 오실 때: 부활, 심판, 회복

조감도

만일 여러분이 많은 그리스도인에게 신학 교리 중 신앙에 가장 필수적인 것부터 가장 덜 중요한 것까지 차례대로 순위를 정해보라고 한다면, 아마도 다음 대답을 들을 것이다. 곧, 삼위일체, 그리스도의 위격과 사역, 그리고 구원… 그다음은 성경의 권위, 그리고 인류의 창조와 타락. 좀 더 집요하게 질문을 하면, 그들은 아마도 교회와 그리스도인의 삶을 넣을 것이며, 어떤 사람은 심지어 천사와 마귀를 언급할지도 모른다. 그러나 마지막 때에 관한 교리('종말론')는 요즘 시대에는 물속으로 가라앉는 납덩어리와 같이 위의 목록에서 가장 마지막 자리를 차지할 확률이 높다.

물론 누군가는 종말론을 첫 번째로 꼽으며 예수의 재림에 가장 주목해야 한다고 할 수도 있다. 그렇지만 그런 사람은 많지 않고 오히려 매우 드물다. 종말론을 중간 정도의 위치에 두는 몇몇 사람을 찾아볼 수 있을 텐데, 그들은 아마도 천사와 마귀에 관한 교리, 또는 교회에 관한 교리보다는 종말론이 조금 더 중요하다고 생각할 것이다. 그래도 대부분이 가장 낮은 위치나 그 근처에 이 교리를 두려고 할 것이다.

전반적으로, 많은 그리스도인이 마지막 때에 관해 그리 신경을 쓰지 않고 산다. 물론 그들은 예수님이 다시 오신다고 믿는다. 우리 모든 교회는 강단에서 그것을 설교하고, 신조에 분명히 기록하며, 그들의 노래와 찬송과 예배의식에 그것을 고백한다. 그러나 이러한 모든 긍정에도 불구하고, 대부분 미래에 어떤 일이 일어날 것인가에 관한 세부사항이 어떻게, 또는 과연 하나님, 그들 자신, 구원, 그리고 그들 주위의 세상에 관한 사고와 행동에 실제로 영향을 미치는지는 확실히 모른다. 많은 사람이 현재 그들 삶과 장차 일어날 일들의 관련성을 거의, 또는 전혀 인지하지 못한다.

하지만 만일 우리가 종말론의 구석진 자리를 벗어나 새의 시선으로 볼 수 있는 유리한 위치로 올라갈 수 있다면, 우리는 전혀 다른 관점을 얻는다. 혼란스러운 논쟁들의 뒤틀린 덤불에 얽히거나 깊숙이 자리한 교리 싸움에 걸려 넘어지는 대신, 우리는 아름다운 파노라마의 풍경을 발견할 수 있다. 이 시각은 모든 세세한 것을 바른 위치로 돌려놓는 하나의 중대한 주제를 드러낸다. 그것은 바로 '소망'이다.

종말론: 전적으로 소망에 관한 내용이다

셰익스피어는 다음 글을 남겼다, "비참한 사람에게 다른 약은 없다. 오직 희망만이 있을 뿐."[1] 그가 21세기에 살았다면, 아마도 그 글은 쓰지 않았을 것이다. 우리에게는 비참함을 치료해 줄 무수한 약과 해결책과 프로그램이 있다. 많은 면에서 인간의 절망 '치료'는 거의 세속적 과학의 영역에서 다루어졌다. 재닛 소스키스의 관찰에 따르면, "믿음과 사랑의 결핍은 기도로 해결할 수 있으나, 희망의 결핍은 항우울제로 치료된다."[2]

그리스도인이 장래 소망을 자기 신앙 이야기의 주제로 삼기를 등한시하는 동안, 그들은 소망이 가진 치유의 능력도 잃었다. 간단히 말해, 미래 소망에는 현재를 위한 가치가 있다. 이것은 그저 "시간이 지나면 더 좋아질 거야"라고 말하는 일반 개념이나, "예수님이 오시면 모든 것이 괜찮아질 거야"라는 식의 모호한 지각이 아니다. 더 밝은 내일에 대한 애매한 희망은 지지를 얻으려 애쓰는 정치가나 감상주의를 이용하려는 시인에게는 효과가 있을 수도 있다. 그러나 그리스도 안에 있

---

[1] William Shakespeare, *Measure for Measure*, Act III, Scene 1.

[2] Janet M. Soskice, "The Ends of Man and the Future of God," in *Postmodern Theology* (Oxford: Basil Blackwells, 2001), 78.

는 소망은 그것이 **구체적**이기에 치료의 효과가 있다. 특정한 약속들. 분명한 기대들. 세세한 묘사들. 이런 측면들이 모네(Monet)보다는 렘브란트(Rambrandt)의 그림을 우리 머리에 떠오르게 한다.

하나님께서 앞으로 일어날 일이라고 하신 말씀을 알고 신뢰하는 것이 오늘날 우리에게 치유하고 동기를 부여하는 능력이 되는데, 이는 바로 소망이 우리 마음과 생각을 우리가 처한 상황에서부터 끌어올려 주기 때문이다. 이것은 우리에게 영광스러운 미래를 잠시나마 보게 한다. 이것은 우리 자신 처지와 시나리오에 집착하여 우리를 안으로, 아래로 끌어들이는 대신, 무한히 더 나은 삶을 향해 위로, 또 밖으로 바라보도록 영감을 준다. 무엇이 우리 앞에 여전히 있는가를 의식할 때, 우리의 눈과 생각과 마음은 중요해 보이는 것으로부터 결정적으로 중요한 것으로 돌릴 수 있다. 우리가 지금 여기에서 보내는 시간이 "영원하고 크나큰 영광"(고후 4:17)에 비해 얼마나 짧고 불확실한 것인가를 깨달을수록, 우리의 태도와 행동은 더 나은—사실은 가장 좋은—쪽으로 영원히 영향을 받는다.

존 폴킹혼은 다음 내용을 표현한다.

> 이 사람의 [소망에 관한] 태도에 종교적 의미가 있음은, 그것이 현재의 한계 너머를 가리키며 인간 개개인을 뛰어넘는 기반을 필요로 하기 때문이다. 소망은 명백히 모순처럼 보이는 상황에서도 약속을 굳게 붙든다. 소망의 반대는 절망이며, 이는 신뢰하기를 인생의 무의미 가운데 허무주의적으로 거부하는 것이다.[3]

여러분의 짧았던 초등학교 시절을 잠시 떠올려보라. 여러분이 걱정했거나 집착한 것들—변덕스러운 친구들과 옥신각신한 일, 어떻게 해도 극복할 수 없을 것 같았던 어려움, 근시안적이었다고 증명된 두려움—을

---

[3] John Polkinghorne, *The God of Hope and the End of the World* (New Haven, CT: Yale, 2002), 47.

생각해 보라. 만일 지금 여러분이 아는 것을 그때 알았다면—정서적 에너지를 엄청나게 잡아먹은 대부분의 '문제'가 사실은 어린아이 장난 같은 것이라는 사실을—여러분 생각과 감정과 행동은 어떤 영향을 받았을까? 우리가 현재 지상에서 삶을 앞으로 올 실재와 비교할 때도 마찬가지다. 여기서 위대한 사실은 하나님께서 미래에 일어날 일들을 우리에게 알려주심으로 우리 생각을 바꾸게 하셔서 우리 머리를 들어 일시적 어두움에서부터 시선을 돌려 영원의 무한한 빛을 힘차게 바라볼 수 있게 하신다는 점이다.

소망의 거짓 근원

1. 인간적 수단으로 성공(시 33:17)
2. 개인의 힘(잠 11:7)
3. 정함이 없는 재물(딤전 6:17)
4. 거짓 계시들(겔 13:6)
5. 잘못된 해석들(요 5:45)

소망의 참 근원

1. 성부 하나님(시 62:5)
2. 성자 하나님(딤전 1:1)
3. 성령 하나님(롬 5:5)
4. 하나님의 신실하심 기억(애 3:21~23)
5. 환난에도 인내(롬 5:3~4)
6. 성경의 안위(롬 15:4)

다가올 미래의 세부사항을 받아들이는 데서 오는 변화의 능력을 말할 때, 우리는 적그리스도의 근원이나, 그가 통치하는 자리, 또는 그의 '숫자' 계산하기를 추측하지 않는다. 그리스도의 재림이 가까워지는 동안, 언제, 또 누구에게 어떤 일이 일어날지에 집착하지도 않는다. 다니엘, 스가랴, 또는 사도 요한의 어떤 예언 상징의 정확한 의미에 집착하지도 않는다. 우리는 그리스도인 소망의 단도직입적이고, 애매하지 않은 중심 내용을 말하겠다. 성경은 가장 초기 세대부터 신자들이 고대한, 하나님의 약속들을 담고 있다.

그리스도의 재림 약속

어부에서 사람을 낚는 어부가 된 베드로는 제자들 사이에 서서 그리스도께서 그들에게 40일 동안 하나님의 나라에 관한 특강을 하시고 하나님 아버지의 우편에 앉으시려고 구름 사이로 승천하시는 모습을 바라봤다. 그가 구름 속으로 사라진 후에 두 명의 천사가 그들에게 나타나 말했다. "갈릴리 사람들아, 어찌하여 하늘을 쳐다보면서 서 있느냐? 너희를 떠나서 하늘로 올라가신 이 예수는, 하늘로 올라가시는 것을 너희가 본 그대로 오실 것이다"(행 1:11). 그 시점부터 아마 베드로는 하루도 빠짐없이 하늘을 쳐다보며, 자기 주님이자 구원자, 하나님, 친구가 다시 이 세상으로 돌아오지 않을까 궁금해했을 것이다.

30년이라는 세월이 훌쩍 흘러 그의 인생 마지막에 이르러서도 베드로는 여전히 메시아의 재림 약속을 굳게 붙들고 있었고, 그의 이런 믿음은 종종 무지하고 오만한 사람의 빈정거리는 조롱거리가 되기도 했다(벧후 3:4). 그런데도 그의 마음은 확고했고, 그의 초점도 확실했으며, 그의 감각은 예민하여 자기 추종자에게 강권했다. "여러분은 마음을 단단히 먹고 정신을 차려서, 예수 그리스도께서 나타나실 때 여러분이 받을 은혜를 끝까지 바라고 있으십시오"(벧전 1:13). 바울도 이처럼 자신을 대신한 디도에게 "복된 소망 곧 위대하신 하나님과 우리 구주 예수 그리스도의 영광이 나타나기를 고대"하며 살라고 권고했다(딛 2:13).

예수께서 장래에 육체로 재림하신다는 사실은 왕의 귀환이라는 개념에 짜인, 몇 가지 서로 연결된 약속의 초점이다. 이 일들은 이 땅을 진동할 만한 사건이고 하나님의 백성에게 혁신적 경험이 되겠지만, 그리스도의 재림에 가장 중요한 확신 없이는 이 모든 것이 불가능하다는 사실을 결코 잊어서는 안 된다. 댐의 수문이 열릴 때 깨끗한 물이 쏟아져 나와 메말랐던 대지가 영양분을 공급받듯이, 재림은 보장된 축복들을 홍수처럼 쏟아져 나오게 하여 이 세상과 세상에 있는 모든 것을 변화하게 한다.

그러면 이제 강물과 같은 보장을 좀 더 자세히 살펴보자. 곧, 부활, 왕국, 의로움, 영광, 영생 등이다.

부활의 약속

몸의 부활을 동경은 그리스도인의 풍요로운 소망의 영역 위에 깃발처럼 휘날린다. 그리스도께서 다시 오실 때 우리는 다시 살려지기에, 믿는 사람은 사랑하는 사람의 죽음에 슬퍼할 때 불신자처럼 애통해하지 않을 수 있다(살전 4:13). 물론 우리도 슬퍼하지만, 그것은 확실한 소망을 이미 아는 슬픔이다. 예수님 자신이 죽음에서 살아나신 것과 같이, 어느 날 그분은 자기 모든 자녀에게 새롭고 영광스러운 몸을 입히고 영원한 생명으로 일으키신다. 사랑하는 사람이 죽음을 정복하신 그분께 속해 있다면, 우리는 그들을 다시 만날 것이다!

다가오는 몸의 부활에 초점을 맞추고 소망을 두는 것은 세대가 지나면서 점차 약해졌고, 그 대신 밝은 빛과 찬란한 구름으로 가득한 천상의 장소에 도달하여 천국의 합창단과 함께 노래를 흥얼거리며 하프를 연주하거나 보석으로 만들어진 건물들 사이로 난 황금길을 끝없이 걸어 다니는 개념을 떠올리게 되었다. **성경적 소망은 영적으로 해방되어 천국으로 올라가는 것뿐 아니라 신체적인 부활도 포함한다.** 이것은 우리 믿음에 너무나도 결정적 부분이어서 사도 바울은 이것 때문에 그의 반대자에게 핍박을 받았다고 했다(행 26:6~8). 심지어 피조물도 성도가 살아나기를 간절히 기다리는데, 이 일로 피조물도 썩어짐의 종살이에서 해방되는 '부활'이 일어날 것이기 때문이다(롬 8:20~25). 우리 현재 육체가 이 세상 쇠락과 퇴화에 얽매어있는 것과 마찬가지로, 타락한 세상의 회복은 우리의 몸이 죽지 않고 썩지 않는 영광스러운 상태로 변하는 것과 연결되어 있다(고전 15:53~54).

하나님의 나라를 약속

그리스도의 재림, 몸의 부활, 그리고 피조물의 변화는 하나님의 영원한 나라가 충만하게 강림하는 일과 동시에 일어난다. 하나님의 나라는 늘 성도의 기도 주제였다(마 6:10). 이 세상의 죄와 불평등 그리고 고난이 성도가 하나님 나라의 가치와 덕목을 실천할 때 어느 정도 완화될 수는 있으나, 궁극적으로 선이 악을 이기고, 평화가 재난을 이기고, 의로움이 사악함을 이기는 승리는 언약에 나타난 약속된 메시아 왕의 도래를 기다린다(사 9:7; 단 6:26). 하나님의 나라를 전함으로 교회는 현재 우리 왕께 합당한 삶을 간증할 뿐 아니라, 예수를 통한 하나님의 영원한 우주적 통치에 관한 확실한 소망도 전하는 것이다(행 28:20~31).

퇴폐와 혼란, 독재와 불안정 가운데 이 얼마나 담대한 소망인가! 이 세상에 속하지 않은 나라가 이 세상을 변하게 한다. 인간적 힘과 논리, 또는 과학의 발전이나 군사적, 경제적인 기량이 아니다. 그러한 도구는 모든 열방과 민족의 가장 깊은 갈망들, 곧 평화, 공의, 안전, 번영과 같은 것을 절대로 충족하지 못한다. 오직 하나님의 나라만이 이 세상에 침투하여 천국의 덕목과 가치를 세울 수 있다.

> 나라와 권세와 온 천하 열국의 위력이 가장 높으신 분의 거룩한 백성에게로 돌아갈 것이다. 그의 나라는 영원한 나라다. 권세를 가진 모든 통치자가 그를 섬기며 복종할 것이다. (단 7:27)

궁극적 의(righteousness)에 대한 약속

가장 경건한 그리스도인이라도 하나님의 거룩하심에 이르기에는 턱없이 부족하다. 무오하신 심판자 앞에 우리의 비참한 모습대로 서는 일이 두려운 일임을 생각하면, 우리는 절망적 비참함에 빠진다. 성숙한 성도에게도 '정복한 죄'는 갑자기 '힘을 얻은 죄'가 되기도 한다. 유혹에 대항하는 영적 전쟁에서 우리 성패는 한순간의 연약함으로 뒤집힐 수 있다. 바울 자신도 그랬던 것처럼, 우리의 많은 사람이 죄와 갈등에서 번민하면서 외쳐 본 적이 있을 것이다. "아, 나는 비참한 사람입니다. 누가 이 죽음의 몸에서 나를 건져주겠습니까?"(롬 7:24).

종말에, 하나님께서 마침내 우리가 죄와 유혹에 영원히 승리할 수 있게 하신다. "그러나 우리는 성령을 힘입어서, 믿음으로 의롭다고 하심을 받을 소망을 간절히 기다리고 있습니다"(갈 5:5). 장차 다가올 영광스러운 미래에는 불의의 어떠한 자국이나 작은 얼룩 하나도 포함되지 않을 것은, 우리 자신이 의로우신 그리스도와 같이 변할 것이기 때문이다(빌 3:21). 우리는 죄악과의 순간순간 싸움에서 소망으로 눈을 들어 공평과 정의를 위하여 결정적인 승리를 제공하시는 하나님의 '공중 지원'을 바라보면서 계속 인내해야 한다.

영광을 약속

창조주의 원래 목적과 계획에 따르면, 남자와 여자는 함께 하나님의 영광을 나타내는 일에 동참해야 했다. 다윗왕은 이 진리를 묵상하기도 했다.

> 사람이 무엇이기에 주님께서 이렇게까지 생각하여 주시며,
> 사람의 아들이 무엇이기에 주님께서 이렇게까지 돌보아 주십니까?
> 주님께서는 그를 하나님보다 조금 못하게 하시고,

그에게 존귀하고 영화로운 왕관을 씌워 주셨습니다.
주님께서 손수 지으신 만물을 다스리게 하시고,
모든 것을 그의 발 아래에 두셨습니다. (시 8:4~6)

아담과 하와는 영광과 존귀의 면류관을 쓰고, 이 땅을 정복하고 다스리며, 하나님의 영화로움으로 이 창조세계에 비출 수 있도록 준비하고 있었다. 그러나 그들은 이 장엄한 이상에 한없이 미치지 못했다(창 3장). 그들은 선함과 거룩함으로 자기 하나님께 영광을 돌리는 대신, 선하시고 거룩하신 하나님을 모욕하는 죄를 지었다. 이제 에덴의 문 반대편에, 주님의 인격적 임재를 떠나, 그의 인간성에 반영된 영광은 햇빛 없이 점점 시들어가는 꽃과 같게 되었다. 우리의 첫 조상이 오래전에 그랬던 것처럼, 우리 모두 예외 없이 "하나님의 영광에 이르지 못한다"(롬 3:23). 우리가 이생에서 자신을 위해 얻으려고 노력하는 **어떤** 영광도 이 땅에 묻히고 만다(시 7:5).

그러나 예수 안에서, 하나님께서는 원래 우리에게 의도하신 영광을 온전히 회복해 주실 뿐 아니라 뛰어넘게 하신다. 신자는 자기 안에 그리스도를 모시고 있는데, 그분은 "영광의 소망"이시다(골 1:27). 그가 다시 오실 때, 그는 "만물을 복종시킬 수 있는 권능으로, 우리의 비천한 몸을 변화시키셔서, 자기의 영광스러운 몸과 같은 모습이 되게 하실" 것이다(빌 3:21). 또 하나님의 성령께서 능력 주시는 임재를 통해 이미 우리 삶에 혁신의 사역을 시작하셨다. "우리는 모두 너울을 벗어버리고, 주님의 영광을 바라봅니다. 이렇게 해서, 우리는 주님과 같은 모습으로 변화하여, 점점 더 큰 영광에 이르게 됩니다. 이것은 영이신 주님께서 하시는 일입니다"(고후 3:18).

영생을 약속

실제적인 의미에서 영생은 우리가 그리스도를 믿은 그 순간부터 시작한다. "하나님이 우리에게 영원한 생명을 주셨다는 것과, 바로 이 생명은 그 아들 안에 있다는 것입니다"(요일 5:11). 따라서 영생은 우리가 현재 **가지고** 있다(13절). 그렇지만 예수께서 다시 오셔서 그의 의로운 나라를 세우시고 신자에게 영화스러운 몸으로 부활을 주실 때, 그는 우리가 그토록 간절히 바랐던 **영생**을 주신다. 이것은 "거짓이 없으신 하나님께서 영원 전부터 약속해 두신 영생에 대한 소망"이다(딛 1:2). 우리가 믿어서 이미 의롭다 함을 얻었기 때문에, 우리는 이제 흔들리지 않는 소망으로 영생을 고대한다(3:7). 우리는 장차 "오는 세상에서"(눅 18:30) 영생을 완전히 경험하겠지만, 성령의 능력을 통하여 **지금도** "풍성한 삶"을 살 수 있다(요 10:10).

종말론: 전적으로 그분에 관한 내용이다

이 모든 소망의 약속들 중심에는 주님, 구체적으로는 그분의 재림이 있다. 사실 "우리의 소망이신 그리스도 예수"시다(딤전 1:1). **그분**은 몸을 입으신 소망이시다. 우리가 절망할 때, 그분을 바라본다. 우리가 슬퍼할 때, 그분 안에서 힘을 얻는다. 우리가 낙심할 때, 그분의 오심을 갈망한다. 최종적 분석에서 그리스도인의 소망 한가운데에는 약속도 아니고, 원리도 아니며, 심지어 예언도 아닌, 한 **인격체**가 있는데, 곧 주 예수 그리스도시다.

하나님의 사람들에게 "곧 일어나야 할 일들을"(1:1) 명확하게 드러내시려고 쓰인 요한계시록은 그리스도께서 성경 예언의 주제이시고, 그러므로 종말론 자체의 주제임을 확증한다. 요한에게 예언의 환상들을 보여준 천사는 "예수의 증언은 곧 예언의 영이다"(19:10)라고 말했다. 한 건물의 모든 문을 다 열 수 있는 마스터키와 같이, 예수 그리스도의 초림과 재림에서 이루어진 그분 인격과 사역에 관한 교훈은 하나님 말씀의 가장 깊은 신비들을 풀어줄 수 있다.

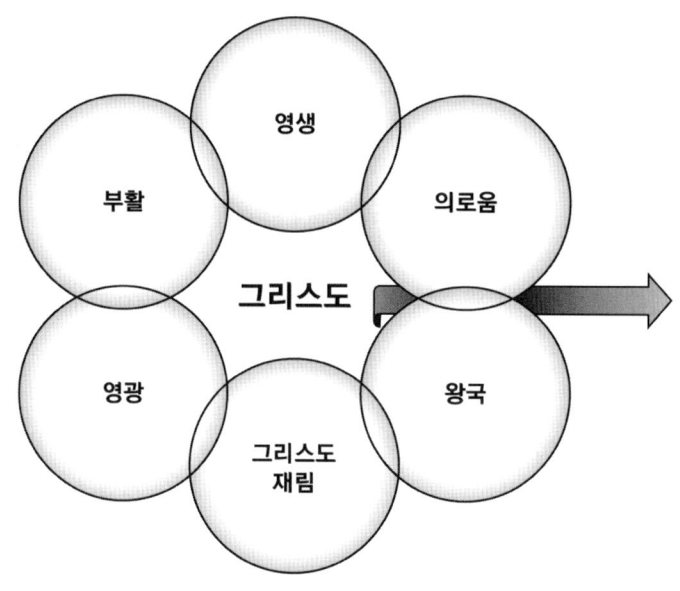

우리 소망이신 그리스도 예수

디모데전서 1:1

　성서의 모든 세세한 부분까지 미세하게 수술하는 일에 평생을 바친 영민한 학자들을 대면하셨을 때, 예수께서는 "너희가 성경을 연구하는 것은, 영원한 생명이 그 안에 있다고 생각하기 때문이다. 성경은 나에 대하여 증언하고 있다"라고 말씀하셨다(요 5:39). 그분 말씀은 오늘날 성경의 모든 세부사항을 열정적으로 연구하는 사람에게도 똑같이 적용된다. 특히 성경의 예언 연구를 사명으로 삼는 사람에게는 더욱 그러하다. 자질구레한 세부사항에 얽매이거나, 답할 수 없는 문제에 집착하거나, 개인적 의견을 교리로 만들기가 얼마나 쉬운가. 성경 이야기의 주인공이신 예수 그리스도께 초점을 맞춤으로, 우리는 부수적 플롯이나 극의 조연을 지나치게 강조하는 경향을 피할 수 있다.

성경은 그리스도를 고난받는 종으로 지시할 뿐 아니라(초림),4 우리 시대를 넘어 만유의 회복을 가져오실 무한한 의의 시대를 가리킨다(재림). 베드로는 믿지 않는 이스라엘 동포에게 설교하면서 그리스도의 초림과 재림을 같은 예언들의 주제로 함께 다룬다.

> 그러나 하나님께서는, 모든 예언자의 입을 빌려서 그리스도가 고난을 받아야만 한다고 미리 선포하신 것을, 이처럼 이루셨습니다. 그러므로 여러분은 회개하고 돌아와서, 죄 씻음을 받으십시오. 그러면 주님께로부터 편히 쉴 때가 올 것이며, 주님께서는 여러분을 위해서 미리 정하신 그리스도이신 예수를 보내실 것입니다. 이 예수는 영원 전부터, 하나님이 자기의 거룩한 예언자들의 입을 빌려서 말씀하신 대로 만물을 회복하실 때까지, 마땅히 하늘에 계실 것입니다. (행 3:18~21)

알아보겠는가? **과거**에 그리스도는 구약 예언자가 이미 선포한 고난을 다 받으셨다(예를 들면, 시 22; 사 53; 슥 12:10). 같은 거룩한 예언자는 그분이 다시 오실 때 만유를 회복하시는 **미래**에 관해서도 말했다. 예견된 과거와 미래에 비추어 볼 때, 현재 우리는 예수의 인격과 사역을 믿는 믿음을 통하여 구원으로 부르시는 하나님의 은혜를 계속해서 선포해야 한다(엡 2:8~9). 다시 말해서, **과거, 현재, 미래 모두 초림과 재림을 통해 보여주신 주 예수 그리스도의 위격과 사역에 집중해야 한다.**

우리는 앞에서 종말론이 전적으로 소망에 관한 내용이라고 했다. 그것은 또한 전적으로 **그분**에 관한 내용이기도 하다. 우리 믿음의 태도를 바꾸고, 삶을 변하게 하는 소망의 진원지와 원천은 "우리의 소망이신"(딤전 1:1) 그리스도에게서만 발견할 수 있다. 이제 종말론을 이해하는 데 중요한 구체적 성경 본문들을 탐구할 때, 우리의 소망이신 예수를 우리 심장 가까이, 우리 마음 가장 앞자리에 두자.

---

4 사 53; cf. 눅 24:27; 행 17:2~3; 롬 1:1~4; 고전 15:1~5.

반드시 알아야 할 성경 본문

나는 하나님이다. 나 밖에 다른 신은 없다.
나는 하나님이다. 나와 같은 이는 없다.
처음부터 내가 장차 일어날 일들을 예고하였고,
내가, 이미 오래 전에, 아직 이루어지지 않은 일들을 미리 알렸다.
'나의 뜻이 반드시 성취될 것이며,
내가 하고자 하는 것은 내가 반드시 이룬다'라고 말하였다.

(사 46:9~10)

하나님의 영감으로 기록한 성경은 미래에 관해 많은 것을 말한다. 더 나아가 장차 일어날 일들에 관한 많은 예언이 이제는 과거인 시점에 벌써 이루어졌으므로, 하나님께 미래를 **예견하는** 능력이 있을 뿐만 아니라, 그것을 **미리 말씀해** 주시려는 의지가 있음을 말해주는 영원한 기록이 우리에게 남겨졌다.

다음 신구약 성경 본문은 종말론의 쟁점이 되는 가장 중심적인 구절 일부를 대표한다. 다른 수많은 구절과 장, 책을 더 포함할 수도 있지만, 이 구절에 익숙하면 마지막 때에 관한 대화와 토론에 종종 일어나는 사나운 물결을 잘 헤쳐나갈 준비를 잘 한 것이다. 이 본문의 의미에 관하여 성경을 믿는 그리스도인들 간에 서로 동의하는 점과 동의하지 않는 점들을 기본적으로 논의하면서, 여러분에게 암송할 필요가 있는 구절도 제안하겠다.

본문 1. 이사야 65~66장: 새 하늘과 새 땅

예수 그리스도께서 이 땅에 사시기 수 세기 전에 쓰인 이사야 2장에서 위대한 예언자는 이스라엘의 완고한 불의를 넘어, 세상의 민족들이 "칼을 쳐서 보습을 만들고 창을 쳐서 낫을 만들 것이며, 나라와 나라가 칼을 들고 서로를 치지 않을 것이며, 다시는 군사훈련도 하지 않을"(4절) 전 세계적 평화의 시대까지 이미 내다보고 있었다. 이사야서 전체를 통해 계속해서 다윗의 자손으로 오실 왕을 가리키는데, 그는 모든 사람에게 평화, 정의, 의로움과 번영이 있는 영원한 통치를 시작하시며, 타락한 질서 가운데 있는 모든 적대감이 조화를 이루도록 회복하신다.1 이러한 반전과 새로움이 가진 놀랍도록 생생한 한 가지 이미지는 이것이다.

> 그때에는, 이리가 어린 양과 함께 살며, 표범이 새끼 염소와 함께 누우며, 송아지와 새끼 사자와 살진 짐승이 함께 풀을 뜯고, 어린 아이가 그것들을 이끌고 다닌다. 암소와 곰이 서로 벗이 되며, 그것들의 새끼가 함께 눕고, 사자가 소처럼 풀을 먹는다. (11:6~7)

이사야서의 마지막 두 장에서 하나님은 '새 하늘과 새 땅'을 약속하시며, "이전 것들은 기억되거나 마음에 떠오르거나 하지 않을 것이다."라고 맹세하셨다(65:17). 더는 눈물과 걱정, 갑작스러운 죽음, 배고픔, 불의, 허망함, 재앙, 악함이나 상함이 없을 것이다(65:18~25). 그 대신, "이리와 어린 양들이 함께 풀을 먹으며, 사자가 소처럼 여물을 먹을" 것이다(65:25). 주 하나님께서 불로 심판하신 후에(66:15~16), 온 땅 위에 왕으로 자신을 드러내시며 "새 하늘과 새 땅"을 이루실 것이다(66:22).

---

1 예를 들면, 이사야 9:6~7; 11:1~7; 32:1~8; 35:1~10; 42:1~9; 52:13~15; 61:1~11을 보라.

> **성경 암송 1**
>
> **이사야 65:17**
>
> 보라 내가 새 하늘과 새 땅을 창조하나니 이전 것은 기억되거나 마음에 생각나지 아니할 것이라.

여기에 처음 언급한 새 하늘/새 땅 주제는 뒤이어 성경 말씀 전체에 걸쳐 계속 울려 퍼진다. 그리스도께서 "새 세상에서 인자가 자기의 영광스러운 보좌에 앉을 때"(마 19:28)라고 말씀하셨을 때도 아마 이러한 피조물이 새롭게 됨을 의미하셨을 것이다. 헬라어로 이 단어는 παλιγγενεσία[팔링게네시아]인데, 그 문자적으로는 '재-창조'를 의미한다. 이 용어 자체는 베드로후서 3:13에 등장하는데, 그리스도인이 기대하는 구체적 대상을 가리킨다. "그러나 우리는 주님의 약속을 따라 정의가 깃들여 있는 새 하늘과 새 땅을 기다리고 있습니다." 또 요한의 웅대한 묵시 드라마는 '새 하늘과 새 땅'의 환상으로 절정을 이룬다(계 21:1).

본문 2. 예레미야 31장: 새 언약

히브리서 기자가 그리스도의 제사장 직분이 모세에 의해 확립된 제사장 직분보다 우월함을 증명하려 할 때, 그는 새 언약에 관한 핵심 본문인 예레미야 31장을 인용한다.[2] 신약성경 시대 수 세기 이전부터 회복, 관계, 용서의 주제를 이미 찾아볼 수 있으나, '새 언약'이라는 용어는 구약성경에서는 이 부분에만 나온다.[3]

그리스도인은 이 언약이 예수 그리스도를 통해 중재되었고, 그분을 통해 모든 약속과 축복이 성취되었다고 이해한다. 예수님 자신이 죄

---

[2] 히브리서 8:8~12; 10:16~17; 로마서 11:27을 보라.

[3] 예를 들면, 이사야 43:25; 예레미야 24:7; 30:22; 32:38; 에스겔 36:26; 37:27; 스가랴 8:8을 보라.

용서를 위해 흘리신 피로 새 언약에 연합하셨다.4 사도들은 자신들을 "새 언약의 일꾼"(고후 3:6)으로 간주함으로써 그리스도가 새 언약의 보증이자 중재자이심을 가리키고 있다(히 7:22; 8:6). 그렇다면 어떤 의미에서 새 언약은 그리스도의 인격 및 사역과 관계있다. 구약은 새 언약이 메시아를 통해 성취될 것이라고 내다보았고,5 신약은 예수 그리스도를 그 중재자로 여겼다.6

성경 암송 2

예레미야 31:33~34

33 그러나 그 시절이 지난 뒤에, 내가 이스라엘 가문과 언약을 세울 것이니, 나는 나의 율법을 그들의 가슴 속에 넣어 주며, 그들의 마음 판에 새겨 기록하여, 나는 그들의 하나님이 되고, 그들은 나의 백성이 될 것이다. 나 주의 말이다.

34 그때에는 이웃이나 동포끼리 서로 '너는 주님을 알아라' 하지 않을 것이니, 이것은 작은 사람으로부터 큰 사람에 이르기까지, 그들이 모두 나를 알 것이기 때문이다. 내가 그들의 허물을 용서하고, 그들의 죄를 다시는 기억하지 않겠다. 나 주의 말이다.

신자는 이제 이 새 언약의 축복이 정확히 **어떻게** 그리스도, 교회, 그리고 이스라엘과 연관되는지 토론하고 논쟁한다. 그것들은 현시대를 위한 것인가… 미래에 관한 것인가… 아니면 둘 다인가? 이 축복의 본래 수혜자를 묘사하는 구절—'이스라엘의 집과 유다의 집'—은 문자 그대로 히브리 민족을 일컫는 말인가, 아니면 언약의 축복을 받으실 유일한 유대인인 예수 그리스도(참된 '이스라엘')를 가리키는가,

---

4 마태복음 26:28; 마가복음 14:24; 누가복음 22:20; 고린도전서 11:25를 보라.

5 예를 들면, 이사야 42:6~7; 말라기 3:1을 보라.

6 예를 들면, 누가복음 22:20; 고린도전서 11:25; 히브리서 8:6~13; 9:15; 12:24를 보라.

아니면 영적인 '이스라엘'로서 유대인과 이방인을 모두 포함하는 교회를 말하는 것인가? 만일 오늘날의 교회가 새 언약의 약속을 성취하고 있거나, 적어도 부분적으로 성취한다면, **어떤** 약속들인가? 그러면 다른 약속들은 나중에 성취될 것인가?

새 언약의 주요 구절
1. 사 42:6~7   6. 눅 22:20
2. 사 59:20~21   7. 고전 11:25
3. 렘 32:37~40   8. 고후 3:6
4. 겔 16:60~63   9. 히 8:6~13
5. 겔 37:21~28   10. 히 9:15
11. 히 12:24

그동안 이런 질문에 쉽게 대답할 수 없었다. 진실한 그리스도인들이 이스라엘과 교회가 약속된 축복과 맺는 관계를 설명하려고 여러 가지 견해를 제기하였다. 다음의 표는 하나의 표본을 보여준다.

견해	대표적 인물	설명
고전적 무천년설	Oswald T. Allis	새 언약 약속의 참된 상속자인 이스라엘이 그리스도를 거부했으므로 교회가 수혜자가 되는 길을 열어주었다.7
후천년설 변형	Charles Hodge	교회가 접붙임으로 새 언약의 축복을 받았으나, 문자적 이스라엘도 회복되어 (재림 전에 오는) 천년왕국 때에 축복을 받는다.8
	Keith A. Mathison	그리스도께서 강림과 함께 새 언약의 시작을 알리셨고, 현재 교회에서 교회를 통해 성취되고 있다. 예수의 재림 이후나 이스라엘을 위한 미래의 성취는 없다.9
고전적 전천년설	George Eldon Ladd	그리스도께서 죽으심으로 새 언약의 약속을 얻어내셨다. 이스라엘은 그를 메시아로 받아들이기를 거부했으므로 (그를 통해 축복을 받을 수 있었어도), 이제는 교회에서 영적 성취가 이루어지는데, 장차 올 천년왕국 시대를 가리키기도 한다.10
세대주의 전천년설 변형	John Nelson Darby	새 언약은 이스라엘에만 약속된 것이며, 그렇기에 오직 국가로서 이스라엘만 축복을 받을 것이다. 교회는 새 언약에 참여하지 않으면서 그리스도의 죽음으로 혜택을 받는다.11
	C. I. Scofield	(하나의) 새 언약은 문자 그대로 이스라엘에 성취된다. 그때까지 교회는 구원하시는 축복에 참예한다.12
	Lewis Sperry Chafer	사실은 두 가지 '새' 언약이 존재한다. 하나는 (구약에서) 이스라엘에게 약속한 것으로 천년왕국에서 성취될 것이며, 다른 하나는 교회를 위한 것으로 현시대와 장차 올 시대에 경험된다.13
	Craig Blaising	새 언약은 교회에서 개시되었고 장차 올 왕국에서 완전히 성취될 것이다. 교회(현재)와 이스라엘(미래)이 이 축복들의 수혜자로 계획되었다.14

본문 3. 에스겔 37~48장: 부활과 회복

내가 어렸을 때, 나의 조부모님의 큰 가족 성경은 거의 내 키만큼 컸던 것으로 기억한다. 그 크기와 무게 외에도, 내 기억에 남아있는 (유일한) 한가지는 바로 한 페이지 전체로 인쇄된 구스타프 도레 (Gustave Dore)의 '마른 뼈 골짜기의 환상'이다.15

그 신비로운 구약의 환상은 성경에서 가장 강렬하고 난해한 부분 중 하나의 시작점이다. 에스겔 37~48장은 신구약에서 더욱 발전적으로 계시할 근본 관념과 이미지를 담고 있다.

---

7 Oswald T. Allis, *Prophecy and the Church* (Philadelphia: P & R, 1945), 42.

8 Charles Hodge, *Commentary on the Epistle to the Romans* (New York: Armstrong, 1909), 589.

9 Keith A. Mathison, *Postmillennialism: An Eschatology of Hope* (Phillipsburg, NJ: P & R, 1999), 90.

10 George Eldon Ladd, *Crucial Questions about the Kingdom of God* (Grand Rapids: Eerdmans, 1952), 137.

11 John Nelson Darby, *Synopsis of the Books of the Bible*, vol. 5 (London: Morrish, n.d.), 286.

12 C. I. Scofield, ed., *The Scofield Reference Bible* (New York: Oxford, 1917), 1297~98; 『스코필드 주석성경』 (서울: 말씀보존학회, 2005).

13 Lewis Sperry Chafer, *Systematic Theology*, vol. 4 (Dallas: DTS, 1947), 105~07.

14 Craig A. Blaising and Darrell L. Bock, *Progressive Dispensationalism* (Grand Rapids: Bridgepoint, 1993), 208~11; 『점진적 세대주의: 하나님 나라와 언약』, 곽철호 옮김 (서울: 기독교문서선교회, 2016).

15 이 이미지는 commons.wikimedia.org/wiki/ File:127.Ezekiel's_Vision_of_the_Valley_of_Dry_Bones.jpg.에서 여러 가지로 확인할 수 있다.

> **성경 암송 3**
>
> **에스겔 37:26~27**
>
> ²⁶내가 그들과 평화의 언약을 세워서, 영원한 언약을 삼을 것이다. 내가 그들을 튼튼히 세우며, 번성하게 하며, 내 성소를 그들 한가운데 세워서 영원히 이어지게 하겠다.
> ²⁷내가 살 집이 그들 가운데 있을 것이며, 나는 그들의 하나님이 되고 그들은 내 백성이 될 것이다.

37장: 마른 뼈 골짜기와 하나님 백성의 회복

에스겔은 마른 뼈들로 가득한 골짜기가 기적적으로 생명을 회복하는 것을 보았고, 이것은 '이스라엘 온 집'을 대표한다(11절). 11~14절 말씀에 근거하여, 많은 사람이 이 비전은 이중으로 성취된다고 생각한다. 곧, 하나님의 백성이 포로로 사로잡혔다가 다시 본토로 돌아오는 회복뿐만 아니라, 무덤으로부터 몸이 다시 살아나는 문자적 부활을 의미한다. 주님은 15~28절에서 분열되었던 왕국이 다시 통일되고, 죄를 용서하시며, 왕국을 세우시며, 영원한 평화의 언약을 세우실 것을 동반하는 궁극적인 회복의 소망을 강조하신다. 이 모든 면이 메시아이신 예수 그리스도를 통해 오게 될 새 언약의 축복들을 가리키고 있다(렘 31:31~34를 보라).

38~39장: 마곡의 곡에 관한 예언

죽음으로부터 부활과 열방에서 회복과는 대조적으로, 에스겔 38장은 이방 민족들—불가사의한 마곡의 곡을 중심으로 동맹을 맺은 민족들—이 하나님의 백성을 공격하려고 할 때 완전히 패배하고 종국에는 멸망할 것을 보여준다. 미래주의자들은 이 예언들이(겔 37장과 함께) 환란기에 어떤 방법으로든 성취된다고 보는 경향이 있다. 또 어떤 사람은 그 무엇보다 이스라엘 민족의 회복을 강조하기도 한다. 그럴 경우, 곡을 심판함은 환란기가 시작할 때 일어날 전쟁, 아니면 환란기 끝에 있을 적그리스도를 심판함과 관련이 있다. 또 다른 해석자들은 이 예언을 (요한계시록 20:7~10에 묘사된) 곡과 마곡의 전쟁과 연결하기도 하는데, 이것은 이스라엘과 열방 사이뿐 아니라, 사악한 군대를 거느린 사단과 성도의 군대와 함께하시는 그리스도의 마지막 대충돌을 의미한다.

40~48장: 백성들과 성전의 회복

바벨론 사람들이 예루살렘과 성전을 파괴하고, 이스라엘이 아직 포로로 사로잡혀 있던 때에 기록된, 새로운 성전에 관한 이 복잡하고 세밀한 묘사는 이스라엘 백성이 자신들 죄와 관련해 낮아지고 회개하여, 결국 정한 때에 성전을 재건하도록 의도된 것이다. 에스겔 43:10~11에서 말씀한다.

> [10]너 사람아, 너는 이스라엘 족속에게 이 성전을 설명해 주어서, 그들이 자기들의 온갖 죄악을 부끄럽게 여기게 하고, 성전 모양을 측량해 보게 하여라. [11]그들이 저지른 모든 일을 스스로 부끄러워하거든, 너는 이 성전의 설계를 그들에게 가르쳐 주어라. 성전의 배치도, 성전의 출입구, 이 성전의 건축 양식 등 모든 규례와 법도와 모든 율례를 그들에게 알려 주고, 그들이 보는 앞에서 글로 써 주어서, 그들이 이 성전의 건축 설계의 법도와 규례를 지키고 행하게 하여라.

위 조건적 약속에 비추어, 어떤 주석가는 이 환상이 유배된 이스라엘이 진심으로 회개했다면 실현될 수 있었지만, 실현되지 않은 회복을 가리킨다고 이해했다. 대신 그들은 그들의 부분적이고 성의가 없는 회개와 일치하는, 부분적인 회복과 상대적으로 작은 성전을 받았다. 또 다른 이들은 에스겔 40~48장을 "현 교회 시대의 모형적 환상"으로 해석하기도 한다.16 그러나 어떤 전천년주의자들, 특히 많은 세대주의 학자는 이 성전에 관한 예언이 천년왕국 동안, 곧 그리스도께서 예루살렘에서 회복된 이스라엘을 통치하실 때 성취된다고 믿는다.17 그때가 되어야만 이스라엘은 완전히 회개하고, 예수를 메시아로 받아들이며, 약속된 축복들을 충만하게 경험한다.

본문 4. 다니엘 2, 7, 9~12장: 악한 통치자의 최후

나는 지금까지 "사자 굴속의 다니엘"의 이야기가 "요나와 큰 물고기" 이야기 바로 옆에 포함되지 않은 어린이 성경 동화책을 본 적이 없다. 다니엘서는 또한 다양한 형태의 인기 있는 말 "그는 벽에 손으로 쓴 글씨를 보았다", 곧 다가오는 멸망을 경고하는 표시(5:5를 보라)도 제공해 주었다. 그리고 교회에 다니는 많은 사람이 다니엘의 세 친구들—사드락, 메삭, 아벳느고—이 불타는 풀무 속에서 믿음으로 시련을 견딘 것을 기억한다(3:1~30).

이렇게 잘 알려진 이야기들 외에 다니엘서에는 마지막 때에 관한 교리들을 받치는 수많은 기둥을 담고 있다. 종말론 연구에서 다니엘서 역할은 아무리 강조해도 지나치지 않다. 신약성경은 다니엘의 극적 묵시 환상들에 호소하여 장차 도래할 그리스도 왕국을 이해하는 기초로 삼는다.18 그리고 마지막 때에 관한 예언을 연구하는 사람은 과거 역사와 미래 사건에 대한 성경적 시간표를 이해하는 열쇠로서 상당 부분을 다니엘서에 의존한다. 그것들은 너무도 놀라워서 당시

---

16 Mathison, *Postmillennialism*, 91~92.

17 J. Dwight Pentecost, *Things to Come* (Grand Rapids: Zondervan, 1958), 517~19; 『세대주의 종말론』, 임병일 옮김 (서울: 대한기독교서회, 1998).

18 예를 들면, 다니엘 7:13과 계시록 1:7; 또한, 다니엘 9:2; 11:31; 12:11과 마태복음 24:15~16을 보라.

직접 목격한 증인들마저 충격으로 압도당했던 환상들로서 이 모든 것이 우리가 그것들을 해석할 때 기대할 바이다(8:15, 27).

느부갓네살의 신상(다니엘 2장)

어느 날 밤, 바빌론의 왕 느부갓네살(주전 605~562년 즈음)은 꿈에서 거대한 한 신상을 봤는데, 그 머리는 순금, 팔과 가슴은 은, 배와 넓적다리는 놋, 다리는 쇠, 발은 쇠와 진흙이 섞여 있었다(2:31~33). 그런데 그 신상 전체가 한 큰 돌에 부수어져 영원히 흔적도 없이 사라졌다(34~35절). 그리고 그 돌은 커져서 온 땅을 가득 채웠다(35절).

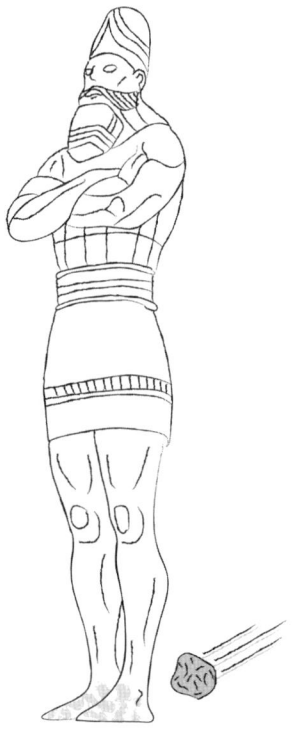

다니엘은 이러한 왕의 꿈을 바빌론—순금으로 만들어진 머리—부터 시작하여 네 개의 연속된 이방 제국을 나타낸다고 해석했다(36~38절). 그 꿈의 나머지 부분은 다니엘의 시대에는 아직 미래였으나, 다른 네 부분은 이미 역사를 통해 성취되었다. 바빌론 제국에 이은 메데-페르시아 제국(주전 539~331년 즈음), 알렉산더 대왕이 통치한 그리스제국(주전 331~63), 그다음은 주전 63년부터 주후 476년 즈음까지 기독교 시대까지 이어진 로마제국이다.

기독교 해석가들 사이에서는 이러한 식별이 확실히 인정되었지만, 신상을 파괴하는 큰 돌이 정확히 무엇을 의미하는가를 두고 여러 가지로 해석한다. 다니엘은 이 상징에 관해 말했다.

> 이 왕들의 시대에, 하늘의 하나님이 한 나라를 세우실 터인데, 그 나라는 영원히 망하지 않을 것입니다. 그 나라가 도리어 다른 모든 나라를 쳐서 멸망시키고, 영원히 설 것입니다. (44절)

이것은 분명히 하나님의 나라가 세워지리라고 언급하는 말씀이지만, 이것이 그리스도께서 이 땅에 왕국을 세우시려고 심판자와 왕으로 다시 오시는 것을 가리키는가(전천년설)? 아니면 그리스도께서 승천하셔서 보좌에 앉으시고 자기 교회를 통해 통치하심으로 영원한 영적인 나라를 세우심을 의미하는가(무천년설)? 또는 어쩌면 그 돌이 점점 자라서 온 땅을 덮는 큰 산이 된다는 것(35절)은 후천년설의 성취, 곧 점차 복음이 전해지고 열방들이 회심함으로써 이 땅에 하나님의 나라가 서서히, 그러나 확실하게 세워진다고 말하는 것은 아닐까?19

하늘에서 시작된 하나님의 나라가 어느 날 모든 인간이 만든 권세를 정복하리라는 **사실**은 그 누구도 반박할 수 없다. **어떻게**, 그리고 **언제** 이 일이 일어날지에 관해서는 논쟁이 있었다.

네 짐승(다니엘 7장)

느부갓네살의 꿈을 해석하고 몇 해가 지나, 예언자 다니엘은 본인도 직접 밤의 환상을 봤는데, 앞으로 이어질 이 세상의 제국이 하나님의 나라 수립으로 종말을 맞는다는 내용이었다. 앞서 (다니엘 2장에서 본) 신상을 이루는 네 가지 금속을 이미 언급한 이 세상의 제국들로 이해한 사람이라면 아마 거의 네 짐승 환상도 같은 방법으로 이해할 것이다(단 7장).

---

19 Mathison, *Postmillennialism*, 93~94.

제국	다니엘 2장	다니엘 7장
바빌론	순금으로 만든 머리	사자
메도-페르시아	은으로 만든 가슴과 팔	곰
그리스	놋쇠로 만든 배와 넓적다리	표범
로마	쇠로 만든 다리	괴물

그러나 다니엘의 환상은 세상 통치의 최후 종말과 하나님 나라의 수립에 관해 훨씬 더 세세한 사항을 더한다. 종말에 두 인물이 특히 두드러진 역할을 하는데, '작은 뿔'(7:8)과 '인자'(13절)다. 네 번째 짐승의 머리에 돋아난 작은 뿔이 상징적으로 나타내는 것은 "사람의 눈과 같은 눈을 가지고 있었고, 입이 있어서 거만하게 떠들었다"(8절). 세상의 마지막 제국에서 배출된 지도자로 해석되는 이 사람은 잠깐 신자들을 대항해 전쟁을 일으키겠지만, 궁극적으로 하나님의 나라가 그를 파멸한다(21~22절). 이처럼 하나님을 모독하고, 불경건한 독재자와 핍박자는 적그리스도라고 알려졌으며, 그의 횡포는 성경—아마도 구약(단 9:27; 11:36~45)과 직접 신약성경(살후 2:3~12; 계 13:1~10을 보라)—에 더 울려 퍼진다.

두 번째 인물은 "하늘 구름을 타고" 오는 분으로 나타나는데, 그는 하나님의 보좌 앞에 나아가고, "인자 같은 이"로 불리고 있다(단 7:13). 그의 운명은 이것이 바로 메시아의 오심에 관한 구약의 예언이라는 것을 계시한다(14절).

> 예부터 계신 분이 그에게 권세와 영광과 나라를 주셔서, 민족과 언어가 다른 뭇 백성이 그를 경배하게 하셨다. 그 권세는 영원한 권세여서, 옮겨 가지 않을 것이며, 그 나라가 멸망하지 않을 것이다.

예수님께서 지상 사역을 하시는 동안, 종종 자신을 마지막 때에 오셔서 하나님의 나라를 받으실 '인자'와 동일시하셨다.[20] 이와 똑같은 칭호와 이미지는 요한계시록 1:13과 14:14에 다시 나타난다.

그러므로 다니엘 7장에서 우리는 열방들이 헛되이 하나님 없이 세상을 지배하려고 시도하는 드라마가 펼쳐지는 것을 볼 수 있을 뿐 아니라, 또한 이 갈등의 최종 결과 역시 볼 수 있다. 곧, 적그리스도가 인자의 능력에 패배한다.

끝 날(다니엘 9~12장)

여러분이 여생을 바쳐 다니엘 9~12장을 연구해도 여전히 셀 수 없이 많은 의문이 풀리지 않을 것이다. 이 장들에는 '끝 날'(12:13)이 오면 완전히 결실할 일들에 관하여 충격적 환상들과 세심한 예언들, 수수께끼 같은 해석들과 당혹스러운 세부사항들이 결합해 있다. 어떤 주석가는 그러한 예언들을 단순히 2장에 나타난 신상과 7장의 짐승들에 비추어 해석한다. 다른 주석가들은 11장에 나타나는 요소들 대부분을—그리스도가 오시기 수 세기 이전이므로 예언의 시점에는 여전히 미래인—알렉산더 대왕의 후계자들, 특히 팔레스타인에서 유대민족을 무자비하게 공격했던 안티오쿠스 4세(Antiochus IV Epiphanes, 주전 175~164년 통치) 아래서 지낸 이스라엘의 역사에 관한 상세한 설명으로 보기도 한다.

> 성경 암송 4
>
> **다니엘 12:2~3**
>
> ²땅의 티끌 가운데서 자는 자 중에 많이 깨어 영생을 얻는 자도 있겠고 수욕을 받아서 무궁히 부끄러움을 입을 자도 있을 것이며 ³지혜 있는 자는 궁창의 빛과 같이 빛날 것이요 많은 사람을 옳은 데로 돌아오게 한 자는 별과 같이 영원토록 비취리라.

---

20 예를 들면, 마태복음 8:20; 9:6; 12:32, 40; 13:41; 16:27; 19:28; 24:30; 25:31; 26:64를 보라.

기간을 지정하는 표현들, 예를 들어 "한 때와 두 때와 반 때"는 마지막 때에 관한 신약성경의 논의에서 다시 채택된다(계 11:2; 12:14; 13:5). 그리고 다니엘 12:2에서는 의인과 악인 모두가 마지막 때에 몸으로 부활할 것을 매우 이른 시기에, 또한 명확하게 가리킨다.

이 환상들을 우리가 어떻게든 이해하든, 또는 이해한다고 해도, 다니엘의 예언 부분들은 우리에게 더 중심적인 진리들을 보여준다. 역사를 결정짓는 사건들에 의해 이리저리 흔들리는 연약한 자로서 모든 사건—과거, 현재, 미래의 사건—이 하나님의 손에 달려있다는 사실에서 쉼을 얻을 수 있다. 어쩌면 이 모든 일이 언제 일어나고 어떻게 이루어질지에 집착하는 대신, 지혜로운 사람은 그리스도의 재림 약속과 장차 우리 부활 때문에 희망찬 삶을 살아간다. 우리는 하나님께서 모든 것을 아우르시는 당신 계획에 따라 절정을 향해 치닫는 세부 일들까지 돌보고 계신다는 사실을 믿어야 한다.

본문 5. 요엘 1~3장: 주의 날

시내산에서 하나님이 이스라엘과 세우신 언약의 조항은 매우 직설적이었다. 그들이 하나님을 사랑하고 그분 계명에 순종하면, 그분은 약속의 땅에서 안전과 소망과 번영으로 그들을 축복하신다는 내용이었다. 그러나 만일 그들이 하나님을 거절하고 불순종한다면, 그분은 전쟁과 질병과 재앙의 형태로 그들에게 심판하신다는 내용이다(신 30:15~20). 하나님은 당신 백성에게 일반적으로 가능한 흐릿한 그림만 남겨주신 것이 아니라, 그들이 진심으로 그분에 헌신하고 순종하는 삶을 살 때 경험할 완전한 혜택 목록을 주셨다(28:1~14).

또 하나님은 이스라엘이 언약에 불성실할 때 모호한 경고로 된 추상적인 심판을 말씀하시지 않았다. 오히려 그분은 불순종의 대가로 그들에게 찾아올 저주들을 상세히 설명하셨다(28:15~68). 이러한 세부사항들 가운데 그들을 정복하고 포로로 끌고 갈 군사적 침략의 경고도 있었다.

⁴⁹주님께서 땅끝 먼 곳에서 한 민족을 보내셔서, 독수리처럼 당신들을 덮치게 하실 것입니다. 그들은 당신들이 모르는 말을 쓰는 민족입니다. ⁵⁰그들은 생김새가 흉악한 민족이며, 노인을 우대하지도 않고, 어린아이를 불쌍히 여기지도 않습니다. ⁵¹그들이 당신들의 집짐승 새끼와 당신들 땅의 소출을 먹어 치울 것이니, 당신들은 마침내 망하고 말 것입니다. 그들이 곡식과 포도주와 기름과 소 새끼나 양 새끼 한 마리도 남기지 않아서, 마침내 당신들은 멸망하고 말 것입니다. (신 28:49~51)

이 양방향 약속들은 그리스도의 탄생보다 5세기 정도 앞서 기록된 요엘서의 묵시 드라마를 위한 무대를 마련한다. 임박한 심판에 관한 예언의 말씀을 꽉 채우고 있는 일흔다섯 구절에서, 하나님은 유다 백성에게 주의 날이 가까웠으므로 회개하라고 촉구하신다(욜 1:15). 그분은 초토화하는 메뚜기의 재앙에 주목하시면서 저주를 선포하기 시작하시는데, 이는 이스라엘이 언약에 불성실함 때문에 저주를 경험하기 시작했다는 확실한 징후였다(2:1~11).

그러나 이 문자적 파멸과 어둠에 관한 가혹한 예언에도, 주님은 당신 백성에게 사랑과 긍휼과 은혜를 상기하게 하신다. "지금이라도 너희는 진심으로 회개하여라. 나 주가 말한다. 금식하고 통곡하고 슬퍼하면서, 나에게로 돌아오너라. 옷을 찢지 말고, 마음을 찢어라"(2:12~13). 그들이 주님께 돌아오면, 그분은 그의 백성을 향했던 심판을 곧바로 물리시고, 대신 그들 원수를 심판하신다(2:20).

이처럼 그들의 회개에 따른 회복의 약속과 함께, 주님은 또한 새로운 방법으로 당신 영을 보내셔서 그들 역사상 견줄 데 없는 축복의 시대를 시작하겠다고 약속하신다.

그런 다음에, 내가 모든 사람에게 나의 영을 부어주겠다. 너희의 아들딸은 예언하고, 노인들은 꿈을 꾸고, 젊은이들은 환상을 볼 것이다. 그때가 되면, 종들에게까지도 남녀를 가리지 않고 나의 영을 부어주겠다. (2:28~29)

성경 암송 5

요엘 2:30~32

³⁰그 날에 내가 하늘과 땅에 징조를 나타내겠다. 피와 불과 연기 구름이 나타나고,

³¹해가 어두워지고 달이 핏빛같이 붉어질 것이다. 끔찍스럽고 크나큰 주의 날이 오기 전에, 그런 일이 먼저 일어날 것이다.

³²그러나 주님의 이름을 불러 구원을 호소하는 사람은 다 구원을 받을 것이다.

최후 심판과 최후 회복의 시기에 놀라운 징조와 기사, **그리고** 주의 이름으로 인한 구원의 기적이 동반할 것이다(2:30~32). 이 시기 동안 모든 민족은 심판을 받으려고 모일 것이며, 이스라엘은 구원받고 회복될 것이다(3:1~8). 치명적 전쟁이 요엘 3장 장면을 지배하지만, 심판의 어두운 빛깔은 결국 신자 속에 믿음과 소망을 불러일으키는 생기 넘치는 축복들로 찬란한 스펙트럼으로 대체된다(3:9~21).

요엘의 기본 메시지는 간단하다. 회개하면 심판은 축복으로 바뀐다… 그리고 장래에 **궁극적** 심판이 **궁극적** 축복으로 바뀐다. 그러나 언제 이 예언이 성취되었을까, 아니면 성취될 것인가? 이제는 지나간 사건에 적용되는가? 역사에 걸쳐 반복되는 사건에 관한 것인가? 일부는 성취되었고 (또는 부분적으로 성취되었거나), 다른 일부는 미래에 성취될 것인가? 아니면 예언 전체가 환란기간과 주의 재림을 말하는가?

요엘 2:28~32에 묘사된, 영이 부어지는 때가 일어났느냐, 일어날 것이냐를 두고 많은 논란이 있다. 많은 사람이 이러한 성령의 부으심이 오순절에(행 2장) 직접 성취로 이뤄졌다고 보지만, 다른 사람은 같은 사건을 부분적 실현이나, 또는 적어도 장래 마지막 때 성취의 전조로 여긴다.21 베드로가 그의 첫 번째 오순절 설교에서 요엘 2장의 구절들을 인용한 것은 이 둘 사이에 어떤 연관성이 있음을 증명한다. 그리고 대부분의 주석가는—무천년설, 전천년설, 후천년설을 막론하고—오순절의 성령강림 이후, 우리가 성경에서 '마지막 때'로 간주하는 때에 살고 있다는 점에 동의한다.22 예수님의 재림과 궁극적 주의 날과 관련한 최후 심판은 우리 세대에 펼쳐지기 시작할 수도 있다.

본문 6. 스가랴 12~14장: 심판과 회복

하나님의 백성에 대한 심판과 회복이라는 주기적 박동은 구약 예언서를 관통하여 울려왔고, 스가랴에 이르러 그 절정에 도달한다. 당면한 역사적 상황은 무엇보다 그리스도의 탄생 500년 전의 포로기 이후 예루살렘 성전의 재건축과 관련이 있다. 그러나 스가랴의 몇몇 환상과 예언은 신약을 향해 울리고 있으며, 그 예언 내용에서 상응하는 이미지와 주제들을 찾아볼 수 있다. 이 사실은 성령께서 스가랴서를 통해 유배에서 돌아온 당대 유대인에게, **또한** 마지막 때에 궁극적으로 모든 것을 심판하시고 회복하심을 말씀하신다.

다음의 표는 스가랴의 환상과 예언과 신약에서 나타나는 것의 일부 유사성을 보여준다.

---

21 H. W. Wolff, *Joel and Amos*, Hermeneia (Philadelphia: Fortress, 1977), 66; Duane A. Garrett, Vol. 19A, *Hosea, Joel*. The New American Commentary (Nashville: Broadman & Holman, 1997).

22 Mathison, *Postmillennialism*, 97~98.

스가랴	신약성경
말들과 말 탄 사람 환상(1:7~17)	말 탄 네 명 환상(계 6:1~7)
병거 네 대 환상(6:1~8)	
측량줄 환상(2:1~5)	성전 측량 환상(계 11:1~2)
등잔대와 감람나무 환상(4:1~14)	두 감람나무와 두 촛대 환상(계 11:3~4)
어린 나귀를 타고 오시는 왕을 예언(9:9)	성취: 나귀를 타고 예루살렘에 입성하신 그리스도(마 21:5; 요 12:15)
은 삼십 예언(11:12~13)	성취: 유다가 받은 몸값, 은돈 서른 닢(마 27:9)
이스라엘이 스스로 찔러 죽인 자를 바라보는 예언(12:10~14)	성취: 모든 사람이 찔리신 그리스도를 바라봄(요 19:37; 계 1:7)
목자를 치자 양 떼가 흩어지는 예언(13:7~9)	성취: 그리스도가 죽자 제자들 흩어짐(마 26:31)
모든 나라가 마지막 전쟁을 하려고 모이고, 주님이 심판자와 왕으로 오심을 예언(14:1~5)	성취: 그리스도가 열방을 심판하고 다스리시려고 다시 오실 때(계 17:14; 19:11~21)

> **성경 암송 6**
>
> **스가랴 12:10**
>
> 그러나 내가, 다윗 집안과 예루살렘에 사는 사람들에게 '은혜를 구하는 영'과 '용서를 비는 영'을 부어주겠다. 그러면 그들은, 나 곧 그들이 찔러 죽인 그를 바라보고서, 외아들을 잃고 슬피 울듯이 슬피 울며, 맏아들을 잃고 슬퍼하듯이 슬퍼할 것이다.

여기, 구약 성경의 정점에서, 스가랴의 환상들은 하나님 백성에게 미래에 소망을 두게 한다. 달콤하고도 쌉쌀한 계시록의 환상들처럼, 그의 몽타주는 심판의 끔찍한 장면들과(슥 14:12) 동시에 회복에 대한 영감을 주는 환상들을 선사한다(슥 14:6~11).

'언제, 어디서, 어떻게'의 불확실함과 불일치에도, 성도는 가장 중요한 사실을 확신할 수 있다. 하나님께서 정결하게 하시는 심판이 우리가 상상하는 것 이상으로 영광스러운 회복을 가져다준다는 사실이다.

본문 7. 마태복음 24~25장(막 13장; 눅 21:5~38): 대환란

감람산 언덕이 배경이라는 이유로 감람산 강화라고 알려진 설교에서, 예수님은 예루살렘의 멸망과 심판하시려고 오시는 메시아의 징조들, 그리고 이 시대의 종말에 관한 제자들의 질문에 답하신다. 그분 말씀의 세부사항은 수 세기 동안 독자에게 궁금증을 불러일으키기도 하고, 좌절감을 주기도 하였다. D. A. 카슨은 "마태복음 24장, 그리고 이와 병행되는 마가복음 13장과 누가복음 21장만큼 성경 해설가들 사이에 의견충돌을 일으킨 장은 거의 없을 것이다"라고 말한 적이 있다.[23] 간단하게 네 가지 관점을 개관해 보자.

과거 성취

과거주의 해석자는 마태복음 24장의 예언 요소들 대부분이 1세기 후반 로마제국이 유대 국가를 파괴했을 때 이미 이루어졌다고 말한다. 한 저자는 말한다. "예수께서 말씀하신 '큰 환란'은 **우리** 미래에 일어날 일이 아니다. 그것은 AD 70년에 예루살렘과 성전이 무너졌을 때 이미 일어났다."[24] 그러나 그리스도의 이 예언이 역사적으로 성취되었다고 믿는 정통 과거주의자도 여전히 그분의 문자적 미래 재림을 기대하고 있다. 그러므로 마태복음 24장의 예언은 "모든 것이 완성되는 그리스도의 가시적 재림에 관한 예언들과는 구별되어야 한다."[25]

---

[23] D. A. Carson, *The Expositor's Bible Commentary*, vol. 8, Matthew, ed. Frank E. Gaebelein (Grand Rapids: Zondervan, 1984), 488.

[24] Mathison, *Postmillennialism*, 115.

미래 성취

과거주의자 대부분이 감람산 강화 사건 일부가 아직도 성취되기를 기다리고 있다고 보는 것과 마찬가지로, 대다수 미래주의자도 이 예언 중 일부는[26] 1세기 로마제국에 의한 예루살렘 멸망을 언급한다고 믿는다. 대개 과거주의자와 미래주의자를 구분 짓는 기준은 이 예언들이 **전적으로 미래로**, 또는 **전적으로 과거로** 보는 데 있지 않고, 오히려 **대부분 미래로**, 또는 **대부분 과거로** 보는 데 있다.

부분 성취

'부분 성취'라고 지칭한 견해는 미래주의 관점과 과거주의 관점의 중재적 입장이다. 이 사건들 **대부분**이 과거 **또는** 미래에 이루어지느냐보다, 이 견해는 예수께서 하신 말씀이 가까운 미래와 먼 미래에 동등하게 성취된다고 보는 경향이 있다.[27] 따라서 우리가 감람산 강화의 여러 이야기를 읽을 때, 어떤 것은 이미 일어난 사건이고 다른 것은 미래 성취를 기다림을 식별할 준비를 해야 한다.[28]

그러면 예수께서는 왜 1세기와 마지막 때에 일어날 일의 정보를 동시에 제공하셨을까? 이 견해는 제자들이 예수께 세 가지 질문, 곧 그들의 생애 동안 일어날 일(성전의 파괴), 그 당시로부터 먼 미래에 대한 일(그리스도의 재림 징조들), 그리고 가까운 미래와 먼 미래에 모두

---

[25] Mathison, *Postmillennialism*, 117.

[26] 마가복음 13장과 누가복음 21장도 보라.

[27] 각 복음서 기자는 가르침의 한 측면을 강조했다. 마가는 가까운 성취와 먼 성취를 균형 있게 말한 것으로 보이며, 마태는 먼 미래를, 누가는 제자들의 생애 동안 이루어질 사건들에 초점을 맞추었다.

[28] Charles C. Ryrie, *The Ryrie Study Bible*, note at Mark 13:4 (Chicago: Moody, 1978), 1530.

에 적용될 수 있는 일(이 시대의 종말)을 물었다는 점에 주목한다. 간단히 말하면, 그들은 자신들 관점에서는 이 사건들이 모두 동시에 일어난다고 생각했으므로 한 가지를 질문할 목적으로 여러 질문을 하나로 엮었다. 더 나아가 신약의 계시는 이들을 각자 자기 때에 일어나게 될 구별되는 미래 사건들로 추려내며, 그렇기에 이 견해를 고수하는 사람은 감람산 강화를 되돌아보면서 이 예언들을 분류하고자 한다.

이중 성취

앞 접근법이 어떤 측면의 성취는 과거로, 다른 측면은 미래로 배정과는 달리, 어떤 해석자는 두 관점을 섞어서 그리스도의 말씀을 이해한다. 예언의 많은 부분이 문자적으로나 비유적으로 1세기에 성취됐어도, 이처럼 **가까운** 성취는 예수의 재림 직전 최후의 마지막 성취에 대한 모형(또는 전조)이다. C. E. B. 크랜필드는 표현한다. "우리는 역사적인 것과 종말론적인 것을 섞으려고 이중 언급을 허용해야 한다."[29] 따라서, 예를 들면, 예루살렘의 포위와 임박한 파멸(눅 21:20을 보라)은 1세기에 성전과 도시 파괴로 역사적으로 성취되었다. 그러나 이것은 **또한** 마지막 때에 포위되고 파괴될 예루살렘을 언급하기도 한다. 처음 성취는 예수님 약속의 진실성을 보증하며, 그 말씀을 직접 들은 원래 청중에게 적용되었지만, 그 성취 자체가 예언적 성격을 가져, 그분 재림으로 이어지는 날에 일어난다고 우리가 기대하는 또 다른, 더 큰 성취를 설명한다.

> **성경 암송 7**
>
> **마태복음 24:36**
>
> 그러나 그날과 그 시각은 아무도 모른다. 하늘의 천사들도 모르고, 아들도 모르고, 오직 아버지만이 아신다.

---

[29] C. E. B. Cranfield, *The Gospel According to St. Mark*, The Cambridge Greek Testament (New York: Cambridge, 1983), 402.

본문 8. 사도행전 1:6~11: 그리스도의 재림 방식

"아직도 멀었어요?"

가는 길이 두 시간 거리든 20시간이 걸리든(때로는 20분이어도) 상관없이, 유아부터 십 대 자녀 둔 거의 모든 부모는 자동차 뒷자리에서 하는 이 참을성 없는 말을 들었을 것이다. 그리고 아무리 부모가 인내하며 이성적으로 대답을 했든 관계없이 아이들은 너무나도 금세 다시 한번 보채면서 "아직도 안 왔어요?"라고 묻는다. 이것이 가족 여행의 '즐거움'의 하나다.

예수께서 부활하신 다음 제자들과 함께 지내신 40일의 끝자락에, 제자들은 그들 버전으로 "아직도 안 왔어요?"라고 예수께 물었다. 그리고 예수께서 그들이 "여러 날이 되지 않아서"(행 1:5) 성령으로 침례를 받는다고 말씀하셨을 때, 그들은 질문했다. "주님, 주님께서 이스라엘에게 나라를 되찾아 주실 때가 바로 지금입니까?"(1:6). 참을성 없는 열심… 간절한 기대… 열광적 소망—이 모든 것이 약속한 회복의 시점에 대한 그들의 호기심에 불을 지폈을 것이다. 어쩌면 예수께서 성령강림을 말씀하셨기에 그들의 생각이 주의 날에 관한 요엘의 말씀으로 향했을지도 모른다.[30] 생각보다 여정이 더 길어질 것에 자녀를 준비하려는 부모처럼, 예수님은 "때나 시기는 아버지께서 아버지의 권한으로 정하신 것이니, 너희가 알 바가 아니다"라고 말씀하셨다(7절). 주님은 그들의 **언제** 질문에 대답하시기보다, 지금 그들이 당면한 문제로 그들 관심을 돌리셨다. 즉, 곧바로 오실 성령의 능력으로 온 세계에 복음을 전파하는 일 말이다(1:8).

그러나 국가 이스라엘이 구약의 약속들 성취로 미래에 회심하고 약속의 땅으로 문자적으로 귀환한다고 믿는 전천년주의 해석가는 예수님이 제자들의 기대를 정정하지 않으셨고(1:7), 다만 모든 민족에

---

30 요엘 2:28~32를 보라.

게 복음이 전파될 시간을 만들려고 그 재건을 미루거나 연기한다고 생각한다.

> 제자들이 이스라엘을 위한 왕국이 언제 회복할지 알고자 했을 때, 그들 생각이 틀렸고 이스라엘은 절대 회복되지 않는다고 지적받지 않았다. 단지 '때나 시기'에 관한 것은 그들의 알 바가 아니라는 말씀을 들었을 뿐이다.31

반면에 많은 무천년주의자는(그리고 후천년주의자도) 예수께서 제자들의 기대를 지지하지 않으셨고 단지 그들의 잘못된 이해를 부드럽게 진리로 향하게 하셨다고 주장한다. 성령의 능력이 그들에게 임할 것과 하나님 나라의 복음이 온 세계에 전파될 것을 언급하심으로 그분은 그 나라의 범위와 성격—전 세계적이며 영적—을 재정의하셨다. 제자들은 모든 민족의 구원과 교회의 형성을 위해 복음을 온 민족에게 전해야 했다. "예수께서는 분명히 하나님 나라의 초점이 예루살렘에서 멀어지기를 의도하셨다… 이스라엘은 아주 작은 나라에 불과하고, 복음은 **세상**을 정복해야 하기 때문이다."32

그러나 예수께서 그의 제자들이—또 우리도—때를 정해 놓고 징조를 구하는 자세를 피하길 의도하셨다는 점에 모두 동의한다. 우리 초점은 복음을 나누고, 제자 삼고, 그리스도의 다시 오심이 언제 일어나든 그것을 준비하는 데 있다.

이렇게 정정과 위임의 말씀을 하신 다음, 예수께서는 구름 속으로 승천하셨다. 시내산에서, 광야에서, 성전에서, 그리고 변화산에서와 같이, 구름은 종종 하나님의 임재를 상징한다.33 성자께서 영광스럽

---

31 Walvoord, *The Millennial Kingdom*, 117~18.

32 Derek W. H. Thomas, *Acts* (Phillipsburg, NJ: P & R, 2011), 11.

33 출애굽기 19:9, 16; 13:21~22; 열왕기상 8:10~11; 마태복음 17:5 (참고. 마가복음 9:7; 누가복음 9:34~35).

게 아버지의 오른편으로 높임을 받으셨다("들려 올리셨다"). 그리고 천사들이 보냄을 받아 선포한 약속대로(행 1:11), 그분은 어느 날 영광스럽게 다시 오신다. 그들의 이 말은 어떤 이단이나 거짓 교사가 주장하듯, 예수님의 재림은 비가시적이거나, 영적이거나, 천상적일 것이라는 어떤 믿음도 반박하고 있다. 오히려 주님이 **가시적으로**, 또한 **몸으로** 많은 증인 앞에서 하늘로 올리가신 것과 똑같게, 그분이 가신 "그대로 오실 것이다"(1:11). 어쩌면 제자들은 예수께서 감람산 강화에서 하신 말씀이 기억났을 수도 있는데, 거기에서 주님은 자신이 "큰 권능과 영광에 싸여 하늘 구름을 타고" 오실 것이라고 하셨었다(마 24:30).

성경 암송 8

사도행전 1:7~9

⁷예수께서 그들에게 말씀하셨다. "때나 시기는 아버지께서 아버지의 권한으로 정하신 것이니, 너희가 알 바가 아니다. ⁸그러나 성령이 너희에게 내리시면, 너희는 능력을 받고, 예루살렘과 온 유대와 사마리아에서, 그리고 마침내 땅끝까지 이르러 내 증인이 될 것이다." ⁹이 말씀을 하신 다음에, 그가 그들이 보는 앞에서 들려 올라가시니, 구름에 싸여서 보이지 않게 되었다.

그리스도께서 심판자와 왕으로 다시 오실 때는 하나님의 나라가 임했는지, 또는 그 나라가 어떤 나라인지에 관한 어떤 혼란이나, 불확실함이나, 궁금함도 없을 것이다. 그분 능력과 영광의 빛 가운데 **모든** 것이 분명해진다.

본문 9. 로마서 8:18~25: 온 피조세계의 회복

그리스도인들 대다수에게 종말에 관한 중요한 성경 본문 열 가지 목록에 로마서 8장을 포함할 확률은 그리 높지 않다. 그러나 로마서 8:18~25절은 창조와 타락, 속량, 그리고 개인과 우주의 최종 회복에 관한 성경 교훈의 정점을 제공한다. 이 구절은 내가 종말론을 강의할 때 가장 '찾아보기' 좋아하는 본문의 하나이다.

여기서 바울은 현재 고난에서 장래 일어날 회복의 소망으로 우리 관심을 돌린다(18절). 이 소망은 개인적 구원을 넘어, 단순히 끔찍한 세상을 피해 놀라운 천국에 가는 것보다 무한하게 더 큰 것이며, 만유의 온전한 회복도 포함한다(19절). 피조 세계 전체—보이는 것과 보이지 않는 것, 물질적인 것과 영적인 것—가 아담과 이브의 타락 이후 부패에 예속되어 있었다(창 3장). 그러나 그때가 오면, 우리 신체가 부활하고 영광스러워지는 것과 마찬가지로, 온 우주도 회복되고 새로워진다(롬 8:21~23). 베드로는 이처럼 오래 기다려온 회복을 그리스도의 재림 때 동반할 "편히 쉴 때(times of refreshing)"라고 표현했다(행 3:20). 예수님 자신도 그것을 "새 세상에서 인자가 자기의 영광스러운 보좌에 앉을 때"라고 말씀하셨다(마 19:28).

크랜필드는 설명한다.

> 바울의 의미한 바는, 인간보다 하위인 피조물이 존재의 목적을 달성하지 못해서 좌절했는데, 하나님께서 인간이 없이는 피조물이 완전해질 수 없게 정하셨다는 말이다. 여기서 우리는 온 우주라는 장려한 극장 및 그 모든 찬란한 특성과 모든 인간 이하 생물체의 합창을 생각해 볼 수 있는데, 그것들은 하나님께 영광을 돌리라고 창조되었지만, 인간이 하나님을 찬양하는 드라마의 주연으로서 그의 이성적 역할을 감당하지 못하는 한, 온전히 그렇게 할 수 없었다.34

> **성경 암송 9**
>
> **로마서 8:18~23**
>
> ¹⁸현재 우리가 겪는 고난은, 장차 우리에게 나타날 영광에 견주면, 아무것도 아니라고 나는 생각합니다.
> ¹⁹피조물은 하나님의 자녀들이 나타나기를 간절히 기다리고 있습니다.
> ²⁰피조물이 허무에 굴복했지만, 그것은 자의로 그렇게 한 것이 아니라, 굴복하게 하신 그분이 그렇게 하신 것입니다. 그러나 소망은 남아있습니다.
> ²¹그것은 곧 피조물도 썩어짐의 종살이에서 해방되어서, 하나님의 자녀가 누릴 영광된 자유를 얻으리라는 것입니다.
> ²²모든 피조물이 이제까지 함께 신음하며, 함께 해산의 고통을 겪고 있다는 것을, 우리는 압니다.
> ²³그뿐만 아니라, 첫 열매로서 성령을 받은 우리도 자녀로 삼아 주실 것을, 곧 우리 몸을 속량하여 주실 것을 고대하면서, 속으로 신음하고 있습니다.

이것은 성도의 몸 부활과 하나님께서 창조하신 다른 모든 것의 회복을 결합하기에 종말론적으로 결정적이다. 동시에 이것은 우리가 온전한 세상에 대한 하나님의 약속과 그 약속의 성취 사이에 끼어있다는 중대한 사실을 알려준다. 그런 이유로 우리가 타락한 이 세상의 '가시덤불과 엉겅퀴'(창 3:17~19)로 끊임없이 좌절감을 느끼는 것은 정상이다. 마음 깊은 곳에서 우리는 세상이 원래 이래서는 안 된다는 사실을 느끼고, 또 **알고** 있다. 하나님은 완벽함이 손상되기를 의도하지 않으셨다. 그분은 사랑과 아름다움이 부패를 목격하고 뒤틀림

---

34 *The Epistle to the Romans*, vol. 1, The International Critical Commentary, eds. J. A. Emerton, C. E. B. Cranfield, and G. N. Stanton (Edinburgh: T. & T. Clark, 1975), 413~14.

에 시달리기를 원치 않으셨다. 그분은 우리를 죽게 하려고 창조하신 것이 아니다.

우리는 잡초가 뽑히고, 가시덤불이 으깨어지고, 엉겅퀴가 잘려나갈 때를 간절히 바란다. 우리는 잘못된 것이 바로잡히고, 진리와 선이 승리하고, 빛이 모든 어두움을 몰아내기를 간절히 기다린다. 우리는 우리 속량과 우리 부활, 그리고 창조세계의 새로워짐을 위해 속으로 신음하고 있다(롬 8장).

지금 여기에서 우리가 원죄와 영원한 속량 사이의 균형을 잡고 긴장을 관리하려고 노력하는 동안, 때로는 보통 내지는 형편없는 수준의 결과만을 기대할 수 있다. 그러나 냉소적으로 되거나 싫증 내지는 말기 바란다. 예수 그리스도께서 죽음과 부활을 통해 세상을 이기셨다. 그분은 처음에 세상의 죄를 담당하실 어린양으로 오셨지만, 이제는 영원히 다스리실 사자로 돌아오시겠고, 다시 오실 때 그의 축복들이 저주를 몰아내신다. 가시덤불과 엉겅퀴, 죄와 고통이 더는 없다.

본문 10. 고린도전서 15:12~58: 몸의 부활

우리 육체적 몸이 다시 살아나는 것은 믿음의 선택사항이 아니라, 항상 그래왔듯이, 기독교의 중심 교리다. 침례에 관한 최초 신앙고백의 하나에서, 한 개종자는 "나는… 몸의 부활과 영원한 생명을… 믿는다"라고 했다.[35]

흔히 오해하는 바와는 대조적으로, 사도신경이 인정하는 바는 그리스도의 부활하신 몸이 아니라 신자의 부활로서 그들은 회복된 (또한 영화된) 육체 상태에서 영원한 생명으로 들어간다. 부활 언어는 신약성경 전반에 걸쳐 나타나지만, 장래 우리 몸이 부활하는 것에 관한 중심 본문은 고린도전서 15장, 특히 12~58절에서 확인할 수 있다.

---

35 사도신경에서.

바울은 우리 관심을 다시 예수님의 부활에 돌림으로 우리 장래 부활에 관한 가르침의 기초를 놓았다(1~11절). 그는 복음이 그리스도께서 우리의 죄를 위해 죽으신 것뿐 아니라 또한 몸으로 부활하셨다는 것을 포함한다고 상기하게 한다(3~4절). 이 사실은 믿음에서 너무나도 중요하기에 바울은 이 교리를 "[가장] 중요한 것"(3절)이라고 말했다. 그렇다면 그가 반복적으로 그리스도의 과거 부활을 우리의 장래 부활과 믿음 자체에 연결하는 것이 놀라운 일이 아니다. 달리 말하면, **우리의 장래 부활에 대한 소망은 선택이 아니라 필수다.**

그는 12절에서 시작해 우리 육체적 부활의 사실을 부인하거나, 경시하거나, 영적으로 해석하거나, 신화화하거나, 주변적인 것으로 보거나, 태만히 여기는 자들에게 도전한다. 그의 논리는 그리스도의 부활 원천에서 흘러나온다. 그분이 부활하셨다면, 어떻게 누군가 신자들의 부활을 부인할 수 있는가? 반대로, 만약 신체적 부활 같은 것이 없다면 어떻게 그리스도께서 부활하실 수 있었는가? 만약 그리스도 자신이 부활하지 못하셨다면—하나님께서 그분을 죽음에서 생명으로 살리심이 사실이 아니라 오류라면—기독교 전체가 무가치하고, 소망이 없으며, 사실상 거짓이다(12~19절). 부활의 사실을 부인하는 자들은 신앙 자체를 부인하는 것이다. 다시 말하지만, **우리의 미래 부활 소망은 선택이 아니라 필수다.**

바울은 부활과 기독교 신앙을 영구적으로 접합한 다음, 부활의 순서를 설명하면서 또다시 복음을 끌어들여, 그리스도 자신의 부활이 어떻게 모든 부활할 사람의 '첫 열매'가 되는지 설명한다(20절). 농사를 지을 때 첫 열매를 따는 일은 더 큰 수확이 이어짐을 보장했다. 그리스도께서 먼저 불멸하고, 썩지 않는, 영광스러운 몸으로 살아나셨다. 다음은 '그리스도께서 재림하실 때', 그리스도께 속한 사람(신자)이 그분과 같은 몸으로 다시 살아난다. 마침내 모든 것이 최종 완성에 이르고, 사망 자체가 완전히 사라지면, '종말'이 온다(22~24절).

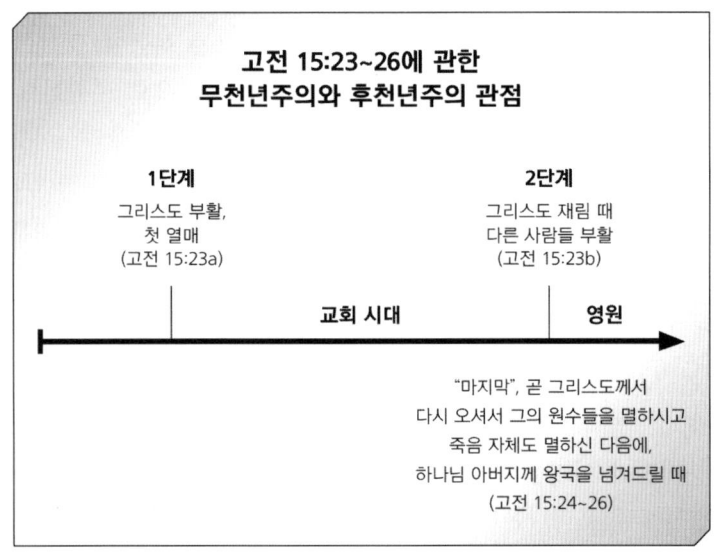

어떤 해석가는 20~25절이 하나님의 부활 계획에 있는 두 단계를 가리킨다고 이해한다. 곧, (1) 그리스도의 과거 부활, (2) 그다음에 그분이 재림하실 때, 다른 모든 사람이 일어나는데, 어떤 사람은 영원한 생명으로(23절에서 강조), 다른 사람은 영원한 형벌로 간다(다니엘 12:2; 요한복음 5:29를 보라).36 무천년설과 후천년설의 관점은 신자들의 부활(23절)과 24~26절에서 묘사하는 '종말' 사이에 시간 차이가 없다고 본다.37

---

36 일부 주석가는 바울이 구원받지 못한 사람이 아니라 구원받은 사람의 부활만을 염두에 뒀다고 제안한다. 예를 들면, C. K. Barrett, *The First Epistle to the Corinthians*, Harper's New Testament Commentaries (New York: Harper & Row, 1968), 355~56; George E. Ladd, *A Theology of the New Testament*, rev. ed. (Grand Rapids: Eerdmans, 1993), 610을 보라. 하지만 성경은 분명히 의인과 불의한 사람의 신체적 부활이 있다고 말한다.

37 John Jefferson Davis, *Christ's Victorious Kingdom: Postmillennialism Reconsidered* (Grand Rapids: Baker, 1986), 56~59.

전천년주의자는 고린도전서 15:23~26의 연대기를 다르게 해석한다. 바울이 23절에서 "그다음은"이라고 표현한 바에 따라, 현재 교회 시대를 하나의 길게 이어지는 기간으로 보는 대신, 24절에서 "그때에"(혹은 "그 후에")라는 두 번째 표현에 따라 추가적 또 하나의 긴 시기(천년왕국)가 있다고 본다. 밀라드 에릭슨은 주장한다. "그리스도의 초림과 그의 부활이 시간을 두고 뚜렷이 구별되는 사건들인 것과 마찬가지로, 그의 재림과 마지막 사이에는 시간적 간격이 있을 것이다."[38]

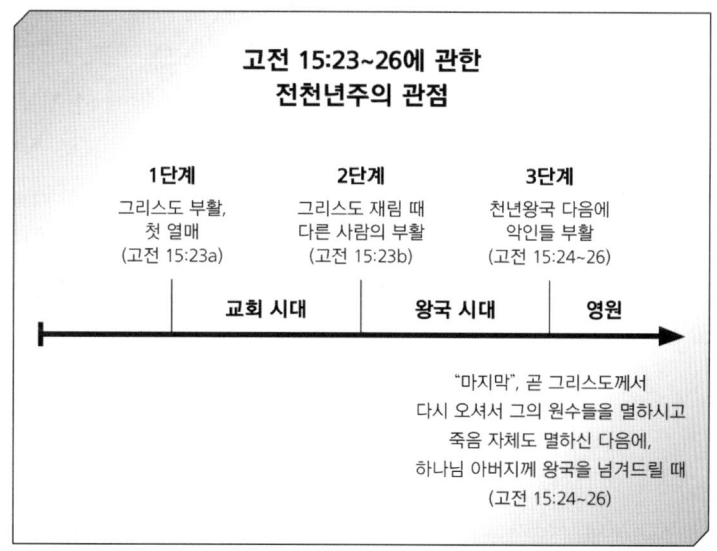

어떤 관점을 취하든지, 장래의 육체적 부활은 실재이다. 이와 같은 기적적 생명의 회복으로 하나님 나라의 목적들이 이루어지고 죽음 자체도 멸망한다.

바울은 부활 소망의 실제 증거를 추가로 제시하고서(29~34절), 제기한 반대 의견에 대답한다(35절). 오늘날 사람들도 의문을 품는다.

---

[38] Millard J. Erickson, *Christian Theology*, 2nd ed. (Grand Rapids: Baker, 1998), 1223; 『복음주의 조직신학(하)』, 신경수 옮김 (서울: CH북스, 2012).

- "부활한 내 몸은 어떤 몸일까?"
- "지금 나의 몸과 다를 것인가? 그렇다면, 어떻게 달라지는가?"
- "부활한 몸을 입은 다른 사람들을 알아볼 수 있을까?"
- "그것은 육체적인가, 아니면 영적인가, 곧 물리적인가, 아니면 유령 같은 것인가?"
- "벽을 통과하거나, 날아다니거나, 생각만으로 이동할 수 있게 될까?"

바울은 모든 가능한 질문에 답하고 있지는 않아도, 우리의 부활한 몸의 본질에 관한 일반 이미지를 주려고 몇 가지 주된 원리를 제시한다(36~42절). 또 그는 '자연적 몸'과 '신령한 몸'을 비교, 대조한다(42~49절). 씨앗과 마찬가지로 자연적 몸은 죽으면 땅에 심기고, 연약함과 수치에 종속된다. 그러나 신령한 몸은 불멸의 몸으로 땅에서 들리며, 능력과 영광으로 특징지어진다. '신령한 몸'이라는 용어 때문에 어떤 사람은 부활한 몸이 육체적 부분이 전혀 없는, 유령과 같고 비물질적이라고 생각하기도 한다. 사실 자연적인 것과 영적인 것의 비교와 대조는 몸을 이루는 물질이 무엇인가가 아니라, 신령한 몸의 탁월한 **질**과 **능력**을 묘사하려고 사용한 방법이다.

신자가 아담에게서 물려받은 연약하고 언젠가는 반드시 죽는 썩어질 몸을 가지고 태어난 것처럼, 장차 우리는 예수님께 상속받은 강하고, 불멸하며, 썩지 않을 몸을 갖는다(46~49절). 그리스도의 몸은 무덤에서부터 영광스러운 상태로 살아나셨고, 신자는 부활 때 영적 세계에서 존재할 수 있도록 만들어진 물리적 몸을 갖는다. "현재의 몸은 '혼(soul)'에 의해 생기를 얻었고 그러므로 죽을 수밖에 없다. 하지만 부활한 몸은 전적으로 불멸의, 생명을 주는 영에 의해 생기를 얻으므로, 신령한 몸이라고 부를 수 있다."[39]

---

[39] F. F. Bruce, *1 & 2 Corinthians*, The New Century Bible Commentary (Grand Rapids: Eerdmans, 1971), 152. C. K. Barrett, *First Epistle to the Corinthians*, 372~73도 보라.

> **성경 암송 10**
>
> ### 고린도전서 15:51~53
>
> 51 보십시오, 내가 여러분에게 비밀을 하나 말씀드리겠습니다. 우리가 다 잠들 것이 아니라, 다 변화할 터인데,
> 52 마지막 나팔이 울릴 때, 눈 깜박할 사이에, 홀연히 그렇게 될 것입니다. 나팔소리가 나면, 죽은 사람은 썩어 없어지지 않을 몸으로 살아나고, 우리는 변화할 것입니다.
> 53 썩을 몸이 썩지 않을 것을 입어야 하고, 죽을 몸이 죽지 않을 것을 입어야 합니다.

바울은 결론적 주장으로 진행하면서 또다시 부활을 그리스도의 복음과 연결해(예를 들면, 57절), "살과 피는 하나님 나라를 유산으로 받을 수 없고, 썩을 것은 썩지 않을 것을 유산을 받지 못한다"라고 설명한다(50절). 인간이 영원한 생명과 불멸함을 받으려면, 우리 타락하고, 죽을 수밖에 없고, 썩어질 몸이 멸망하는 것에서 불멸하는 것으로 변해야 한다. 공사현장을 방문하는 사람은 반드시 안전모를 써야 하듯이, 외과 의사가 반드시 살균복을 입어야 하듯이, 그리고 남성이 격식을 갖춘 연회장에 갈 때는 반드시 양복을 입어야 하듯이, 불멸의 영역에 들어가려면 "썩을 몸이 썩지 않을 것을 입고, 죽을 몸이 죽지 않을 것을 입어야 한다"(53절).

영광스러운 변화에 관련하여 바울은 이 타락한 세상에서 육체적으로 점차 퇴보할 수밖에 없는 우리 모두에게 짜릿한 약속을 한다. 그리스도께서 다시 오실 때, 모든 죽은 사람은 새로운 영광스러운 몸을 입고 일어나겠으며… 모든 살아있는 사람은 죽음을 맛보지 않고 즉시로 새로운 몸으로 변한다.

⁵¹보십시오, 내가 여러분에게 비밀을 하나 말씀드리겠습니다. 우리가 다 잠들 것이 아니라, 다 변화할 터인데, ⁵²마지막에 나팔이 울릴 때에, 눈 깜박할 사이에, 홀연히 그렇게 될 것입니다. 나팔소리가 나면, 죽은 사람들은 썩어 없어지지 않을 몸으로 살아나고, 우리는 변화할 것입니다.40

이토록 크고 놀라운 약속이 우리의 확실한 소망 그리고 죄와 사망에 대한 궁극적 승리와 연결되어 있기에(54~58절), 당연히, 바울은 이렇게 분명하게 말한다. 그리스도인의 장래 부활 소망은 선택이 아니라 필수다.

본문 11. 고린도후서 5:1~10: 몸의 부활과 중간 상태

"우리가 죽으면 어떻게 되나요?"라는 의문은 종종 제기되는 종말론적 질문이다. 이것은 개인 종말 영역에서 답변을 얻을 수 있는 기본 질문인데, 여기에서는 구원받았거나 받지 못한 사람의 운명, 특히 그들의 육체적 죽음과 육체적 부활 사이에 그들 영혼이 어디로 가는가 하는 문제를 다룬다.

바울은 로마서 8장을 연상하게 하는 언어와 이미지로 이 질문에 답변하면서(5:1~5), 이생의 '일시적 가벼운 고난'으로부터 내생에서 우리를 기다리는 '영원하고 크나큰 영광'으로 우리 관심을 돌린다(4:17). 이와 같은 전환 시점은 알려지지 않지만, 그것이 일어날 것은 사실이다. "땅에 있는 우리의 장막집이 무너지면, 하나님께서 지으신 집, 곧 사람의 손으로 지은 것이 아니라 하늘에 있는 영원한 집이 우리에게 [확실히] 있는 줄 [확실히] 압니다"(5:1).

바울은 그리스도가 재림하실 때 부활함으로 받을 미래 영광스러운 몸에 관해 말하면서 왜 "우리에게 있다"라는 현재시제를 사용할까?

---

40 고린도전서 15:51~52; 또한 데살로니가전서 4:16~17도 보라.

우리 부활한 몸이 이미 만들어져 천국 어딘가의 옷장에 안전하게 잘 있고, 우리가 죽으면 바로 그 몸을 입기를 기다리는 것일까? 그렇지 않다. 아마도 이에 관한 최고 설명은 그가 우리의 영광스러운 새로운 몸에 관한 **완전한 확신**을 표시하려 함이다. 우리 부활은 내주하시는 성령님이 보장하시기에(5절), 바울은 우리 부활할 몸을 이미 우리 소유로 말한다.41

바울은 분명히 자신 생애 동안 그리스도가 다시 오시고, 천국의 새로운 몸을 덧입기 전에 죽음을 경험하지 않기를 바랐다(고전 15:51~53). 그러나 그는 자신이 성도의 부활 이전에 죽든지 그렇지 못하든지 상관없이, 장래의 부활 약속이 확실함을 알고 있었다. 죽음과 부활 사이에 낀 기간에, 그는 "몸을 떠나", "주님과 함께 살 것"이라고 했다(고후 5:8). 육체적 사망으로 이 세상을 떠나는 순간, 그의 영혼은 몸의 부활을 맞이할 때까지 "그리스도와 함께" 있을 것이다(빌 1:23).

그러나 우리가 바울의 주요 소망을 오해하지 말아야 한다. 그는 기독교 구원의 궁극적 목표가 단지 죽어서 천국에 가는 것, 곧 신체를 벗어나서 몸에서 분리된 영의 상태로 그리스도와 함께 어떤 천상의 영역에서 영원히 사는 것이라고 가르치고 있지 않다. 그는 우리가 '벗기를,' 곧 몸을 떠나기를 바라지 않고, 오히려 우리의 새로운 부활한 몸으로 "그 위에 덧입기를" 바란다고 분명히 말한다(고후 5:4). 이보다 더 좋은 것은 육체적 사망으로 일시적 분리를 경험하지 않고, 우리의 죽을 몸이 "생명으로 삼켜지는" 것이다.

육체적 사망을 통과하는 성도는 몸의 부활이 이루어지기 전에 그리스도와 함께 중간에 영적으로 잠시 머무는 시간을 즐긴다. 부활 때 살아있는 성도들은 육체적 사망 대신 그들 죽을 몸에서 죽지 않을 몸으로 갑작스럽게 바뀌는 변화를 경험한다. 어떤 그룹에 속하든

---

41 요한1서 5:12~13과 디모데후서 4:8을 보면, 마찬가지로 현재시제가 미래 보상의 확실성을 가리키려고 쓰였다.

지, 우리 목표는 항상 보는 것이 아닌 믿음으로 살아감으로 예수 그리스도를 기쁘시게 해 드리는 데 있다(7~9절).42

사도 바울은 우리가 믿음과 소망 가운데 앞을 바라보고 위를 바라보아야 한다고 강조하려고 우리가 보는 것(이 세상)과 아직 보이지 않는 것(앞으로 올 세상)을 몇 가지로 대조하며 보여준다. 여기서 초점과 안건이 되는 것은 바로 **소망**이다. 그는 자기 자신의 담대한 소망을 고린도 성도에게 전달하여 그들에게도 이 소망이 불타오르기를 바랐다.

구절	현재 실재	미래 소망
고후 5:1	땅에 있는 우리의 장막집이 무너짐	영원한 집이 있는 것을 확신함
고후 5:2	이 장막집에서 탄식함	하늘로부터 오는 집을 갈망함
고후 5:3	벗은 몸이 되지 않기를 바람	영원한 집으로 덧입기를 바람
고후 5:4	죽음으로 탄식함	생명으로 덧입혀지길 바라고 그렇게 될 것임
고후 5:6	몸에 살고 있음	주님과 함께 있기를 바람
고후 5:7	지금은 믿음으로 살아감	언젠가 우리는 바라봄으로 살아감

---

42 바울이 고린도후서 5:1~10에서 강조하는 바에 관해 두 가지 주요 견해가 있다. 첫째는 그가 주로 미래의 육체적 부활을 염두에 둔다는 것이고, 둘째는 그들이 죽고 난 직후 신자의 경험에 초점을 둔다는 것이다. 비록 여기에서 그리스도의 재림 전에 사람이 죽을 때 무슨 일이 일어나는가를 말하지만, 전자가 그의 주요 관심사로 보인다. Paul Barnett, *The New International Commentary on the New Testament: The Second Epistle to the Corinthians* (Grand Rapids: Eerdmans, 1997), 247을 보라.

> 성경 암송 11
>
> **고린도후서 5:10**
>
> 우리는 모두 그리스도의 심판대 앞에 나타나야 합니다. 그리하여 각 사람은 선한 일이든지 악한 일이든지, 몸으로 행한 모든 일에 따라, 마땅한 보응을 받아야 합니다.

이 막간 시간에 우리가 이 현실의 고통과 좌절을 감당하며 살아갈 때, 바울의 목표는 확실한 장래의 소망에 비추어, 우리가 하는 모든 일에서 주님을 기쁘시게 하도록 동기를 부여하는 일이다(9절). 궁극적으로, "우리는 모두 그리스도의 심판대 앞에 나타나야 합니다. 그리하여 각 사람은 선한 일이든지 악한 일이든지, 몸으로 행한 모든 일에 따라, 마땅한 보응을 받아야 합니다"(10절).

주석가들은 이 심판이 보편적 부활과 악인 심판보다 먼저 있을지(전천년주의 관점), 아니면 '흰 보좌'의 심판과 동시에 있을지(무천년주의, 후천년주의 관점)로 다른 의견을 말한다.[43] 그러나 시기에 상관없이, 성경은 신자가 그리스도에게 심판받는다고 분명히 말하는데, 그 심판은 영원한 운명을 결정하려는 게 아니라, 영원한 상급을 전시하려 함이다.[44]

본문 12. 데살로니가전서 4:13~5:11: 부활과 휴거

'휴거(rapture)'라는 단어는 라틴어인 *rapere*에서 유래한 것으로 '낚아채다'를 의미한다. 라틴어 신약성경은 데살로니가전서 4:17의 헬라어 ἁρπάζω[하르파조]를 *rapere*로 번역한다. 이 단어는 마지막 때에

---

[43] 계시록 20:11~15를 보라.
[44] 고린도전서 3:12~15를 보라.

교회가 하늘로 '잡혀 올라가는 것'에 사용되는데, 그들은 몸의 부활을 경험하여 죽을 몸에서 죽지 않을 몸으로 변한다(고전 15:51~52).

정통 신자에게 문제는 **과연** 교회가 부활하고 들려 올려져 공중에서 주님을 만나는가가 아니다. 본문이 직설적으로 가르치는 바이다.[45] 의견 불일치는 이것이 주의 날 또는 환란 시기와 관련하여 **언제** 일어날 것인지를 두고 생긴다. 더 나아가, 그리스도의 재림 이전에 이 땅에 문자적 심판의 시기를 기대하지 않는 신자에게, 부활과 휴거는 명백히 그리스도께서 산 사람과 죽은 사람을 심판하시려고 다시 오실 때 일어난다.

참 간단하지 않은가?

그렇지만 재림을 앞두고 뚜렷한 환난의 때가 있다고 기대하는 사람은 휴거의 시기 문제를 여러 가지 방식으로 묻고 답했다. 미래주의자에게는 기본적으로 다섯 가지 접근법이 있다.

---

[45] 전천년주의자, 무천년주의자, 후천년주의자는 미래주의자건 과거주의자건 미래 부활과 성도의 휴거에 관한 기본 가르침을 인정한다(어떤 사람은 데살로니가전서 4장을 그리스도의 종말 재림으로, 데살로니가전서 5장을 1세기 이스라엘의 멸망으로 보기는 한다; Mathison, *Postmillennialism*, 223~26을 보라). 모든 예언이 1세기에 성취되었다고 주장하는 완전 과거주의자만 부활과 휴거조차 과거에 성취되었다고 주장한다. 우리는 완전 과거주의를 복음주의라거나 정통으로 간주하지 않는다(Mathison, *Postmillennialism*, 235~48에 있는 간결하지만 유용한 비평을 보라).

환란 전 휴거

'환란 전(pretrib)' 견해는 7년 환란기 전에 교회시대의 진정한 신자들이 땅에서 하늘로 '잡혀 올려져' 환란기에 있을, 하나님의 진노에서 구원받는다.

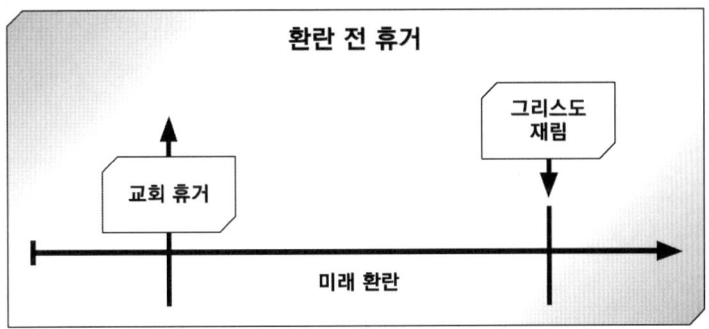

환란 중 휴거

'환란 중(midtrib)' 견해는 7년 환란기 중간에 진정한 신자가 이 땅에서 하늘로 "잡혀 올려져" 하나님의 직접 진노를 피할 수 있다고 주장하는데, 진노는 환란기 후반기에 일어난다.

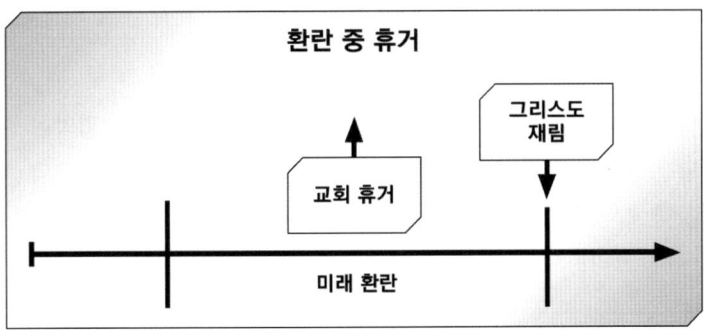

진노 전 휴거

'진노 전(pre-wrath)' 견해는 하나님께서 당신 진노를 이 땅에 직접 쏟아부으시기 전(대개 진노의 일곱 '대접'에 한정: 계시록 15~16장을 보라), 당신의 신실한 성도를 구하신다고 믿는다. 이는 환란기 후반 꽤 늦은 시기에 일어나겠지만, 그리스도가 이 땅에 재림하시기 전에 이루어진다. 그러므로 '진노 전' 입장은 휴거 시점을 '환란 중'과 '환란 후' 사이 어딘가에 둔다.

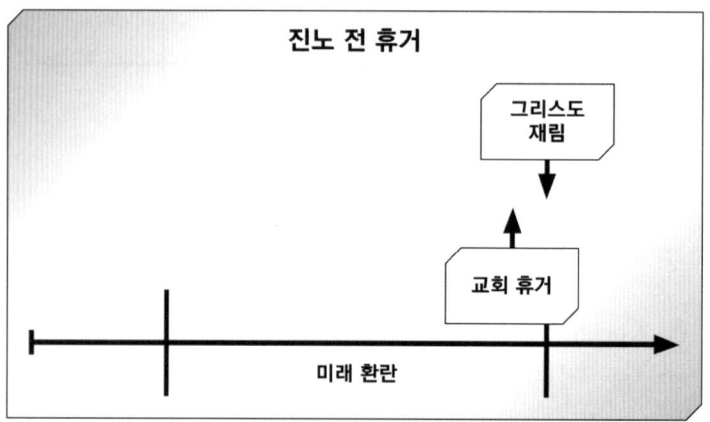

환란 후 휴거

'환란 후(post-trib)' 견해는 7년 환란기 이후 순교와 핍박을 피해 살아남은 신자가 이 땅에서 하늘로 '잡혀 올려져' 그리스도와 함께 천년왕국에서 다스리려고 곧바로 이 땅으로 돌아오거나, 또는 천상의 영역에서 그리스도와 함께 이 땅을 다스린다고 이해한다.

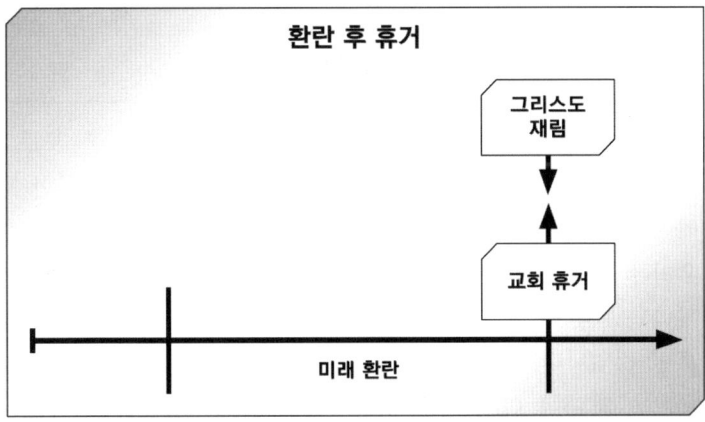

부분 휴거

'부분 휴거(partial rapture)'는 오직 '신령한 그리스도인'만 환란 전에 휴거된다는 일부 미래주의자의 견해다. 일부 지지자는 환란기 내내 여러 성도가 신실함을 나타내거나 믿음으로 시련을 극복함에 따라 휴거가 반복해서(여러 번) 일어난다고 주장한다.

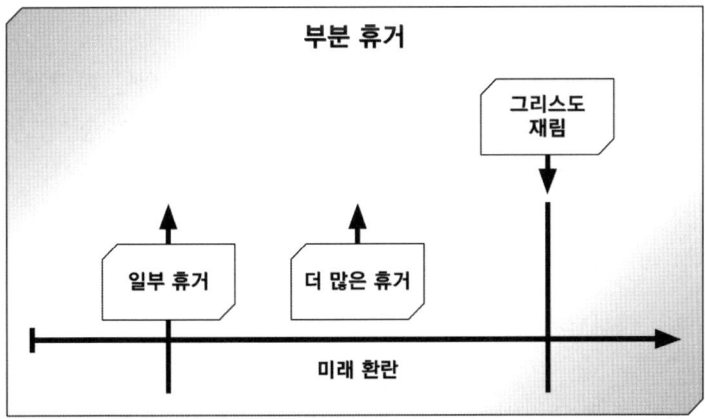

> **성경 암송 12**
>
> **데살로니가전서 4:13~18**
>
> ¹³형제자매 여러분, 우리는 여러분이 잠든 사람의 문제를 모르고 지내는 것을 원하지 않습니다. 여러분은 소망을 두지 못한 다른 사람들과 같이 슬퍼하지 않아야 할 것입니다. ¹⁴우리는 예수께서 죽으셨다가 살아나신 것을 믿습니다. 이처럼 하나님께서 예수 안에서 잠든 사람들도 예수와 함께 데리고 오실 것입니다. ¹⁵우리는 주님의 말씀으로 여러분에게 이것을 말합니다. 주님께서 오실 때까지 살아 남아있는 우리가, 이미 잠든 사람들보다 절대 앞서지 못 할 것입니다. ¹⁶주님께서 호령과 천사장의 소리와 하나님의 나팔 소리와 함께 친히 하늘로부터 내려오실 것이니, 그리스도 안에서 죽은 사람들이 먼저 일어나고, ¹⁷그다음에 살아 남아있는 우리가 그들과 함께 구름 속으로 이끌려 올라가서, 공중에서 주님을 영접할 것입니다. 이리하여 우리가 항상 주님과 함께 있을 것입니다. ¹⁸그러므로 여러분은 이런 말로 서로 위로하십시오.

우리는 교회의 휴거 시점에 관한 의견 차이에 주의를 빼앗긴 나머지, 바울이 이 말씀에서 말하려는 요점을 놓치지 말아야 한다. 이 말씀의 진리는 죽음을 직면할 때 우리에게 힘을 주고, 사랑하는 사람을 잃은 애통에서 격려를 받게 하려 함이다. 다음의 네 가지 주요 원리를 명심하는 게 좋다.

첫째, "**하나님께서 예수 안에서 잠든 사람도 예수와 함께 데리고 오시는**"(4:14)데, 그들은 세상을 떠난 가족⋯ 친구⋯ 조상⋯ 우리가 책에서만 만날 수 있던 옛날 영웅이다. 영광스러운 어느 날 우리는 모든 세대의 성도가 함께 모이는 장대한 재회의 일부가 된다!

둘째, **주님께서 죽은 사람을 살리시려고 오실 때 살아있는 모든 사람도 죽음을 맛보지 않고, 죽을 몸에서 죽지 않을 몸으로 갑작스럽게 변하는 경험을 한다**(4:16~17).46 이 말은 지금 이 땅에 살아있는 어떤 사람은 절대 죽지 않을 수도 있다는 의미다―이 얼마나 전율할만한 기대인가! 그러나 바울은 이 일이 언제 일어날지는 누구도 모른다는 사실을 아주 분명히 말한다(5:1). 그날은 도둑과 같이 갑자기 있을 것이기에(5:2), 우리가 죽은 후 부활을 통해, 아니면 여기에 살아있는 동안 변화해 불멸의 몸을 입을지 알 수 없다.

셋째, **다가올 심판의 진노는 불신자를 대상으로 한다**(5:3~5, 9). 하나님은 우리를 진노가 아니라 예수로 말미암아 구원을 얻도록 정해 놓으셨다(살전 5:9). 그리스도 안에 있는 사람에게는 정죄함이 없다(롬 8:1). 하나님께서는 당신 백성에게 진노를 절대 쏟아붓지 않으실 것이다. 그분은 롯을 소돔에서, 노아를 홍수에서 건지셨듯이 그들을 구조하시거나, 이스라엘 백성을 이집트에서, 다니엘을 사자들로부터 보호하셨듯이 당신 백성을 진노에서도 보호해주실 것이다. 주의 날이 다가오고 있어도 하나님의 영으로 인치심을 받은 사람에게 임하지 않을 것이다.

넷째, **우리 부활과 변화의 진리는 소망과 위로, 깨어 있는 삶을 위한 것이다**(살전 4:18; 5:4~8, 11). 성경은 부활과 휴거에 관해 우리가 원하는 만큼, 또는 우리 모든 질문에 답을 줄 만큼 많은 세부 내용을 포함하지 않는다. 그렇지만 하나님의 말씀은 그분 목적―우리가 "온갖 선한 일을 할 수 있게" 준비하는 것―에 충분하다(딤후 3:17). 모든 세대의 성도와 함께 부활하고 영생한다는 우리의 확실한 소망으로 우리는 죽음 너머를 바라보고, 장차 올 세대의 영광스러운 빛을 볼 수 있어야 한다. 그러므로 앞으로 올 왕국의 백성으로서 우리는

---

46 고린도전서 15:51~53; 고린도후서 5:4도 보라.

이 세대의 악이 그 매력적이지만 파괴적인 능력으로 우리를 취하게 하지 말고, 깨어 있는 삶을 살아야 한다.

본문 13. 데살로니가후서 2:1~12: 불법의 사람과 주의 날

숫자 666이나 적그리스도 인물, 또는 궁극적으로 세상을 조종하려는 악마적 존재들에 열광하는 사람은 공포 영화 제작자만이 아니다. 앞에서 나열한 것들과 또 다른 묵시 주제들은 거의 2000년 동안 대중 신학의 뼈대였고, 사실상 모든 순수 예술 분야에 영향을 끼쳤다. 건축, 회화, 노래, 연극, 조각, 문학(여러 장르의 시와 산문), 그리고 무용… 그리고, 불행히도, 마지막 때에 관한 덜 정확한, 또는 완전히 잘못된 개념들로 사람의 머리가 채워지고 있다.

데살로니가후서 2장에는 '적그리스도'라는 단어가 사용되지 않으나, 빠르게는 2세기경부터 '불법의 사람'(3절)이라는 인물은 '바다에서 올라오는 한 짐승'(계 13:1~10), 장차 올 '그리스도의 적대자'(요일 2:18; 4:3), 그리고 장차 그리스도의 재림 직전에 일어날 엄청난 배교와 동일시되고 있다. 예를 들어, 리용의 이레나이우스(주후 180 즈음)는 다음 내용을 썼다.

> 그[적그리스도]는 마귀의 모든 능력을 부여받고, 하나님께 순종하는 의로운 왕이나 합법적인 왕으로가 아니라, 불경스럽고, 불의하고, 불법한 자로 올 것이다. 부당하고 살인적인 배도자와 강도로서, 자신 안에 있는 사탄의 배도에만 집중하여 다른 우상들을 제쳐 놓고 스스로가 하나님이라고 주장하고, 자신을 유일한 우상으로 높이며, 다른 우상들의 다양한 오류를 자기 안에 갖고 있다. 이렇게 하는 것은 온갖 혐오스러운 방법으로 마귀를 숭배하는 자들이 이 하나의 우상을 통해 자기를 섬기도록 하려는 것인데, 사도는 데살로니가후서에서 이 사람에 관해 그렇게 설명한다.[47]

> **성경 암송 13**
>
> **데살로니가후서 2:7~8**
>
> ⁷불법의 비밀이 벌써 작동하고 있습니다. 다만, 억제하시는 분이 물러나실 때까지는, 그것을 억제하실 것입니다. ⁸그때에 불법자가 나타날 터인데, 주 [예수]께서 그 입김으로 그를 죽이실 것이고, 그 오시는 광경의 광채로 그를 멸하실 것입니다.

적그리스도, 엄청난 배교, 속이는 표적과 이적에 관한 미래주의적 기대는 교회사의 상당 시간 동안 공통된 견해였다.

과거주의자 대부분은 바울이 데살로니가후서 2장에서 묘사하는 사건들이 성전의 파괴와 이스라엘의 마지막 때(주후 66~73년 사이) 이미 일어났다고 믿는다. 이 서신이 쓰일 때 이 예언은 미래였지만(주후 50년 즈음), 이것은 먼 미래에 적그리스도의 지상 통치가 아니라, 1세기 후반 사건을 가리킨다.

그러나 미래주의자가 믿는 것처럼, 바울의 말이 앞으로 도래할 적그리스도에 관련된 내용이라면, 그에게는 몇 가지 기본적 특징이 있다.

- 그는 그리스도의 재림과 주의 날 전에 나타난다(2절).
- 그는 배도, 또는 '배반'과 연관이 있다(3절).
- 그는 죄악의 사람 또는 '불법'의 사람일 것이다(3절).
- 그는 모든 신앙과 하나님께 대항해 자기를 높인다(4절).
- 그는 하나님의 성전에 앉아서 하나님이라고 주장한다(4절).
- 자기 때가 오기까지 나타남을 억제받는다(6~7절).
- 예수께서 재림하실 때 그를 죽이신다(8절).
- 그는 사탄에게서 능력을 입어 거짓 표적과 이적을 한다(9절).
- 그는 진리를 거부한, 구원받지 않은 사람을 속인다(10절).

---

47 Irenaeus, *Against Heresies* 5.25.2.

본문 14. 베드로후서 3:1~18: 주의 날과 새 창조

조롱하는 자들이 나타날 것이다(3절). 우리는 처음부터 이 사실을 바로 알아야 한다. 이기적 욕심이 동기가 되어, 자기 자신 외에는 그 누구에게도 책임을 지기 싫어하는 그들은 언젠가 자기 죄가 심판받는다는 개념을 거부할 것이다. 그들은 주님의 재림에 비추어 살아가기보다, 그 미래를 염두에 두고 절도있게 살아가는 사람을 오히려 비웃는다. 그들은 다가올 영광스러운 시대의 소망 대신 이생의 변덕에 따라 살아간다. 그들은 오만함으로 조롱한다. "그리스도가 다시 오신다는 약속은 어디 갔느냐? 조상들이 잠든 이래로, 만물은 창조 때부터 그러하였듯이 그냥 그대로다"(4절).

신자의 세계관은 불신자의 세계관과는 결정적 차이가 있다. 신자는 하나님이 이 세상을 만드셨고, 결정적으로 홍수를 통해 세상을 심판하셨다는 것을 안다(5~6절). 그리고 신자는 홍수 이후 이 세상을 새롭게 하신 하나님께서 어느 날 세상을 불로 심판하실 것을 안다(7절). 그분 손은 현재 인내하며 참고 있지만, 어느 순간 그의 마땅한 진노가 악한 자들에게 쏟아질 것이다(8~10절).

13절의 말씀에서 베드로가 마지막 때 설명을 이사야 65:17의 표현인 "새 하늘과 새 땅"으로 마침을 고려할 때, 그는 아마도 이사야서 66:15~16으로부터 불 심판에 관한 영감을 받았을 것이 분명하며, 이로써 야웨의 장래 심판을 그리스도의 재림 때 있을 그분의 심판과 연결하고 있다.[48] 그렇다면 이것은 '주의 날'과 상응하는데, 그것은 홍수 이전 세상이 완전히 파괴되었다가 새로운 질서로 대체된 것과 같이, 현 세상 체계가 파괴되는 것을 의미한다. 베드로는 이러한 심판이 "도둑같이" 온다고 경고한다(3:10).[49]

---

[48] Louis A. Barbieri, *First and Second Peter* (Chicago: Moody, 1977), 122.

[49] 마태복음 24:42~43; 데살로니가전서 5:2; 계시록 3:3; 16:15도 보라.

'현재의 체계'가 파괴될 때 모든 악과 죄도 포함한다. 그것은 악한 영의 멸망과 세상 지형이 완전히 파괴되는 것도 포함한다.50 사실 이 불(10, 12~13절)은 정결하게 하는 불로 해석함이 가장 좋은데, 그것은 야금학적인 이미지를 끌어들여, 깨끗하게 하고 강하게 만들려고 가해지는 열로 볼 수 있다(말 3:2~4; 4:1~3).51

베드로는 그리스도의 재림과 그분의 불 심판이 있은 다음에 세워질 세계를 묘사한다. "그러나 우리는 주님의 약속을 따라 정의가 깃들여 있는 새 하늘과 새 땅을 기다리고 있습니다"(벧후 3:13). 예수님은 이것을 세상의 '중생'이라고 부르셨고(마 19:28), 이것은 베드로가 예루살렘에서 표현한 기대와 일치한다.

> 그러므로 여러분은 회개하고 돌아와서, 죄 씻음을 받으십시오. 그러면 주님께로부터 편히 쉴 때가 올 것이며, 주님께서는 여러분을 위해서 미리 정하신 그리스도이신 예수를 보내실 것입니다. 이 예수는 영원 전부터, 하나님이 자기의 거룩한 예언자들의 입을 빌려서 말씀하신 대로 만물을 회복하실 때까지, 마땅히 하늘에 계실 것입니다. (행 3:19~21)

전천년설, 무천년설, 후천년설 노선을 가로질러 비교적 최근에 등장한 해석에 따르면, 베드로가 10~13절에서 묘사하는 멸망은 우주의 완전한 소멸이며, 그에 이어 '무로부터의(ex nihilo)' 완전히 새로운 창조가 이루어진다고 한다.52 고대와 중세, 그리고 개신교회의 다수

---

50 Harry Ironside, *Lectures on the Book of Revelation* (New York: Loizeaux, 1930), 344.

51 Blaising, "The Day of the Lord Will Come," 395~99에 있는 탁월한 논의도 보라.

52 John MacArthur Jr., *2 Peter and Jude*, The MacArthur New Testament Commentary (Chicago: Moody, 2005), 125; Grant R. Osborne, *Revelation*, Baker Exegetical Commentary on the New Testament, ed. Moisés Silva (Grand Rapids: Baker, 2002), 730; ;『요한

견해(역사적으로 대부분의 주석가를 포함해)는53 이 언어와 이미지가 세상 체제—그 사악함과 불경건한 종교와 기관들—의 멸망을 알려주지만, 우주 자체의 소멸은 아니라고 본다. 그렇다면 '새 하늘과 새 땅'은 무에서 새로 창조된 세계이기보다는, 창조 영역이 완전히 새로운 상태가 됨을 의미한다.54 이 견해는 물로 심판을 받은 홍수 이전의 세상에 관한 베드로의 말과 현재 세계가 불로 심판을 받는다는 말을 서로 일치시키려는 시도이다(5~7절). 홍수의 물이 세상을 깨끗이 쓸어버리고 노아와 그의 가족을 위한 새로운 세상으로의 길을 마련했듯이, 장차 임할 불도 이 세상을 정화하고 정결케 함으로, 온 피조세계가 악에서 해방되도록 길을 예비할 것이다(롬 8:20~22).

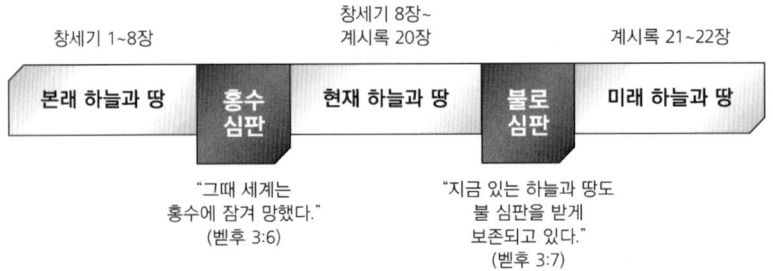

어쨌거나, 베드로가 다가오는 심판을 경고하는 목적은 마지막 때

계시록』, 김귀탁 옮김, BECNT 베이커 신약 성경 주석 시리즈 (서울: 부흥과개혁사, 2012).

53 Daniel Keating, *First and Second Peter, Jude*, Catholic Commentary on Sacred Scripture, eds. Peter S. Williamson and Mary Healy (Grand Rapids: Baker, 2011), 185.

54 Wayne Grudem, *Bible Doctrine: Essential Teachings of the Christian Faith*, ed. Jeff Purswell (Grand Rapids: Zondervan, 467); 『성경 핵심 교리』, 김광열 옮김 (서울: CLC, 2010); Joseph A. Seiss, *Lectures on the Apocalypse*, vol. 3 (Philadelphia: Philadelphia School of the Bible, 1865), 371.

가 **어디서**, **무엇으로**, **언제** 임할지 철저히 설명하려는 것이 아니다. 오히려 그는 우리가 **누가** 또 **왜**에 집중하길 바란다.

첫째, **누구**라는 질문에 대답해 보자. 조롱하는 자들은 다가오는 심판이라는 개념을 비웃지만, 우리는 거룩한 예언자들이 한 예언 말씀들이 이미 성취되었고, 하나님의 지나간 창조와 지나간 심판이 확실한 것처럼, 미래 심판도 확실함을 반드시 기억해야 한다(3:1~7). 사람들이 아직 할 수 있을 때 하나님께서 자비로 주신 기회를 받아들이지 않는다면, 하나님을 거부하는 모든 사람은 상상할 수도 없는 멸망을 맞는다(7~9절). 신자는 계속해서 하나님의 크고 영광스러운 약속의 성취를 바라본다(13절).

> **성경 암송 14**
>
> **베드로후서 3:13~14**
>
> ¹³그러나 우리는 주님의 약속을 따라 정의가 깃들여 있는 새 하늘과 새 땅을 기다리고 있습니다.
> ¹⁴사랑하는 여러분, 여러분이 이것을 기다리고 있으니, 티도 없고 흠도 없는 사람으로, 아무 탈이 없이 하나님 앞에 나타날 수 있도록 힘쓰십시오.

둘째, 베드로는 **왜**라는 질문에 어떻게 대답하는가? 그는 사실 실제적 이유로 심판과 새로워짐에 관한 가르침을 공유한다. 곧, 신자의 성품 변화와 영적 성장을 결과로 얻으려 함이다. 우리는 새 하늘과 새 땅을 기다리면서 거룩함과 경건함으로 살아야 한다(11절). 우리는 복음을 전파하고 본이 되는 삶을 살면서 약속의 성취를 간절히 기다려야 한다(11~12절). 우리는 "티도 없고 흠도 없는 사람으로 아무 탈 없이" 그분 앞에 나타나며(14절), 거짓 교사의 조롱과 무지, 그리고 불안정한 삶을 피해야만 한다(15~16절). 확실하고 안정된 믿음에서 떨어지지 않고, "우리의 주님이시며 구주이신 그리스도 예수에 대한 지식과 그의 은혜 안에서" 자라가야 한다(17~18절).

본문 15. 요한계시록 19~22장: 그리스도의 재림, 천년왕국, 새 창조

요한계시록이 하나님의 구원계획 정점을 보여준다면, 19~22장은 절정의 절정을 표현하는데, 마치 차이코프스키의 「1812년 서곡」피날레의 폭발하는 대포 소리와 울려 퍼지는 종소리와 같다. 계시록 전체를 통해 우리는 세상 권세의 멸망을 목격한다. 악한 자들이 회개하도록 부르고, 자신의 창조주를 끈질기게 저주하는 그들에게 형벌을 내리도록 편성된 하나님의 격렬한 심판은 언젠가 그분께서 모든 악을 파괴하시고 의가 최종 승리를 거두게 하심을 상기하게 한다.

상징 이미지들은 예수님이 다시 오실 때 하나님의 원수들을 상대해 거둔 승리를 기가 막히게 묘사한다(19:11~21). 우리는 이 본문에서 사단의 결박(20:1~3), 그리스도께서 자신의 신실한 성도 및 순교자들과 함께 다스리심(20:4~6), 사탄, 죄, 그리고 사망 자체의 최후 패망(20:7~15), 그리고 '새 하늘과 새 땅'의 도래를 목격하는데, 거기에서 하나님은 당신 백성 가운데 거하시며, 거기에는 모든 죽음, 슬픔, 눈물, 고통, 죄악이 사라진다(21:1~8). 마침내, 속량 받은 인류가 갈 어마어마한 목적지를 향한 장엄한 운명과 경이로운 여정(21:9~22:5)에 이어, 맹세, 경고, 담대한 초대로 이 책은 끝맺는다.

> 성령과 신부가 "오십시오!"라고 말씀하십니다. 이 말을 듣는 사람도 또한 "오십시오!"라고 외치십시오. 목이 마른 사람도 오십시오. 생명의 물을 원하는 사람은 거저 받으십시오. (22:17)

하나님께서 인류 역사에 최종적으로 개입하시는 큰 그림은 아주 짧게 정리할 수 있다. 곧 "하나님이 승리하신다." 그러나 성경을 믿는 그리스도인은 몇 가지 다른 방법으로 계시록 19~22장의 세부사항을 이해한다. 모두가 그리스도께서 어느 날 심판자와 왕으로 다시 오심에는 동의하나, 마지막 때에 관한 한 가지 심각한 불일치는 재림이 일어나는 시점이 과연 계시록 20:1~6에 묘사된 천년왕국 **이전**인가, **이후**인가에 있다. 이 구체적 쟁점에 관한 다양한 관점은 세 가지 경향으로 나뉜다.

실현된 천년왕국

실현된 천년왕국(Realized Millennialism)의 견해를 지지하는 사람은 계시록 20:1~6가 상징하는 사건들이나 상태(곧, 천년왕국 또는 '천년')가 이미 천국이나 교회를 통해서 이미 성취되었다고 믿는다. 이러한 견해는 종종 '무천년설' 또는 '무천년주의(amillennialism)'라고 불리는데, 이는 이 땅에서 미래에 문자적 천년 지상 통치를 기대하지 않기 때문이다(접두어 'a-'는 '아니다' 또는 '없다'라는 의미).

무천년주의자 대부분은 계시록 19~20장을 연대순으로 그리스도의 재림(19장) 다음에 그분의 천년 통치(20장)로 이어지는 하나의 온전한 환상으로 읽기보다, 20장에서 완전히 새로운 또 하나의 환상이 시작해 독자를 교회 시대의 시작점으로 돌려놓는다고 본다.[55] 안토니 회케마는 이것을 잘 설명한다.

> 4~6절이 묘사한 천년 통치가 그리스도의 재림 이전에 일어난다는 것은 같은 장의 11~15절이 묘사한 최후의 심판이 천년 통치 이후에 온다고 그려진 사실에 근거한다. 요한계시록에서만 아니라 신약성경의 다른 부분에서도 최후 심판은 그리스도의 재림과 연결되어 있다… 이것이 그 경우이면, 계시록 20:4~6의 천년 통치는 그리스도의 재림 **이후가 아니라 이전에** 일어나야 함이 명백하다.[56]

---

[55] William Hendriksen, *More Than Conquerors* (Grand Rapids: Eerdmans, 1940), 221~23; Kim Riddlebarger, *A Case for Amillennialism: Understanding the End Times* (Grand Rapids: Baker, 2003), 200~06; 『개혁주의 무천년설』, 박승민 옮김 (서울: 부흥과개혁사, 2013).

[56] Anthony A. Hoekema, "Amillennialism" in Robert G. Clouse, ed.,

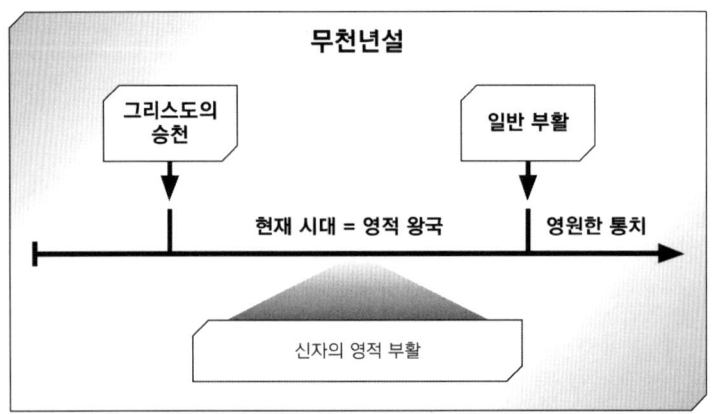

무천년주의 관점에서 '첫째 부활'(20:5)은 그리스도가 재림하실 때 의인과 악인 모두의 육체적 부활을 말하는 게 아니다.57 그보다는 교회에게 사명이 주어진 현재 시대에 구원받은 성도의 영적 부활을 말한다(엡 2:5). 그들은 현재 하나님 나라의 회원으로서 그리스도와 함께 영적으로 통치하는데, 이것은 여기 이 땅에서 교회로서, 또는 이미 천국에서 승리한 성도의 통치를 뜻한다(엡 2:6; 골 1:13).

기대되는 천년왕국

기대되는 천년왕국(Anticipated Millennialism) 견해를 주장하는 사람은 계시록 20:1~6의 사건들이 그리스도께서 물리적으로 이 땅에 돌아오시기까지는 일어나지 않는다고 믿는다. 이 견해는 종종 '전천년

The Meaning of the Millennium: Four Views (Downers Grove, IL: InterVarsity, 1977), 160; 『천년왕국』, 권호덕 옮김 (서울: 성광문화사, 1980). Anthony A. Hoekema, *The Bible and the Future* (Grand Rapids: Eerdmans, 1979), 223~38;『개혁주의 종말론』, 이용중 옮김, 후크마의 개혁주의 조직신학 3부작 시리즈 3 (서울: 부흥과개혁사, 2012)에 있는 더 자세한 논의도 보라.

57 다니엘 12:2; 요한복음 5:28~29; 계시록 20:11~15를 보라.

설' 또는 '전천년주의(premillennialism)'라고 불리는데, 그리스도께서 이 땅에서 실제로 천 년 동안('millennial') 통치하신다는 예언이 성취되기 전에('pre-') 재림하신다는 것이다. 전천년주의 해석자는 계시록 19~22장을 일반적으로 연대순으로 전개될 미래 역사로 보며,58 일반적으로 천년 기간을 문자적 수—또는 적어도 그 수가 정확한 근사치가 될 수 있는 천년에 근접한 기간—로 이해한다.59

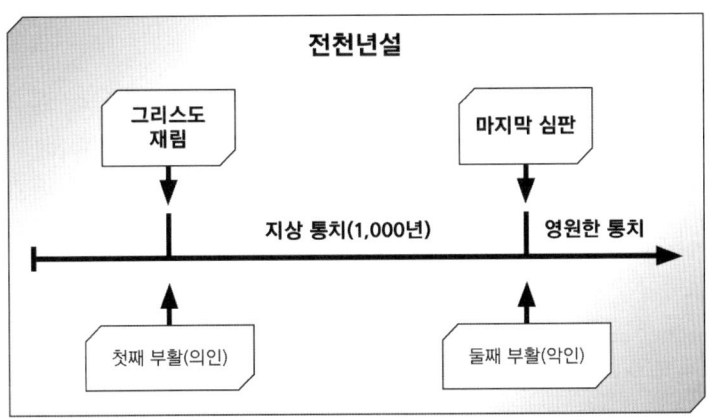

전천년주의 독자에게 이 사건들(계 20장)은 그리스도의 지상 재림 환상을 연대적으로 뒤따른다. 그리하여 그분의 천년 지상 통치가 끝나면, 사단이 풀려나고, 최후의 반란이 일어나며, 그 후에 큰 흰 보좌의 심판—역사상 모든 부활한 악인들에 대한—이 있고 나서 영원한 상태가 시작된다(계 21~22장).60 크레이그 블레이징은 이것을 잘 요약한다.

---

58 Harold W. Hoehner, "Evidence from Revelation 20" in Donald K. Campbell and Jeffrey L. Townsend, *A Case for Premillennialism: A New Consensus* (Chicago: Moody, 1992), 247.

59 Hoehner, "Evidence from Revelation 20," 235; George E. Ladd, *Crucial Questions about the Kingdom of God* (Grand Rapids: Eerdmans, 1952), 135~50.

60 John F. Walvoord, *The Millennial Kingdom* (Grand Rapids: Zondervan,

전천년주의자는 예수께서 오실 때 죽은 사람을 두 단계로 일으키신다고 믿는다. 첫째로, 천년왕국에서 그와 함께 참여할 사람을 일으키신다. 천년왕국(천 년)이 지나면, 나머지 죽은 사람을 일으키시고 최후 심판을 집행하신다. 그때 구원받은 사람과 잃어버린 사람의 최종적이고 영원한 운명이 온다. 이 미래 기대는 모든 전천년주의자에게 공통점이다.61

성취 가능한 천년왕국

이 두 가지 관점 사이에 중간 해석을 하나 더 추가할 수 있을 텐데, 그것은 **성취 가능한** 천년왕국(Achievable Millennialism)이다. 지지자들은 20:1~6에 묘사된 상태가 그리스도가 심판자와 왕으로 재림하시기 전, 하나님 백성의 노력으로 이 땅에서 점진적으로 실현될 수 있다고 제안한다. 이러한 관점은 종종 '후천년설' 또는 '후천년주의(postmillennialism)'라고 불리는데, 이는 복음이 온 세상에 성공적으로 전파되어 긴 세월 동안 비교적 평화와 정의와 번영을 누린 이후('post') 예수님께서 이 땅에 재림하신다고 기대하기 때문이다.

전천년주의자처럼 많은 후천년주의자가 그리스도의 재림에 관한 환상(계 19장)과 사단의 결박 및 천년 통치에 관한 환상(계 20장)을 연대 순서로 보고, 천년왕국이 그리스도의 승리를 뒤따른다고 한다. 그러나 주도적 후천년주의자는 계시록 19장을 주님이 장차 실제로 심판자와 왕으로 재림하시는 환상으로 해석하지 않고, 한편에는 예수님과 그의 군대가, 다른 한편에는 하나님을 대적하는 이 땅의 지도자들이 영적으로 싸우는 것을 묘사하는 상징적 그림이라고 해석한다.

1959), 5~6.

61 Craig A. Blaising, "Premillennialism" in Darrell L. Bock, ed., *Three Views on the Millennium and Beyond*, Counterpoints: Exploring Theology, ed. Stanley N. Gundry (Grand Rapids: Zondervan, 1999), 157; 『천년왕국이란 무엇인가』, 박승민 옮김 (서울: 부흥과개혁사, 2011).

이 영적 전쟁이 그리스도의 승천 때 시작해 수 세기에 걸쳐 지속한다고 믿는다.62 그렇다면 그분의 실제 재림은 큰 흰 보좌 심판(계 20:11) 이전에는 일어나지 않고, 그때는 온 인류가 부활하여 심판자이신 하나님 앞에 선다. 이 일 후에 영원 상태가 시작해, 그때는 죽음도 고통도 없다.

후천년주의자에게 '천년'이란 10세기라는 정확한 기간이 아니라 상징적인 숫자로서 "긴 시간, 완전하고 완벽한 의미의 숫자를 나타낸다."63 중간 입장으로서(전천년주의와 후천년주의 사이), 어떤 후천년주의자는 천년왕국을 "현재 시대 전체, 곧 그리스도의 초림과 재림 사이 시간으로서, 이때 사단이 결박되고, 교회가 승리하신 그리스도의 통치에 참여한다."라고 서술한다.64 또 다른 이들은 현재 시대를 장래 지상의 황금시대를 위한 무대가 준비되는 때로서 그 후에 그리스도께서 심판자로 다시 오신다고 본다. 로레인 뵈트너는 쓴다.

> 우리는 기독교 시대에 많은 진보를 이루었으나, 후천년설 근거에서 볼 때, 여전히 이 땅에서 가장 발전된 나라에서조차도 천년왕국의 이른 새벽보다 낫다고 할 만한 어떤 것을 보았다고 하기 어렵다. 우리는 상부구조를 짓고 있다기보다 아직도 주로 기초를 놓는 작업을 하는 단계에 있다고 해야 할 것이다… 그러나 우리는 진보를 경험하고

---

62 Loraine Boettner, *The Millennium* (Phillipsburg, NJ: P & R, 1984), 69; John Jefferson Davis, *Christ's Victorious Kingdom: Postmillennialism Reconsidered* (Grand Rapids: Baker, 1986), 92~93; David Chilton, *The Days of Vengeance* (Fort Worth, TX: Dominion, 1987), 485; Mathison, *Postmillennialism*, 154. 다른 후천년주의자는 그리스도의 재림(계 19장)을 주후 70년에 일어난 이스라엘 심판을 상징한다고 본다(Kenneth L. Gentry Jr., "A Postmillennial Response to Craig A. Blaising" in Darrell L. Bock, ed., *Three Views on the Millennium and Beyond*, 244~50).

63 Boettner, *The Millennium*, 64.

64 Mathison, *Postmillennialism*, 158.

있지만, 아직도 갈 길이 멀다는 것과 천년왕국은 지금까지 우리가 보았던 그 어떤 것보다 더 발전되었고 영광스러운 것이라고 믿는다.65

모든 후천년주의 견해에 따르면, 천년왕국의 이상(그것이 꼭 새 하늘과 새 땅의 완전한 실현까지는 아니라고 해도)은, 지금 이 세상에서 교회를 통한 복음의 진보로 점진적으로 성취할 수 있다.

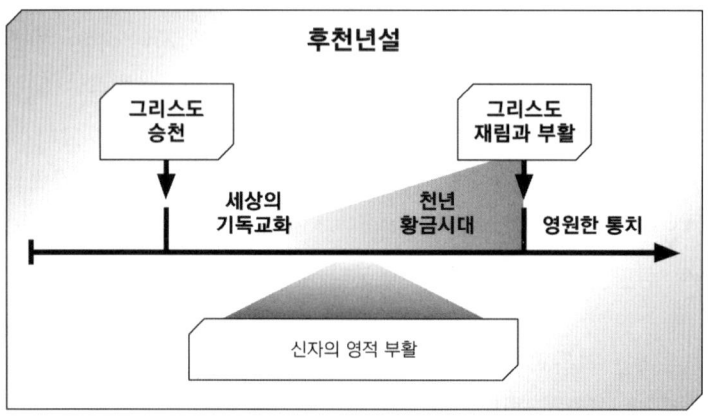

요한계시록 19~22장 함께 읽기

오늘날, 이 상징적 환상들(계 19~22장)을 해석하는 여러 뚜렷한 방법이 있다. 이 부분의 본문을 읽는 차이점이 중대해도 요한계시록의 기본 메시지를 잊지 말아야 한다. 현재와 미래의 영적, 세상적 전쟁의 먼지가 가라앉으면, 그리스도와 그분 백성은 영원히 승리자로 우뚝 선다. 죄, 죽음, 고통은 모두 사라진다. 의와 평화가 영원무궁토록 통치한다.

이것이 요한계시록 19~22장의 이야기이며, 이것이 바로 예수 안에 있는 우리의 궁극적 소망이 영원히 드러난 모습이다.

---

65 Boettner, *The Millennium*, 60.

역사로 회고한 종말

기독교 신학에서 종말론 교리 분야가 가장 많은 논쟁을 일으켰고, 논쟁하지 않았더라면 성도는 나뉘지 않고 잘 단합했을 것이다. 초대 교회 시대에 요한계시록 20장에 나온 천년왕국을 바르게 해석하는 문제로 여러 격렬한 논쟁이 일었다. 종교개혁자들은 그 논쟁을 재개하고 몇몇은 거기에 적그리스도의 정체를 추가하기도 했다. 곧, 적그리스도가 교황인가? 마르틴 루터인가? 재침례교도들인가? 이슬람교도인가? 종말 사건의 순서나 다니엘과 계시록에 있는 상징 해석을 두고 더 세부적 논쟁이 수십 년 동안 복음주의자들을 갈라놓았다.

그러나 우리가 한걸음 물러서서 교회사를 통해 강조한 주요한 쟁점을 살펴보면, 모든 그리스도인이 한 음도 놓치지 않고 기본적으로 같은 선율을 노래해 왔음을 발견할 수 있다. 모든 정통 신자는 그리스도가 장차 문자적으로 몸을 입고 왕과 심판자로 재림하신다고 고대했다. 모두가 의인과 악인의 육체적 부활, 곧 전자는 영원한 생명을, 후자는 영원한 저주를 받는다고 믿었다. 381년, 콘스탄티노플 공의회는 비록 더 작은 쟁점들에는 차이점이 있었어도, 만장일치로 다음 성명을 제기했다. "그[예수 그리스도]는 영광스럽게 다시 오셔서 산 자와 죽은 자를 심판하시겠고, 그분 나라는 끝이 없을 것이다… 우리는 죽은 사람의 부활과 내세에서 삶을 기다리고 있다."[1]

그리스도인은 몸의 부활을 늘 고수했을 뿐만 아니라, 창조된 세상이 궁극적으로 변화되고 회복되리라는 것—새 하늘과 새 땅—과 오직 의로움만 거기에 있을 것이라고 믿었다. 동방교회 신학자 다마스쿠스

---

[1] Second Ecumenical Council at Constantinople, The Constantinopolitan Creed (381).

의 요한(740년 즈음)은 장래 사건들에 관한 기독교의 기본 가르침을 아래 내용으로 요약했다.

> 그러므로 우리는 다시 살아나겠고, 우리 영혼은 다시 한번 우리 몸과 연합할 것이며, 그때 우리 몸은 썩어질 것을 벗고, 썩지 아니할 몸이 된다… 선하게 행한 사람은 천사와 함께 영생에 들어가 해처럼 빛을 발하며, 우리 주 예수 그리스도와 함께, 영원히 그분을 보며, 그분 눈앞에 있으면서, 그분에게서 끝없는 기쁨을 얻고, 아버지와 성령과 함께 영원 무궁히 그분을 찬양한다.[2]

교파와 전통을 막론하고 모든 신자는 위 진리를 타협함 없이 지킨다. 그러나 교회사를 되돌아보면, 종말 사건의 세부사항에 관해서 교회는 폭넓은 스펙트럼의 다양성을 보였다. 간단히 말하면, 모든 세대와 지역의 그리스도인이 종말론의 핵심 교리에 대해서는 한목소리를 냈지만, 동시에 덜 중요한 질문과 관심사에는 동의하지 않고 논쟁을 벌였다.

교부시대(100~500년)

사도 시대 직후, 사도들이 동역자들 및 직계 제자들과 함께 살며 가르쳤던 주후 30~100년에 초대교회는 예수 그리스도께서 곧 돌아오시길 줄곧 고대하였다. 이교도와 로마인, 그리고 유대인의 박해를 견딤은 그들에게 마지막 때를 위한 출산의 고통을 의미했다. 이러한 세상의 고난을 견딤으로 신실한 성도는 다가오는 왕국에서 보상을 기대할 수 있었다. 초대 그리스도인이 기본적으로 품었던 기대가 새로운 개종자들을 가르치려고 마련한 매우 초기의 교리 요약서인 『디다케(*Didache*)』에 실려있다.

---

[2] John of Damascus, *An Exact Exposition of the Orthodox Faith* 4.27 (NPNF 2.9:101).

마지막 때가 되면, 거짓 선지자와 미혹하는 자가 늘겠고, 양은 늑대로 변하고, 사랑은 미움으로 변한다. 불법이 증가할 때 그들은 서로 미워하고, 핍박하며, 배반할 텐데, 그때 세상을 속이는 자가 나타나 하나님의 아들이라고 속이면서 징조와 기적을 행하겠고, 이 땅은 그의 손에 들어가고, 태초이래 지금까지 전혀 없던 부당한 일을 저지른다. 그리고 인간의 창조세계는 시련의 불 속으로 들어가고, 많은 이들이 넘어지며 멸망한다. 그러나 믿음으로 견디는 이들은 저주 자체에서부터 구원받는다. 그리고 나서, 진리의 징조가 드러나는데, 첫째로, 하늘이 열리는 징조, 다음엔 나팔소리가 울리는 징조, 셋째로 죽은 자의 부활이 있다. 그러나 모두에게 해당하는 것이 아니라, 말씀과 같이, "주께서 모든 그의 성도들을 데리고 오신다. 그러면 세상은 하늘 구름을 타고 오시는 주를 본다."[3]

그리스도가 왕과 심판자로 곧 돌아오신다는 임박한 기대와 더불어, 많은 초기 신자는 그리스도가 이 땅에서 통치하시는 천년(계 20장)을 그분 재림과 의인의 부활 다음에 이루어질 미래의 문자적 사건으로 이해했다(전천년주의). 그러나, 2세기 정통 기독교인은 종말의 세부사항에서 천년을 덜 문자적으로 해석하는 것을 포함하는 방법도 탐색했다(무천년주의).[4]

두 경우 모두, 초대 그리스도인은 죽은 사람의 몸의 문자적 부활을 기대했다. 예수 그리스도의 몸이 기적적으로 생명을 회복하여 영광스럽게 변화하고 불멸의 상태가 됐듯이, 성도도 자기 몸이 부활하여 회복되고 영광스럽게 될 때를 기대할 수 있었다. 신체와 물질세계를 경시하는 경향이

---

[3] *Didache* 16.3~8. 『디다케』는 1세기 후반에 쓰였는데, 오늘날 많은 학자는 기록연대를 50~70년으로 좁힌다.

[4] 학자들은 전천년설이 교회의 가장 초기에 널리 받아들여진 견해인지, 가장 초기의 교부들이 무천년설과 전천년설 해석 모두를 지지했는지 논쟁해 왔다. Charles E. Hill, *Regnum Caelorum: Patterns of Millennial Thought in Early Christianity*, 2nd ed. (Grand Rapids: Eerdmans, 2001)을 보라.

강한 문화에서, 몸의 부활이라는 기독교 교리는 자주 조롱의 대상이 되었다. 수많은 초기 변증가는 비웃는 자와 비평가들에 대항하여 미래의 부활 교리를 방어했고, 때로는 논문 전체에서 부활 소망을 다루기도 했다.

그리스도의 문자적 재림, 진정한 몸의 부활, 그리고 세상에 대한 미래의 심판에 중심 초점을 잃어버리지 않으면서 많은 그리스도인이 의인의 부활과 악인을 대상으로 한 최종 심판 사이에 있을 지상 천년 왕국에 대한 기대를 품었지만, 시간이 지나면서 희미해졌다. 4세기가 되자 이런 기대는 그리스도의 나라가 어떤 의미로 이미 시작했으므로 미래에 천년 지상 통치가 필요하지 않다는 믿음이 널리 퍼지면서 이 기대가 사라졌다. 어떤 사람은 아마도 교회 자체가 왕국에 관한 예언과 약속을 성취한다고 생각했을 것이다. 또한, 복음이 이교 신앙에 승리하고, 황제가 기독교로 개종한 것이 하나님의 나라에 대한 기대가 역사에서 이루어짐을 보여준다고 생각했을 것이다.[5]

중세시대(500~1500년)

여러분이 끊임없는 노동으로 삶을 연명하는 중세 소작농이라면, 여러분의 종말론적 기대는 여러분의 일상만큼이나 단순할 것이다. 언젠가 적그리스도가 등장할 텐데 아마도 아랍인이나 튀르크인의 우두머리거나… 어쩌면 배교한 황제나 왕일 수도 있다.[6] 어떤 경우라도, 결국 예수께서 심판자로 돌아오셔서 악한 자를 멸하시고, 죽은 사람을 살리시며, 모든 사람을 그들 생각과 행위에 근거해 책임을 물으신다. 중세 로마가톨릭에서 죽은 사람을 위한 미사는 그 당시 말세를 묘사하는 이미지를 빛나게 한다.

---

[5] J. N. D. Kelly, *Early Christian Doctrines* (New York: HarperCollins, 1978), 459~89를 보라.

[6] Adriaan H. Bredero, *Christendom and Christianity in the Middle Ages: The Relations between Religion, Church, and Society*, trans. Reinder Bruinsma (Grand Rapids: Eerdmans, 1994), 97~98을 보라.

진노의 날인 그날에
세상은 재로 변하리.
다윗과 시빌(Sibyl)가 증언했듯이.
거대한 전율이 있으리라.
심판자가 오실 때
모든 것이 엄중한 심판을 받으리라.[7]

얼마나 무서운 그림인가! 물론 많은 사람은 육체적 죽음으로 언제든 창조주를 만날 수 있는 경계선에 서 있다고 믿었기에, 세상의 묵시 사건 두려움은 더 임박한 칼, 기근, 질병, 또는 사고로 죽음에 가려졌다. 이런 상황에서 재림으로 이어지는, 세상에 일어날 수도 있고, 일어나지 않을 수도 있는 사건들보다는 개인 종말론이 그들에게 좀 더 적합해 보였다.

공식적 교회 교리는 고전적 신조의 내용. 곧 "죽은 사람의 부활과 다가오는 세상에서 삶"을 강조했다.[8] 신자는 몸의 부활을 믿었다. 캔터베리의 안셀무스(1033~1109)는 추론했다,

인간 본성은 이 목적, 곧 모든 사람은 몸과 영혼 양면에서 행복한 불멸을 누려야 한다. 그리고 인간을 위해 만들어진 이 계획은 성취돼야 한다.[9]

---

[7] 13세기 중반에 라틴어 본문을 번역함(H. T. Henry, "Dies Irae" in The Catholic Encyclopedia, vol. 4, *Cland-Diocesan*, ed. Charles G. Herbermann et al. [New York: Encyclopedia, 1913], 787).

[8] The Constantinopolitan Creed.

[9] Anselm, *Why God Became Man, preface* (trans. Sidney Norris Dean, *St. Anselm: proslogium; Monologium; An Appendix in Behalf of the Fool by Gaunilon; and Cur Deus Homo*, reprint ed. [Chicago: Open Court Publishing, 1926], 177~78); 『인간이 되신 하나님』, 이은재 옮김 (서울: 한들, 2001).

불멸의 생명으로 부활한다는 기대와 함께 짝을 이루는 것은 피조계가 새롭게 된다는 지속적 기대였다. "우리는 세상의 물질적 실체가 새로워져야 한다고 믿는다."10 그러나 '다가오는 세상'에 관한 개념—다른 세상이 이 세상으로 침투한다—은 점차 각 개인이 죽으면 이 세상을 떠나 다른 세상으로 '간다'는 개념, 곧 개인 종말론으로 대체됐다. 성 빅터의 휴고(1097~1141)는 하나님이 창조하신 우주에 다섯 개 장소가 있다고 가르쳤다. "천국(heaven)은 가장 높은 곳이고, 천국 다음으로는 낙원(paradise)이 있고, 낙원 다음은 세상, 세상 다음은 연옥의 불(purgatorial fire)이 있으며, 연옥 다음은 지옥(hell)이다."11

중세시대 우주의 구조

천국	하나님과 의의 공로로 최상의 진보를 이룬 사람들, 곧 축복 받은 성도의 거처
낙원	여전히 완전을 향해 발전하는 (완전하지는 않지만) 선한 그리스도인을 위한 장소
땅	선인과 악인이 공존하는 '중간 장소'로 의를 통해 위로 올라갈지, 죄를 통해 아래로 내려갈지를 선택할 수 있는 곳
연옥	이 땅에서 첫 번째 기회를 충분히 이용하지 못했으므로 교정을 위해 재차 기회를 받은 악인이 거하는 불타는 장소
지옥	사탄과 회개의 기회를 돌이킬 수 없이 거부함으로 악에 확정된 자의 거처

이 시대의 많은 사람이 신자의 영화와 승천, 그리고 하나님의 임

---

10 Anselm, *Why God Became Man* 1.18 in Dean, *St. Anselm*, 217.

11 Hugh of St. Victor, *On the Sacraments of the Christian Faith* 1.8.2 in Eugene R. Fairweather, *A Scholastic Miscellany: Anselm to Ockham*, The Library of Christian Classics, eds. John Baillie, John T. McNeill, and Henry P. Van Dusen (Louisville, KY: Westminster John Knox, 1956), 100;『스콜라 신학 선집: 안셀름부터 오캄까지』, 최영근 옮김, 기독교 고전 총서 10 (서울: 두란노, 2011).

재에서 축복이 모두 장래의 부활과 세상의 새로워짐을 기다린다고 기대했다.12 그러나 이 개념은 '성자'—사도, 순교자, 그리고 다른 '더 완전한' 그리스도인—가 가장 높은 천국에 곧바로 들어가고 부활과 마지막 심판을 기다리지 않아도 된다고 믿는 사람이 많아지면서 사라졌다.13 성 빅터의 아담(1080~1146 즈음)의 시는 점차적 보편화된 '실현된 종말론'의 극단적 성격을 포착하는데, 이 시에서 적어도 진정으로 승리한 교회 '성자'는 내세에서 종말의 축복을 이미 경험하고 있다.

> 영원한 기쁨과 승리가
> 위에 있는 천상의 교회에 있도다.
> 그 정결한 불멸의 즐거움을 바라보며
> 모든 축제일에 우리는 슬퍼하며 한숨을 쉬네.
>
> 거기서는 육신의 아픔이 없고,
> 거기서는 정신도 근심에서 놓이리.
> 거기서는 모든 마음이 기뻐하며,
> 모든 마음이 거기서는 사랑하네.
> 우리, 우리까지도, 죽음에서 놓이면,
> 그리스도가 선하신 자비로 인도하시리라.14

초기 몇 세기 동안 많은 교사가 한 생각, 곧 그리스도께서 문자적으로 천 년 동안 지상에서 다스리신다는 믿음은 완전히 죽지 않았지

---

12 Louis Berkhof, *The History of Christian Doctrines* (Carlisle, PA: Banner of Truth Trust, 1969), 259~60; 『기독교 교리사』, 박문재 옮김 (서울: CH북스, 2008).

13 Jaroslav Pelikan, *The Christian Tradition: A History of the Development of Doctrine*, vol. 3, *The Growth of Medieval Theology (600~1300)* (Chicago: U. of Chicago, 1978), 33~34.

14 Adam of St. Victor, *Sequence for a Saint's Day* in *A Scholastic Miscellany*, 332~33.

만, 이제 대부분 교리의 그림자와 변두리로 밀려났다.15 "성 아우구스티누스가 제공한 해석에 근거하여, 교회는 성도의 천년 통치를 교회가 현재 이 땅에 존재하는 기간, 곧 교회의 시작으로부터 심판의 날까지로 이해했다."16

서유럽의 교회와 사회가 모두 중세시대 후기(1200~1500)에 부패하면서, 묵시적 기대는 더 어둡고 극단적 형태가 됐다. 1200년 즈음, 이탈리아의 수도승이었던 피오레의 요아킴(Joachim of Fiore)은 역사를 세 개의 뚜렷한 '시대' 또는 '세대'로 구분했다.

- **아버지의 시대**—구약성경(이스라엘의 통치)
- **아들의 시대**—신약성경(교회의 통치)
- **성령의 시대**—새로운 시대(의인의 통치)

요아킴은 '세 번째 시대'가 1260년에 시작한다고 예언했다. 그해에는 이 계산이 성취되었다고 볼만한 어떤 획기적 사건이 일어나지 않았지만, '성령파 프란치스코회'라고 알려진 종파가 자신들을 이 예언의 성취로 여겼다. 사실 몇몇 교황이 이 교단의 주장을 거짓 교사들이라고 도전했을 때, 이 성령파는 대적하는 교황을 '적그리스도'라고 맞받아쳤다.17 야로슬라프 펠리칸은 교회사의 이 시기에 관해 기록했다.

> 중세 후기의 종말론을 교리적으로 중요하게 만든 것은 이 시기에 증가한 믿음, 곧 종말의 주된 표징인 '죄악의 사람, 멸망의 아들'인 적그리스도가 어느 황제(네로황제나 프레데릭 2세)나 거짓 선지자(아리우스나 모하메드)가 아니라, 가시적 기독교 세계의 수장이라는 믿음이었다.18

---

15 참고. Berkhof, *History of Christian Doctrine*, 263; Pelikan, *The Christian Tradition*, 3:43.

16 Bredero, *Christendom and Christianity*, 97.

17 Timothy George, *Theology of the Reformers* (Nashville: Broadman & Holman, 1988), 37~38; 『개혁자들의 신학』, 이은선 옮김 (서울: 요단, 1994)을 보라.

이처럼 당시 통치하는 교황을 적그리스도라고 지목하는 일이 종교개혁의 선구자인 존 위클리프와 존 후스와 같은 인물에 의해 중세 후기에 내내 반복된다.19

종교개혁 시대(1500~1700년)

여러분이 1517~1550년에 북유럽에 살았다면, 마귀와 그의 군대가 지옥에서 탈출하여 이 땅을 가로질러 행진해 오는 것이 아닌가 생각했을 것이다. 모슬렘 튀르크 군대는 동유럽을 통과해 오스트리아까지 위협했다. 마르틴 루터는 독일 군주들의 지지를 받아 신성 로마 제국 황제뿐 아니라 교황에게도 대항했다. 창과 쇠스랑으로 무장한 농민 무리가 교회와 국가를 전복하려고 폭동을 일으키며 움직였다. 급진적 설교자들이 돌아다니면서 평민으로 이루어진 기독교 이상사회, 또는 심지어 이 땅 위에 하나님의 나라를 세우려고 했다. 혼돈이 지배하고 혼란이 이어졌다. 군대들끼리 충돌하며, 도시들이 불탔다.

중세시대가 저물어갈 때 많은 사람이 느낀 불안이 결국 터지고 폭발하여 16세기에 전면적 전쟁이 일어났다. 이전에는 거의 도전받지 않던 로마가톨릭 교의가 이제 재고의 대상이 되었다. 교회를 초기의 더 순수했던 시대로 되돌려 놓으려는 시도들은 신학의 많은 영역… 종말에까지 영향을 주었다.

마르틴 루터, 울리히 츠빙글리, 쟝 칼뱅 같은 대다수 주류 개혁자는 그리스도가 세상을 심판하시려고 오신다는 것과 함께 무천년주의 관점을 고수했다.20 그들은 이 땅에 심판의 날 전에 천년왕국이 이루어진다는 믿음을 명백히 거부하였고, 1530년 (루터교) 아우그스부르크 신앙고백에 표현되었듯이 "그들은 죽은 사람의 부활 전에 경건한

---

18 Pelikan, *The Christian Tradition*, 3:38.

19 Pelikan, *The Christian Tradition*, 4:109.

20 Berkhof, *History of Christian Doctrines*, 263, 268.

사람이 이 세상 나라를 차지하고 악인은 어디서나 억압된다는 유대교 견해를 퍼뜨리는 사람을 정죄했다."21 이와 유사하게 1566년 (개혁교회) 2차 헬베수스 신앙고백도 "심판의 날 전에 이 땅에 황금시대가 있으며, 모든 불경건한 원수들을 물리친 경건한 사람은 이 땅의 모든 나라를 소유한다는 유대교의 환상"을 정죄하였다.22

그와 동시에 많은 지도자가 당시 사건을 마지막 때에 관한 예언들의 성취로 받아들였다. 사실상 종교개혁 사건들은 너무나도 격동적이고 광범위했기에 많은 사람이 그것들을 그리스도가 곧 재림하신다는 분명한 징조로 여겼다. "16세기의 거의 모든 그리스도인이… 자신들이 마지막 때를 살고 있고 그리스도께서 곧 돌아오신다고 확신했다."23

그래서, 예를 들면, 루터는 교황이 적그리스도라고 믿었다.24 그는 1520년에 교황청 아래 있는 로마 가톨릭교회의 거짓된 교리와 행습을 정리했고, 분노를 담아 이렇게 선포했다.

> 교황이 적그리스도라는 사실을 보여줄 수 있는 다른 근거가 없다면, 이것으로 충분하다. 가장 거룩한 자가 아니라, 가장 죄악된 자 교황이여, 이것을 들어라! 하나님께서 당신 보좌를 하늘 꼭대기에서부터 곧장 지옥의 심연으로 던지실지어다!25

---

21 Philip Schaff, *The Creeds of Christendom*, 4th rev. ed. (Grand Rapids: Baker, 1977), 3:18.

22 Schaff, *The Creeds of Christendom*, 3:257.

23 C. Arnold Snyder, *Anabaptist History and Theology* (Kitchener: Pandora, 1997), 154.

24 Bernard McGinn, *Antichrist: Two Thousand Years of the Human Fascination with Evil* (San Francisco: HarperCollins, 1994), 202~03.

25 Martin Luther, *To the Christian Nobility of the German Nation Respecting the Reformation of the Christian Estate*, 3.23 in Henry Wace and C. A. Buchheim, eds. and trans., *First Principles of the Reformation or the Ninety-five Theses and the Three Primary Works of Dr. Martin*

칼뱅은 로마가톨릭의 지배에서도 참된 교회가 계속 존재했다고 인정했지만, 루터나 다른 종교개혁자들과 마찬가지로 그도 교황청을 적그리스도의 기관이라고 주장했다. "다니엘과 바울은 적그리스도가 하나님의 성전에 앉을 것이라고 예견했으며(단 9:27; 살후 2:4), 우리는 로마 추기경이 그 사악하고 가증한 왕국의 지도자이며 기준점이라고 생각한다."26

종교개혁 초기의 폭력적이며 격동적 시기 이후 흙먼지가 가라앉자, 수사법도 차츰 잦아들었고, 중세 종말론의 한 핵심 요소가 엄청난 영향을 받았다. 곧, 로마가톨릭의 연옥 교리가 종교개혁의 정화하는 불꽃을 견뎌내지 못했다는 점이다. 영국교회의 39개 조항은 개신교의 입장을 요약한다. "연옥에 관한 로마의 교리는… 사람들이 좋아하지만, 헛되이 고안한 것이며, 성경의 확증을 받지 못하고, 오히려 하나님의 말씀에 혐오스러운 것이다."27 그 요소 외에, 일반 윤곽은 그대로 남았는데, 산 자와 죽은 자의 심판자로 재림하시는 그리스도, 심판의 날에 육체로 부활, 신자들을 위한 영생, 불신자들을 위한 영원한 지옥 등이다. 이 견해들은 다양한 개신교 교단의 신조에 자리 잡아 교리가 됐으며, 오늘날까지도 지배적으로 남아 있다.

잘 조율된 오케스트라처럼, 주류 관료지향적(magisterial) 개혁자들—루터, 츠빙글리, 칼뱅, 부처, 불링거, 크랜머—은 대체로 서로의 종말론 곡조들을 상호 보완하였다. 그러나 많은 종말론의 주제에 도전하는 이질적인 불협화음 소리도 들렸다. 16세기 초, 몇몇 정치적으로나 교리적으로 급진적 인물들이 전투적 천년주의 형태로 논쟁과 갈등을 일으키기도 했다.

멜키오르 호프만(Melchior Hoffman)과 같은 재침례교도와 얀 마티

Luther (London: Murray, 1883), 73.

26 John Calvin, *Institutes of the Christian Religion* 4.2.12 in Henry Beveridge, trans. 2 vols. in 1 (Grand Rapids: Eerdmans, 1989), 2:313~14; 『기독교 강요』, 원광연 역(서울: CH북스, 2018).

27 Thirty-Nine Articles 22 in Schaff, Creeds of Christendom, 3:501.

스(Jan Matthys) 같은 자칭 예언자는 말세 예언들이 바로 자신의 눈 앞에서 성취되고 있고, 자신이 이 땅에 천년왕국을 세워야 할—필요하다면 무력으로라도—임무를 받았다고 주장했다.[28] 그들의 유토피아 꿈은 묵시적 악몽으로 끝나고 말았다. 1530년대 (독일) 뮌스터에서 일어난 비극적 사건은 통제를 벗어난 왜곡된 종말론이 어떻게 되는지를 보여준다. 1534년 얀 뷰켈스(Jan Beukelsz)는 도시를 장악하고, 열두 사도와 같은 장로들이 통치하는 일부다처 사회를 도입하려고 했다. 그는 자신을 마지막 때의 '의의 왕'으로 선언하고, 뮌스터에서부터 천년왕국을 다스리고자 했다. 1년 안에 그와 그의 섭정들은 붙잡히거나 죽임을 당함으로써, 급진적 개혁자들 가운데 일어난 극단적 천년왕국의 광기는 그쳤다.

폭풍 뒤의 고요함 가운데, 다음 몇십 년 동안 많은 분별력 있는 개신교도는 성경, 역사, 물론 당대 사건들에 비추어 종말 교리를 반복해서 재검토했다. 어떤 장로교인과 회중교회주의자, 루터교도, 심지어 성공회교도까지 후천년주의 관점을 받아들이기 시작하여, 최후의 반란과 예수의 재림 직전에 올, 보편적 평화와 의의 영적 황금시대를 꿈꿨다. 이것은 존 오웬(John Owen)[29] 같은 청교도 지도자의 우세한 관점으로, 18세기 식민지 미대륙의 종교적, 사회적, 정치적 이념에 영향을 주었다.

아주 오래된 전천년설 또한 종교개혁의 여파로 재기하여, 여러 형태를 띠었다. 그렇지만 그리스도의 문자적 지상 통치 기대가 개신교 종말론에서 고려해야 할 세력이 된 것은 근대에 들어와서였다.

---

[28] Crawford Gribben, *Evangelical Millennialism in the Trans-Atlantic World, 1500~2000* (New York: Palgrave Macmillan, 2011), 20~22.

[29] Gary L. Nebeker, "John Nelson Darby and Trinity College, Dublin: A Study in Eschatological Contrasts" in *Fides et Historia* 34.2 (2002): 94를 보라.

근대 · 현대 시대(1700년~현재)

근대주의(modernism)의 등장으로 어디서나, 언제나, (거의) 모든 사람이 믿은 교리들이 법정에 끌려와 재판을 받았다. 전통 신앙과 실천에 관한 '계몽된' 입장은 삼위일체, 예수의 성육신과 동정녀 탄생, 예수님의 부활 같은 핵심 교리에 영향을 주었다. 자유주의 신학자와 비평적 학자는 기독교 신앙을 형제애와 사회정의에 대한 그리스도의 도덕적 가르침을 중심으로 한 윤리 철학으로 축소했다. 이와 같은 기독교 신앙과 메시지의 개정(reformulation, 개혁[reformation]이 아니라)에는 재림이나 몸의 부활, 심지어는 영생과 같은 고전적 교리의 여지가 거의 없었다. 심판 날의 자취라도 유지하던 믿음 있는 학자조차 지옥의 개념을 미신의 흔적, 곧 세련되고 과학적인 지성으로 더는 용납할 수 없는 관념으로 간주했다.[30]

또 다른 자유주의 집단에서는 17~18세기 영적 후천년주의—특히 뉴잉글랜드 청교도 신학자 사이에 나타난—가 변화를 겪었다.[31] 세속주의가 확장하자, 그리스도 중심의 영적, 도덕적 차원의 실현 가능한 천년왕국이 지구촌의 사회, 경제적 변화라는 소망에 자리를 내줬다. 알리스터 맥그래스가 지적한 것처럼, "역사의 격변에 기인한 종말 개념은 도덕적, 사회적 완성을 향한 인류의 점진적 진화에 근거를 둔 희망 교리가 인기를 얻으면서 주변으로 밀려났다."[32]

이렇듯 자유주의 기독교인 가운데 영적인 것이 상실됨을 나타내는 예로 월터 라우센부쉬를 고려할 수 있는데, 그는 고전적 종말론을 자신의 '사회 복음'에 비추어 재해석하고자 했다.

---

30 참고. McGrath, *Christian Theology: An Introduction*, 469.

31 Berkhof, *History of Christian Doctrines*, 264를 보라.

32 McGrath, *Christian Theology: An Introduction*, 469.

사회 복음은 교회 비전을 미래지향적으로 발전하게 하고 인류 운명을 형성하는 하나님의 뜻과 협력할 것을 추구한다. 인류 미래에 관한 근대적이고 진실로 기독교적 개념이 이것을 지원하고 강력하게 한다. 현재 다른 어떤 신학적 영향도 종말론 만큼 사회를 방해하고 차단하는 것은 없다.[33]

그의 생각에는, 예수님 자신이 역사 속으로 직접 들어와서 인간의 노력과는 별개로 하나님의 나라를 시작한다는 전천년주의 관점의 종말론은 진정한 발전을 가로막는 장애물이다. 그러면 해결책은 무엇일까?

어떤 천년왕국에서건 우리 주된 관심은 모든 마지막 개인 존재의 가치와 자유까지 존중받고 보호받는 사회 질서에 대한 갈망이다. 그 안에서 인간의 형제애는 사회의 경제적 자원을 공동소유함으로 표현된다. 그리고 그 안에서 인류의 영적인 선은 모든 유물론적 집단의 사적인 이윤에 관한 관심 위에 세워진다. 우리는 자신을 위해 천국을 소망하는 것처럼, 인류를 위해 이러한 질서를 소망한다.[34]

1800년대 사람들은 과학, 심리학, 기술의 발전을 세상이 점차 좋아지는 징후로 해석했지만, 인류의 진보에 관한 낙관이 20세기에 들어서면 상처를 입는다고 표현한다면 지나친 과소평가다. 처음에는 이런 희망이 기가 꺾이다가 다음에는 파괴되었는데, 1900년대 초반에 태어난 사람은 살면서 (예를 들면) 1차 세계대전, 대공황, 2차 세계대전, 홀로코스트, 원자탄, 다양한 공포의 도구와 방법을 통한 대량학살과 종족살해, 환경 재앙, 경제적 붕괴와 위기, 전 세계적 테러, 수천만의 기아, 무기 경쟁, 인종 '청소', 불치병의 발생과 확산, 그리

---

33 Walter Rauschenbusch, *A Theology for the Social Gospel* (New York: Macmillan, 1922), 210;『사회복음을 위한 신학』, 남병훈 옮김 (서울: 명동, 2012).

34 Rauschenbusch, *A Theology for the Social Gospel*, 224.

고 이해할 수 없는 자본주의 욕망 등을 목격한다.

자유주의 신학에서 인간의 성취를 자신하며 불을 붙였던 긍정적 사고는 회의주의와 절망으로 대체되었고, 이는 미래에 관한 새로운 종류의 기대를 불어넣었다. 1800년대 후반과 1900년대 초반에 걸쳐 나타난 세대주의로 알려진 운동은 미래적 전천년주의 종말론을 강조했다. 세대주의자는 세상이 인간의 노력으로 더 나아진다고 생각하지 않고, 점점 더 자기파괴를 향해 내려가고 있다고 보는 경향이 있었다. 마침내 환란기가 시작되면, 적그리스도가 나타나 세계적인 제국을 수립할 것이며, 그 제국은 재림 때에야 파괴된다.

교회사를 통한 종말

교부시대 (100~500)	중세시대 (500~1500)	종교개혁시대 (1500~1700)	근대 · 현대시대 (1700~현재)
• 그리스도가 곧 재림하신다고 기대(30~100) • 핍박과 순교를 마지막과 적그리스도 등장의 징조로 봄 (100~325) • 박해 그침(313) • 전천년주의 쇠퇴, 후천년주의 발흥(150~500) • 문자적 몸의 부활을 변호한 변증가(150~500)	• 미래의 심판에 대한 두려움이 내세의 불 심판에 대한 두려움으로 대체 • 로마가톨릭의 연옥 교리가 발전해 지배함 (600~1500) • 이슬람의 득세 (622~700)는 적그리스도의 등장에 대한 두려움을 키움 • 질병, 전쟁, 이단의 편만함으로 많은 사람이 말세가 이미 왔다고 믿음	• 종교개혁자들은 교황을 적그리스도로, 로마교회를 반기독교 왕국으로 지목 (1517~1700) • 개혁자들은 그들이 말세를 살고 있다고 믿음 • 대부분 아우구스티누스의 무천년주의 견해를 고수 • 소수는 (때로 급진적인) 전천년주의 견해를 고수 • 연옥 교리 거부	• 자유주의 신학자들은 고전적 교리 (그리스도의 재림, 몸의 부활, 지옥) 거부(1700~2000) • 뉴잉글랜드 청교도들은 후천년주의 종말론을 지지함(1700~1800) • 전천년주의 신학이 주류 신학자 사이에 다시 나타남(1700~1800) • 세대주의 전천년주의 등장 (1850~1900)

마지막 때에 관한 새로운 강조로 성경 연구자들은 현재의 사건들에서 종종 징조들을 찾거나, 때로는 그리스도의 재림 날짜를 추측하기도 한다. 전 세계 정치, 문화, 종교의 급진적 변화에 자극받은 이러한 관점으로 예언에 관한 책들이 무수하게 출판되었고, 종말론 관점을 고취하는 수많은 사역 단체가 설립되었으며, 재림 전에 최대한 많은 사람을 그리스도께 인도하려는 복음적, 선교적 노력이 증대되었다.

　때로는 세상의 종말에 대한 광적 집착으로 종종 무천년주의나 후천년주의적 경향을 가진 다소 전통적 개신교도는 대중적 전천년주의 흥분에 매우 부정적으로 반응하는 경향도 있었다. 그 결과 교회들, 목사들, 신학자들과 평신도들 가운데 말세 사건들의 세부사항들과 사회에서 교회의 역할에 관한 실천적 함의를 두고 불화가 증가했다. 신자들은 (일부 후천년주의자와 무천년주의자들을 따라) 지속적 평화와 정의를 구현하려고 점진적으로 이 사회를 개선하는 일을 계속해야 하는가? 아니면 그리스도인들은 필연적으로 다가오는 지구의 최후 심판이 닥치기 전에 (전천년주의자를 따라) 최대한 많은 영혼을 구하는 데 초점 맞추는 것이 더 나은가? 복음주의자 가운데 이러한 차이점들은 오늘날까지도 계속한다.

반드시 기억해야 할 사실

교사는 종종 학생에게 말한다. "이 수업에서 다른 것은 모두 잊어도, **이것만은** 반드시 기억하세요." 어떤 분야의 학문에서나 우리는 그 위에 건축할 수 있는 기반을 이루는 기본적이며 근본적인 진리들을 찾는다. 이 '제1원리' 또는 '공리'가 확실하게 자리 잡지 못하면, 구조 전체가 불안정할 수밖에 없다.

다음 일곱 가지 사실은 종말론이라는 학문을 지탱하는 강철 받침 같은 기능을 한다. 우리는 그 위에 바닥과 벽, 그리고 지붕을 건설하고, 종말에 관한 교리를 더 많은 세부사항으로 채울 수 있다. 우리는 페인트칠을 하고, 가구를 들여놓고, 실내 장식까지 할 수 있다. 시간이 지나면, 이런 세부사항과 표면적 변화는 일부 바뀔 수도 있지만… 받침대는 그 건물 자체가 무너지지 않는 한 절대 바뀔 수 없다. 다음 사실을 외우기 바란다. 그것들을 여러분 사고 제일 앞에, 또 중심에 둔다면, 여러분 자신과 다른 사람을 왜곡된 가르침에서 구출할 것이다.

사실 1. 예수 그리스도는 심판자와 왕으로 다시 오신다

부활하신 주님이 하늘로 승천하시는 것을 제자들이 응시하고 있을 때, 두 천사가 나타나 말했다. "갈릴리 사람들아, 어찌하여 하늘을 쳐다보면서 서 있느냐? 너희를 떠나서 하늘로 올라가신 이 예수는, 하늘로 올라가시는 것을 너희가 본 그대로 오실 것이다"(행 1:11). 그 순간부터 신실한 제자들은, 말하자면, 언제나 한쪽 눈으로 하늘을 바라보고 있었다―주님의 육체적 재림을 기대하며, 갈망하고 있었다.

그리스도의 재림은 심판 그리고 (살아있거나 죽은 모든 악한 자에게—딤후 4:1; 벧전 4:5; 살후 1:5~10) 끝이 없는, 영광스러운 나라(계 11:15)를 가져온다.

심판자와 왕으로 오실 그분의 재림을 기대함은 처음부터 기독교 신앙의 중심 부분을 차지했다. 하나님의 말씀이 이것을 분명하게 가르치고 있으며, 또한 처음부터 모든 교단과 전통의 진정한 신자 모두 이것을 신실하게 믿어왔다. 이 진리를 잊으면 절대 안 된다.

사실 2. 그리스도가 언제 돌아오실지 아무도 모른다

성경 말씀과 균형 잡힌 성도의 증언에 따르면, 예수께서 언제 다시 오시는지 그 누구도 알 방법이 없다. 그 어떤 환상도, 꿈도, 또는 영리한 계산도 이 사실을 바꿀 수는 없다. 그분이 심판자와 왕으로 다시 오신다는 사실은 확실하다 해도, 그 시기는 그렇지 않다. 다음의 직설적 말씀을 숙고해 보자.[1]

- 그날과 그 시각은 아무도 모른다. 하늘의 천사들도 모르고, 아들도 모르고, 오직 아버지만이 아신다. (마 24:36)
- 너희는 너희 주님께서 어느 날에 오실지를 알지 못하기 때문이다. (마 24:42)
- 그날과 그때는 아무도 모른다… 조심하고, 깨어 있어라. 그때가 언제인지를 너희가 모르기 때문이다… 내가 너희에게 하는 말은 모든 사람에게 하는 말이다. 깨어 있어라. (막 13:32~33, 37)
- 형제자매 여러분, 그때와 시기를 두고서는 여러분에게 더 쓸 필요가 없겠습니다. 주님의 날이 밤에 도둑처럼 온다는 것을, 여러분은 자세히 알고 있습니다. (살전 5:1~2)
- 그러나 주님의 날은 도둑같이 올 것입니다. (벧후 3:10, 그리스도께서 심판하시려고 갑작스럽게 오심을 강조함)

---

[1] 저자는 NASB를 인용하나, 번역서는 『새번역』을 인용하며 바르기도 한다.

- 내가 도둑같이 올 것인데, 어느 때에 내가 네게 올지를 너는 알지 못한다. (계 3:3)
- 보아라, 내가 도둑처럼 올 것이다. 깨어 있어서, 자기 옷을 갖추어 입고, 벌거벗은 몸으로 돌아다니지 않으며, 자기의 부끄러운 데를 남에게 보이지 않는 사람은, 복이 있다. (계 16:15)

그리스도께서 다시 오신다는 **사실**은 깨질 수 없는 약속이다. **언제 오실 것인지는 전혀 알려지지 않았다.** 그때를 추정한 거짓 교사가 언제나 틀린 것을 우리는 보아왔고, 앞으로도 그럴 것이다. 우리는 예수 그리스도가 언제 다시 오실지 아는 것은 불가능하다는 사실을 반드시 기억해야 한다.

사실 3. 하나님은 우리 몸을 육체적 부활을 통해 구속하신다

어느 날 우리가 텍사스주 메스쿠잍(Mesquite)에 있는 유서 깊은 가족 묘지를 방문했을 때, 나의 두 아들 루카스와 네이선이 백 년 넘은 무덤들 위를 이리저리 뛰어다니고 있었다. 나는 아이들을 불러서 내가 어렸을 때 들었던 주의 사항을 전했는데, 그것은 "무덤 위를 걸어 다니면 안 된다."라는 것이었다.

루카스는 궁금한 모양이었다. "왜 안 돼요?"

좋은 질문이었다. 나는 한 번도 그 이유를 생각해 본 적이 없었다. "왜냐하면… 음…" 나는 그럴듯한 대답을 하려고 애쓰며 말을 더듬었다. 아마도 나는 그저 내 어머니가 받은 어떤 미신의 유물 같은 것을 그대로 내 아이들에게 전달했을 것이다. 그렇지만 나는 왠지 그 사슬을 끊어버리고 아이들에게 **"그래, 가서 무덤 위에서 마구 뛰어다니렴. 상관없어, 그들은 이미 죽었으니까"**라고 차마 말할 수는 없었다.

그래서 결국 내가 생각해낼 수 있는 최선의 특별 대답을 했다. "왜냐하면," 나는 말했다. "만약 지금 부활이 일어나면 너희는 부딪쳐 넘어질 거야!"

맞는 말이다. 어느 시점에, 무덤들이 열린다. 땅속에 남아 있던 죽은 사람의 유해가 변화되어 영광스러운 새 몸, 곧 예수님 자신의 몸과 같은 특징을 지닌 몸으로 회복할 것이다. 옛 몸은 결코 무덤 속에 그대로 있지 않다. 모든 것이 새로워진다. 땅속에서 해체된 물질도 하나님의 속량 계획에 따라 미래가 있다.

안타깝게도 너무도 많은 그리스도인이 자기 몸을 진정한 '나'를 담고 있는 껍질에 불과하다고 믿으면서, 하나님께서 우리를 위해 빚으신 창조세계와 상호작용을 하기 위한 영구적인 수단으로 우리에게 물리적 현존, 신체적 존재가 되도록 의도하지 않기라도 하신 것처럼 생각한다. 몸의 부활이라는 약속은 이런 관념과 완전히 모순된다! 우리의 육체적 몸이 속량 된다는 믿음은 항상 신앙의 중심 신조였다(롬 8:23). 그리스도께서 다시 오실 때, 그는 "우리의 비천한 몸을 변하게 하셔서, 자기의 영광스러운 몸과 같은 모습이 되게 하실 것"이며(빌 3:21), 그 몸은 노화와 사망에 더는 종속하지 않는다. 그러나 이것은 완전히 다른 몸을 창조하시는 것이 아니라, 우리 현재 몸의 **변화**(transformation)임을 주목하라. 예수께서 다시 살아나셨을 때, 그분은 자기 옛 몸을 무덤 속에 남겨두지 않고, 그 옛 몸으로 다시 사셔서 영광스러운 부활의 몸으로 변하셨다. 우리의 변화도 그것과 같은 패턴을 따른다.

그런데 **왜** 그럴까? 왜 하나님은 이미 안식에 들어간 것을 번거롭게 다시 회복하게 하시는가? 우리 영혼을 위해 완전히 새로운 몸을 만들어 주실 수는 없을까? 물론 그렇게 하실 수도 있다! 그렇지만 무덤과 묘지를 열고, 이미 죽어서 부패한 우리 육체를 영광스럽고 썩지 않을 몸으로 변하게 하시면서, 하나님께서는 단번에 영원히 선언하신다. "죽음아, 너의 승리가 어디에 있느냐!"(고전 15:55). 바울의 설명처럼, "썩을 이 몸이 썩지 않을 것을 입고, 죽을 이 몸이 죽지 않을 것을 입을 그때, 이렇게 기록한 성경 말씀이 이루어질 것입니다. '죽음을 삼키고서, 승리를 얻었다'"(54절). 죽을 수밖에 없는 우리의 먼지와 재를 낚아채셔서 영원하고 영광스러울 것으로 변하게 하심으로, 하나님은 인류를 멸망시키려는 사탄의 시도가 실패했음을 보여주신다. 몸과 영을 지닌 채 하나님의 형상으로 창조된 인간은 죽음에서 구출되어 생명으로 회복될 뿐 아니라, 또한 영광과 존귀로 면류관을 쓴다(시 8:5). 하나님께서 죽음에 승리는 그분 약속과 우리 소망에서 핵심이기에, 우리는 하나님께서 육체적 부활을 통해 우리의 몸을 속량하신다는 사실을 반드시 기억해야 한다.

사실 4. 하나님은 죄와 고난과 죽음을 완전히 제거하신다

장엄한 크리스마스 캐롤 「기쁘다 구주 오셨네(Joy to the World)」는 궁극적인 우주적 속량에 관한 웅장한 소망을 표현한다.

> 죄와 슬픔이 자라지 않게 하라
> 가시가 땅을 덮지 못하게 하라
> 그가 오심으로 축복이 흘러서
> 저주가 있는 먼 곳까지 닿으리라2

그리스도께서 다시 오실 때는 모든 피조세계를 썩어짐에 예속된 상태에서 해방하실 능력으로 오신다(롬 8:21). 죄와 사망, 고난과 고통, 악함과 비극이라는 어두운 얼룩이 이 우주를 더럽힌 곳마다 전부 그리스도의 생명에서 나오는 정결케 하는 복으로 영원히 씻기신다. 지금은 우리가 죽어가는 이 세상에서 극심한 고통 가운데 힘겹게 살아가지만, 언젠가 그 죽음은 무적인 생명 자체의 힘에 의해 영구적으로 정복된다(계 21:4).

---

2 "Joy to the World" in *The Hymnal for Worship and Celebration* (Waco: Word Music, 1984).

회복된 창조세계에는 죽음이나 슬픔, 또는 고통이 더는 없다. 죄와 사망의 지배 아래 있는 현재 이 세상을 대표하는 끔찍한 일들은 예수 그리스도의 통치 아래에서 모두 제거된다(3절). 그러나 그때가 오기까지는 어두움이 우리를 끌어내리고, 우리 기쁨과 소망과 자족함과 인내를 너무나도 쉽게 빼앗아 버린다. 그렇기에 우리는 어느 날 하나님께서 영원히 죄와 고통과 사망을 폐하신다는 사실을 반드시 기억해야 한다.

사실 5. 우리는 모두 하나님 앞에서 우리 삶에 대해 계수 받는다

"그러므로 그리스도 예수 안에 있는 사람들은 정죄를 받지 않습니다"(롬 8:1). 이 진리는 "그리스도 안에 있는" 사람의 정신에 밝게 빛나서 의심의 암흑을 뚫고 절망의 그림자를 몰아내야 한다. 그리스도의 초림 때는 세상을 심판하기 위해서가 아니라, 이 세상을 구원하시려고 오셨다(요 12:47). 그때와 재림 사이에 그리스도와 관계에 들어오는 사람은 그분의 구원하시는 은혜를 받았다.

그러나 그렇다고 해서 우리가 완전히 책임을 면제받지 않았다. 하나님께서 '살인면허'를 허용하시지 않았다는 말이다. 우리는 뒤탈 없이 하고 싶은 대로 할 수 있는 게 아니다. 하나님은 이 세상에서 그의 자녀들을 향해 사랑의 징계를 하신다고 경고하셨다(히 12:5~11; 계 3:19). 사실, 이 세상을 사는 동안 그분 자녀로서 그분의 사랑의 손길로 심판을 받는 것은 "우리가 세상과 함께 정죄를 받지 않게 하시려는 것"이다(고전 11:32). 또한, 성경은 미래의 한 시점—그리스도의 재림—을 가리키면서 성도마저도 그분 심판의 대상이라고 말한다.

> 우리는 모두 다 하나님의 심판대 앞에 설 것입니다. 성경에는 이렇게 기록되어 있습니다. "주님께서 말씀하신다. 내가 살아 있으니, 모든 무릎이 내 앞에 꿇을 것이요, 모든 입이 나 하나님을 찬양할 것이다." 그러므로 우리는 각각 자기 일을 하나님께 사실대로 아뢰어야 할 것입니다. (롬 14:10~12)

우리는 모두 그리스도의 심판대 앞에 나타나야 합니다. 그리하여 각 사람은 선한 일이든지 악한 일이든지, 몸으로 행한 모든 일에 따라, 마땅한 보응을 받아야 합니다. (고후 5:10)

또한, 바울은 우리가 그리스도의 교회를 세우려고 한 일이 그 질에 따라 판단을 받아, 우리가 심판을 받을 때 상을 받거나 잃는 결과가 있다고 말한다(고전 3:12~15).

우리가 누구이든, 언제 살았든, 얼마나 많이 이바지했든, 또는 얼마나 적게 받았든, 주님은 우리가 그분 부르심에 합당한 삶을 살기를 기대하신다(엡 4:1). 그것이 우리가 거룩하고, 흠 없고, 열매 맺는 삶을 살고자 하는 유일한 동기가 아니어도, 여전히 언젠가 우리 각 사람이 하나님 앞에서 우리의 삶에 대해 계수 받아야 함을 항상 기억해야 한다.

사실 6. 하나님의 모든 계획과 약속은 성취된다

가장 좋은 뜻을 가진 사람들조차 가장 좋은 의도로 우리를 비참하게 낙담시킬 수 있다. 사람이 계획을 세울 때마다, 그것을 시행하지 못할 수도 있다는 사실을 인식해야 한다. 누군가 약속을 할 때, 그는 언젠가 그 약속을 지키지 못할지도 모른다. 때때로 어떤 사람은 대놓고 실패하기도 한다. 어떤 경우에는 진정성이 부족하기도 하다. 대부분은 그들이 통제할 수 없는 어떤 상황들로 목표를 이루지 못하거나, 그들이 하겠다고 한 일을 하지 못한다.

그러나 **하나님**은 약속을 어기거나, 변덕스럽거나, 나약한 분이 아니시다. 그분 말씀은 계속해서 우리에게 그분 **모든** 계획과 약속이 성취되며, 그분이 하신 약속을 **절대** 어기지 않으신다는 확신을 준다. "하나님은 사람이 아니시다. 거짓말을 하지 아니하신다. 사람의 아들이 아니시니, 변덕을 부리지도 아니하신다. 어찌 말씀하신 대로 하지 아니하시랴? 어찌 약속하신 것을 이루지 아니하시랴?"(민 23:19). 그분 자신이 우리에게 확인해 주신다, "나의 뜻이 반드시 성취될 것이며, 내가 하고자 하는 것은 내가 반드시 이룬다"(사 46:10). 약속을 지키는 분이라는 하나님의 성격에 비추어, 바울은 "하나님께서 주시는 고마운 선물과 부르심은 철회되지 않습니다"(롬 11:29)라고 강조한다.

구약성경에는 하나님께서 인류와 창조세계를 속량하신다는 수많은 예언과 언약이 담겨있다. 하나님께서는 망가진 것을 고치시겠다고 약속하셨다. 창조와 타락으로 시작한 이야기는 그분이 피조물을 회복하시고 새롭게 하실 때 완성된다. 지금은 모든 것이 하나님의 전능하신 통치 아래 있는 것을 보지 못하지만(히 2:8), 그리스도가 다시 오실 때, 하나님은 모든 옛 계획과 계속되어온 약속을 아들을 통하여 이루신다. 오직 그분만이 아시는 적당한 때에, 이 세상에서 모든 악을 제거하셔서 "편히 쉴 때가 올 것이며", 그때 그분은 예수를 보내셔서 다스리게 하신다(행 3:20). 드디어 "하나님이 자기의 거룩한 예언자들의 입을 빌려서 말씀하신 대로 만물을 회복하실 때"가 이른다(21절).

깨어진 약속과 파기된 계약들, 실천하지 못한 일들이 빈번한 우리 세상에서, 우리가 실망한 일을 두고 하나님을 탓하기 쉽다. 그러나 하나님의 모든 계획과 약속이 성취됨을 반드시 기억해야 한다.

사실 7. **그리스도의 왕국은 영원무궁이 지속한다**

2012년 12월 21일을 기억하는가? 그날은 어떤 사람들이 세상의 종말이라고 믿은 날이다. 대부분의 뉴에이지 예언자는 고대 마야력의 기나긴 한 주기가 끝나는 그 운명적인 날, 세계사의 한 주기가 끝나고 새로운 시대가 열린다고 생각했다.

마야의 창조신화에는 수많은 신의 활동과 이 땅의 거주민에게 중대한 영향을 미치는 천상의 권세 사이의 끝없는 갈등이 그려져 있다. 마야의 세계관은 이원적 존재—곧, 어두움과 빛, 선과 악, 행복과 재앙 사이의 끊임없는 투쟁—를 제시했다. 이러한 살아있는 이야기에서 다양한 영웅적 인물—신화적이고 역사적인—은 악의 세력들과 맞서 싸우고, 이 세상을 혼돈에서부터 구하여 질서 있게 하거나, 미래 비전을 제시하면서, 이야기를 전개하는 데 필수 역할을 감당했다.

별과 계절과 신들, 과거나 미래의 사건들과 연결된 복잡한 마야력은 그 사회가 예측 불가능하고 혼란스러운 이 세상에 대처할 수 있게 도움을 주었다. 그리고 마야제국의 이야기는, 그들의 유명한 순환하는 달력이 생생하게 설명해 주듯, 끝없이 주기를 반복한다. 현재 세계가 언젠가 끝나더라도, 그 결말은 또 다른 시대가 시작하고, 그 시대 또한 자신의 순환 과정을 거친다.

그런데도 각각의 결말이 새로운 시작이 되는 순환적인 이야기에서, 역사는 궁극적으로 어디에도 이르지 못한다. 마야력은 끝없는 순환주기를 가지고 영원 과거나 영원 미래로 투사될 수 있고, 끝없이 재활용되는 시간의 루프 속에서 모든 사건과 개인과 세대는 상실된다.

물론 이 신화는 죽음과 재탄생의 끊임없는 순환을 통해 이 세상에서 우리 위치를 이해하려는 시도만은 아니다. 세상의 기원과 운명에 관한 수많은 대안적 서사가 우리의 주의와 관심을 얻으려고 경쟁했다. 예를 들어, 이집트인의 창세 이야기들도 전형적으로 매일 반복하는 주기에 맞춰져 있다. 매일 아침 신들은 세상을 재-창조하고, 이집트인들은 자신의 신들과 그 신들이 대표하는 것들을 거의 구별하지 않았다. 즉 해, 하늘, 바다, 강, 땅… 등은 그 모든 것들이 자체로 신들의 현현이었고,[3] 끝없이 반복하는 일출과 일몰의 주기에서, 결국 우주는 아무 데도 가지 못했다.

우주의 기원과 운명에 관한 근대 이론을 간략히 살펴보자. 오늘날 많은 과학자가 우주가 팽창과 수축의 영원한 주기에 갇혀, 각각의 붕괴 후에는 또 다른 빅뱅이 따르며, 결국 그 뒤에는 또 다른 붕괴

---

[3] Gordon H. Johnston, "Genesis 1 and Ancient Egyptian Creation Myths" in *Bibliotheca Sacra* 165 (April–June 2008): 183을 보라.

가 일어난다고 믿는다.4 이 패러다임에는 우주가 영원한 완전함에 도달한다는 개념이 들어갈 여지가 없다.

이 순환 줄거리를 가진 이야기들과 대조하면, 성경 이야기는 철저히 다르다. 하나님 말씀은 신인(God-man)이신 그리스도의 통치 아래에서 모든 것이 회복하는 미래를 제시한다. 만물은 그분 안에서 존속된다(골 1:17). 그분은 자신의 능력 있는 말씀으로 만물을 보존하시는 분이시다(히 1:3). 그리고 그분이 다스리시려고 다시 오실 때, 이 세상은 원래 의도한 모습으로 나타난다. 일시적인 통치 후에 다시 만물이 붕괴하는 것과 완전히 다르게, 예수 그리스도의 통치는 '영원무궁하게' 지속한다(계 11:15). 그분 나라는 끝이 없다(눅 1:33; 단 2:44).

생각해 보라! 실패한 정부와 부패한 관리들, 쇠퇴하는 사회와 완전히 오염된 우주의 순환은 완전한 우주와 정의가 깃들여 있는 완전한 나라로 대체된다(벧후 3:13). 우리는 반드시 기억해야 한다. **그리스도의 나라는 영원하다.**

---

4 Roger Penrose, *Cycles of Time: An Extraordinary New View of the Universe* (London: Bodley Head, 2010); 『시간의 순환: 우주에 대한 황당할 정도의 새로운 관점』, 이종필 옮김 (서울: 승산, 2015); Paul J. Steinhardt and Neil Turok, *Endless Universe* (New York: Doubleday, 2007); 『끝없는 우주: 빅뱅 이론을 넘어서 : 21세기에 시작된 우주론의 혁명』, 김원기 옮김, 살림청소년 융합형 수학과학총서 시리즈 (서울: 살림, 2009).

반드시 기억해야 할 일곱 가지 사실

1. 예수 그리스도는 심판자와 왕으로 다시 오신다.
2. 그리스도가 언제 돌아오실지 아무도 모른다.
3. 하나님은 우리의 몸을 육체적 부활을 통해 구속하신다.
4. 하나님은 죄와 고통과 죽음을 완전히 제거하신다.
5. 우리는 모두 하나님 앞에서 우리의 삶에 대해 계수 받는다.
6. 하나님의 모든 계획과 약속은 성취된다.
7. 그리스도의 왕국은 영원무궁이 지속한다.

피해야 할 위험

앞에서 우리는 종말론과 반드시 기억해야 할 일곱 가지 사실을 탐구했다. 우리가 그 요점을 중심에 두고 사고하면, 성경 예언을 공부하면서 만나는 지엽적이고, 덜 중요한 문제를 다루는 데 핵심 표지판 역할을 할 것이다. 이제 피해야 할 일곱 가지 위험을 살펴보자. 이것들은 우리 여행자를 위한 경고문으로, 안전한 길에서 벗어나 방황하는 사람을 해치고 파괴할 수 있는 위험한 절벽이나 포식동물이 있는 습지대에 다가갈 때 위험을 알려준다.

위험 1. 악질적인 이단

이단은 알면서도 고의로 뉘우치지 않고, 교회사를 통해 전수된 핵심 정통 신조와 정면으로 모순되는 교리를 믿거나 가르친다. 미리 말해 두지만, 종말론 이단이 되려면 정통 신조에서 크게 벗어나지 않아도 된다. 정통 종말론 형태는 드넓게 그려져 있는데, 이것을 구성하는 문제가 언제나 심판자로서 그리스도의 육체적 재림, 영생이나 영벌로 가는 죽은 사람의 육체적 부활, 왕이신 그리스도의 영원한 통치 기대에 국한되기 때문이다.

이 교리들은 너무나도 근본적이어서 복음 메시지 자체와 직접 관련이 있다.[1] **그렇지만** 두어가지 이단이 수 세기에 걸쳐 발전했다. 어떻게 신자가 그 핵심 요소를 거부할 수 있었을까?

어떤 사람들은 예수가 순전히 영적 의미로 오순절에 성령의 오심을 통해 '돌아오셨다'라고 믿는다.[2] 다른 사람은 한 사람이 신자가

---

[1] 예를 들면, 로마서 2:16; 고린도전서 15:13~14를 보라.

될 때, 그분이 각 개인에게 인격적 의미에서 '돌아오신다'라고 믿는다(행 9:3~5; 골 1:27). 또 다른 사람은 신자가 죽을 때 그를 하늘로 데려가시려고 그분이 '오시는 것'을 재림으로 재해석했다(요 14:3). 어떤 의미에서 이 모든 것이 사실일 수 있지만, 예수 그리스도의 문자적 미래 재림을 **대신**해 주장한다면 이단이다. 그리스도인들은 그 초기부터 그분이 심판자와 왕으로서 물리적으로 돌아오실 것을 고대했다. 심판자로서 그분은 악인들에게는 영원한 형벌로, 의인들에게는 영생으로 보상해 주신다. 왕으로서 그분은 영원히, 정의롭게 온 창조 세계를 다스리신다.

그리스도의 재림에 관한 잘못된 가르침 외에도, 교회사를 통해 이단은 가끔 미래의 육체적 부활을 여러 측면에서 공격했다. 어떤 이는 부활이 **단지 영적인 것**이며, 배타적으로 신생과 영생만을 가리킨다고 말했다. 그러므로 **부활**은 '구원받는' 것이다. 구원받은 사람이 죽으면, 그는 즉시 미래의 문자적인 몸의 부활과 상관없이 구원을 완전하게 상속받는다.

이것은 고대 영지주의 이단의 견해로, 그들은 물리적 몸을 본질적으로 악하고 속량될 수 없는 것으로 멸시했다. 소위 **빌립복음서**는 말한다. "어떤 이는 벗겨진 채 일어나지 못하게 될까 두려워한다. 이것 때문에 그들은 육체로 부활하기를 원하지만, [육체]를 입는 자가 벗은 자라는 것을 알지 못한다."3 이와 비슷하게, 영지주의 **부활에 관한 논문**에서도 부활은 신자가 "광선이 태양에 이끌리듯 그분에게 하늘로 이끌리고 다른 어떤 것에도 종속되지 않으면" 일어난다고 말한다. "이것은 영적 부활로서 육체를 삼키듯 정신을 삼킨다."4

---

2 요한복음 14:16~20; 마태복음 28:20; 사도행전 2장.

3 *Gospel of Philip* (Nag Hammadi Library II.3.56, 26~30).

4 *Treatise on the Resurrection* (*Epistle to Rheginos*) (Nag Hammadi Library I.4.45, 14~46.2).

최종 심판의 영역에서는 다양한 견해가 주변적이거나, 특이하거나, 심지어 위험하게 여겨진다. 로마가톨릭의 연옥 교리에 따르면, 침례 받은 그리스도인은 죽은 후 이생에서 충족하지 못한 죄의 정화를 더 겪는다. 연옥은 모든 사람이 결국 구원받는(보편구원론) 수단이 아니라, 다만 해결되지 못한 죄와 죄책을 갖고 죽은, 침례 받은 그리스도인만을 위한 것이다. 연옥은 역사적으로 후대에 발전했고, 동방정교회와 개신교 모두 정통으로 받아들이지 않는다.

또 다른 오류인 '조건적 불멸'에 따르면, 인간의 영혼(몸과 같이)은 반드시 죽는다. 육체적 죽음 이후의 의식적 존재는 없다—단지 부활 때 사람들은 다시 의식하는 존재를 경험한다. 이것은 영혼수면설과 비슷한 개념으로 죽은 사람이 심판의 날까지 무의식 상태로 쉰다고 생각한다.

영혼멸절설(annihilationism) 역시 주변적 견해로 지옥의 불은 악인의 완전한 멸망(영원한 고통이 아니라)을 상징한다고 주장한다. 이 관점은 여호와의 증인, 안식교도, 이 주제에 대한 소수 견해를 붙드는 일부 다른 정통 그리스도인에게서 전형적으로 나타난다.[5]

정통 개신교 복음주의 신앙에 못 미치는, 개인 종말론과 관련 있는 한 가지 다른 견해는 보편구원론이다. 이 관점에서는 모든 사람이 궁극적으로 구원받는다. 누구도 하나님 없이 영원에 직면할 수 없다. 어떤 이는 보편구원론이 연옥 같은 것을 통해 성취된다고 믿는데, 거기에서 모든 죄인은 그들의 사악함을 정화하고 천국을 얻는다. 다른 이는 하나님의 자비가 그분께서 단지 모든 사람을 용서하고 구원하기로 선택하기만 하면 승리한다고 믿는다. 조건적 불멸이나 영혼 멸절설과 같이 보편구원론은 고전적 기독교 관점이 아니라, 다른 면에서는 정통인 소수 신자만 믿었다.

---

[5] 예를 들면, Clark Pinnock, "The Destruction of the Finally Impenitent" in *Criswell Theological Review* 4, no. 2 (1990): 246~47.

요약하면, 고전적 정통신앙은 종말 사건들에 관련된 갖가지 세부 사항에 광범위하게 동의할 것을 요구하지 않는다. 그것은 모든 진실한 그리스도인들이 성경과 완전히 일치하기를 기대하는데, 역사적으로 이해한 바와 같이, 예수께서 완전한 심판자와 영원한 왕으로 돌아오시겠고, 그분은 구원받은 사람을 영생에, 구원받지 못한 자를 영벌에 이르도록 부활하게 하신다.

위험 2. 내 편이 아니면 적

몇 해 전에 나는 어떤 모임에서 성경학자와 대화하고 있었다. 놀랍게도 우리 대화는 일상 작은 이야기에서 종말론의 세부사항으로 재빨리 옮겨갔다. 구체적으로 그는 내가 예수 그리스도께서 현재 아버지 우편에서 다윗의 보좌에 앉아 다스리고 있는지, 또는 왕으로서 그분 통치가 그분 미래 재림 때로 예약되어 있는지 물었다. 여러분이 생일 파티에서 나올 것이라고 기대하지 않을 주제지만, 완전히 단조로운 이벤트를 깨부수려고 위협하는 전투적 손님이 거기에 서 있었다.

내가 재빨리 그 문제에 관한 내 의견으로 대답하자 그는 안도의 한숨을 내쉬었다. 나는 그 질문에 그의 방식대로 대답한 것이 분명했다. 몇 분 후 그의 동료 한 명이 우리 대화에 끼어들자 그는 나를 '우리에게 속한 사람'으로 소개했기 때문이다. 그가 나를 그릴에 굽지 않아서 기뻤다. 내가 보기에 그가 동의하지 못할 점을 발견**했다면**, 나를 위한 케이크는 없었을 것이다!

실제로 그 친구는 친절하고 은혜로웠다. 이 경우 그것은 완전히 해가 없는 일상 대화였다. 하지만 무수한 경우 나는 너무도 열정적인 과거주의자, 입에 거품을 문 미래주의자, 좀처럼 죽지 않는 세대주의자, 중무장한 무천년주의자와 그다지 호의적이지 않은 만남을 견디어 왔다. 몇몇은 사물을 다르게 보는 '악한 대적들'에 대항하여 자신들의 두더지 언덕 같은 교리를 방어하려고 생존 게임 자세를 취했다. 그들 모두 싸울 가치가 있는 신앙의 중심 교리(유 1:3)와 덜 시급한 종말의 세부사항을 구별하지 못했는데, 후자에 대한 견해차가 항상 압도했다.

R. C. 스프라울은 "미래 사건에 관해 신구약에 설명된 모든 세부사항을 이해하려고 하면 우리는 성경 이해에서 아마도 필요 이상의 다른 차원으로 넘어간다."라고 말한다.6 의심할 바 없이 그리스도의 재림, 부활, 영원한 영광이라는 큰 사건을 넘어 종말의 세부사항에 집착하면, '내 편이 아니면 적'이라는 정신상태가 될 수 있다. 성경 예언의 세부사항을 견고하게 확신하는 일은 잘못이 아니다. 사실 나는 내 학생들에게 사역에 들어가서 안 그래도 혼란스러워하는 교인을 더 혼란스럽게 하기 전에, 각자가 사소한 쟁점들에 결론을 내리도록 격려한다. 하지만 그런 확신들이 설교자나 교사, 교회, 학교, 또는 사역이 덜 정통적(또는 비정통적)이라고 거부하는 기준이 될 때, 사랑, 평화, 인내, 겸손, 일치 같은 최고의 덕목을 가로막는 장애물이 된다.

위험 3. 종말에 불가지론

종말에 관한 책을 읽느니 차라리 뉴욕 거리를 칫솔로 청소할 사람을 나는 자주 만난다. 그들은 놀라거나, 혼란스러워하거나, 게으른 것이 아니라… **신경쓰지 않는다**. 어떤 교회나 교단에서 종말에 관한 가르침을 지나치게 강조하는 데 대한 반발로, 오늘날 많은 사람이 종말론에 반감을 보인다. 때로 이것은 다양한 견해 가운데 어떤 실천적, 또는 '실제 삶'을 위한 가치를 보지 못하는 데서 비롯한다. 또는 그들은 너무도 많이 '내 편 아니면 적'이라는 식의 논쟁이 거친 말과 적대감으로 끝나는 것을 목격했다. 또는 그들은 한때 종말에 집착함으로 극단을 넘어갔거나, '이것이 그것이다'라는 병에 걸렸거나, 날짜 맞추기 게임에 빠졌을 것이다(아래를 보라). 그런 경험은 다

---

6 R. C. Sproul, *1~2 Peter*, St. Andrew's Expositional Commentary (Wheaton, IL: Crossway, 2011), 282.

른 면에서는 신실한 성경적 신자를 종말론 주제만 나오면 어깨를 움츠리게 만들 수 있다.

"나는 신경 안 써"라는 태도는 여러 가지 이유로 큰 손실일 수 있다.

첫째, 그것은 하나님 말씀에서 세상의 미래를 가리키는 많은 부분을 무시한다. 이것은 건전한 태도라고 할 수 없는데, 바울이 말했듯, "모든 성경은 하나님의 영감으로 된 것으로서… 유익하기"(딤후 3:16) 때문이다. 여기에 몇 가지만 대면 이사야, 예레미야, 에스겔, 다니엘, 요엘, 스가랴, 복음서들, 고린도전서, 데살로니가전후서, 베드로후서, 유다서, 계시록이다.

둘째, 기본적인 종말론 신조에 대한 무지는 핵심 교리의 다른 측면에 영향을 주는데, 그리스도의 심판자와 왕으로서 사역(기독론), 우리 구원의 미래적 측면(구원론), 인류를 위한 하나님의 속량 계획과 목적(인간론), 세상에서 악 문제에 궁극적 해답(신정론), 교회를 위한 미래 계획(교회론), 영적 성장에서 소망의 역할(성화론) 등이다. **잘 균형 잡힌 신학은 종말론을 요구한다.**

셋째, 무관심과 태만으로 기본적인 종말론의 쟁점들을 다룰 준비를 하지 않으면, 종말에 관해 진실한 질문을 하는 젊은 신자에게 대답해 줄 수가 없다. 우리가 그런 기회를 놓칠 때, 그들은 자신의 궁금증을 버리지 않고 갑자기 우리에게서 멀어진다. 대신 그들은 다른 데서―신뢰할 만한 자료일 수도 있고 그렇지 않을 수도 있다―찾을 것이다. 그보다는 무엇이, 그리고 누가 그들에게 영향을 주고 가르치는지 적극적으로 개입해야 하지 않겠는가?

신학의 어느 영역에서든 냉담과 불가지론은 적어도 건강하지 못하고, 때로는 아주 위험하다. 종말의 세부사항이 삼위일체나 그리스도의 위격과 사역, 또는 구원 교리에 비할 수는 없더라도 종말론은 기독교 신앙의 핵심이다.

위험 4. '이것이 그것이다' 증후군

내가 젊은 신자로서 처음 읽은 책 일부는 종말론과 관련 있었다. 아니, 이 말은 과소평가다. 나는 단지 **읽지** 않았고, 완전히 탐독했다. 그리고 그 책들은 단지 종말에 **관한** 것이 아니라, 분명히 종말 자체를 가져올 세계적 위기의 정점 바로 앞에 와 있는 것처럼 느끼게 했다.

그런 책의 표지는 붉거나, 노랗거나, 그리고/또는 새까맣다. 그것들은 보통 핵폭발, 화재, 연기, 용들, 그리고/또는 귀신들을 다루었다. 그 책들 모두 신문을 옆에 두고 성경을 읽어야 한다고 했는데, 현재 사건들이 거의 날마다 묵시록의 예언들을 성취하고 있기 때문이었다.

어떤 것은 미묘하게 "이런저런 것은 적그리스도**일 수 있다**"라거나 "이 기술은 짐승의 표로 환란 때 쓰일**지도 모른다**"라거나 "유럽[중동 또는 러시아, 또는 중국]에서 벌어지는 이런 사건들은 적그리스도가 온 세계 정부를 세울 무대로 준비되는 **것일지도 모른다**"라는 식으로 말했다. 저자들, TV 설교자들, 목사들, 일반 열광자들이 어디서나 임박한 종말을 가리키는 표징들을 찾았다. 사실 나도 한때 신학대학원에 갈 필요가 없다는 말도 들었는데, 그것은 '시간이 없기' 때문이었다.

나는 어떤 교사들이 계속해서 표징들을 바꾸자 점점 싫증(또는 짜증) 났다. 첫째로 10개국 연합(계 13장)은 EU였고… 다음에는 중동을 포함한 지중해 연합이었다가… 중동과 아시아 연맹이었다. 어떤 이는 적그리스도가 뉴에이지 스승일 거라고 했고… 다른 이는 유럽 정치가라고 했으며… 다른 이는 모슬렘 독재자라고 했다. 또한, 짐승의 표는 주민등록번호? 바코드? GPS 장치? 스마트폰?….

표징을 찾는 사람들은 어리석어 보이는 것 말고도, 사람들의 믿음과 그리스도의 목적에 피해를 줄 수 있다. '성취들'이 제대로 전개되지 않을 때, 약한 신자들, 불신자들, 회의론자들, 비평가들, 조롱하는 자들은 다음 두 가지의 하나로 결론 내린다. (1) 기독교와 성경은

"성경은 사실이 아닌 것 말고 무엇을 가르치는가?"라는 의문을 일으키는, 신뢰할 수 없는 것이다. 아니면 (2) 성경은 가망 없이 모호한데, 주의 깊은 해석자들이 그렇게 다양한 현대 사건들을 잘못 읽을 수 있다면, 성경은 명백히 사람들이 말하고 싶은 대로 무엇이든 말하도록 해석될 수 있기 때문이다. 어떤 경우든 놀이로 표징 찾기를 하면 좋은 것은 **아무것도** 나오지 않는다. 이런 일을 하는 사람들은 진정한 신자들을 아찔한 즐거움을 찾는 사람들과 한패로 몰아넣고 어둠과 방황 속에 던져놓는다.

위험 5. 날짜 맞추기 게임

지난 수십 년간 우리는 확신에 차서 그리스도의 재림이나 교회의 휴거를 예언한 지도자들의 수많은 시도를 견뎠다. 몇몇은 우리가 1980년대를 넘어가지 못한다고 주장했다. 다른 이들은 1993년에 휴거일, 그리고 2000년에 재림일을 잡았다. 또 다른 이는 1994년… 다음엔 2011년을 택했다. 그리고 그것은 어떤 교단이나 신학적 입장에 서느냐와 관계없었다. 전천년주의자와 무천년주의자 모두 '날짜 맞추기 게임'을 시도했다.

진실은 거의 20세기 동안 오도된 그리스도인이 한 손에는 성경을, 다른 손에는 계산기, 주판, 또는 분필을 들고 예언들을 연구해 왔다.[7] 그들이 '날짜를 잡을' 때마다 틀렸다. 물론 여기에는 확실한 이유가 있다. 성경은 이 게임을 하는 사람은 누구든 질 것을 보장했다.

예수님, 바울, 베드로, 그리고 온 초대교회가 아무도 그리스도의 재림 때를 알지 못함을 알았다. 예수님 자신이 "그러나 그날과 그 시각은 아무도 모른다. 하늘의 천사들도 모르고, 아들도 모르고, 오

---

[7] 시도들에 관한 자세한 설명은 Francis X. Gumerlock, *The Day and the Hour: A Chronicle of Christianity's Perennial Fascination with Predicting the End of the World* (Atlanta: American Vision, 2000)을 보라.

직 아버지만이 아신다"(마 24:36)라고 말씀하셨다. "그러므로 깨어 있어라. 너희는 너희 주님께서 어느 날에 오실지를 알지 못하기 때문이다"(42절). 주님은 이후에 사는 누구도 알 수 없을 것을 강조하시면서, "조심하고, 깨어 있어라. 그때가 언제인지를 너희가 모르기 때문이다… 내가 너희에게 하는 말은 모든 사람에게 하는 말이다. 깨어 있어라"라고 하셨다(막 13:33, 37).

바울은 나중에 그때를 아무도 모르지만, 각 세대의 모든 신자는 깨어 있어서 어느 때라도 심판을 받을 준비를 해야 한다고 재차 강조했다. "형제자매 여러분, 그때와 시기를 두고서는 여러분에게 더 쓸 필요가 없겠습니다. 주님의 날이 밤에 도둑처럼 온다는 것을, 여러분은 자세히 알고 있습니다"(살전 5:1~2). 그렇지만 신자에게 그분 오심이 갑작스럽게 닥치지 않을 것인데(4절), 그것은 그들이 이 일을 미리 알기 때문이 아니라, 언제 그것이 발생하든 상관없이 그리스도의 재림을 위한 준비가 되어있기 때문이다. 베드로도 같은 생각을 반영한다. "그러나 주님의 날은 도둑같이 올 것입니다"(벧후 3:10).

마지막으로 『디다케』(주후 50~70년 즈음)라고 불리는 아주 초기 문헌은 새로운 이방인 신자를 가르치려고 기록되었는데, 그리스도인의 종말 기대를 간략히 설명한다. 저자는 "그대의 삶을 살피라. 그대의 등불이 꺼지지 않게 하고 준비하지 않은 상태로 있지 말고 준비하라. 우리 주께서 언제 오시는지 그대가 알지 못하기 때문이다"(16.1)라고 말했다. 초기 정통 교회의 가르침 패턴은 예수님과 사도들의 것과 같다. 우리는 그리스도의 재림 때를 알지 못한다(그리고 알 수도 없다). 그것은 어느 날에나 일어날 수 있다. 따라서 우리는 날마다 우리 삶의 순간마다 그것을 준비해야 한다.

이런 사실들에도, 큰 위험부담을 지는 도박꾼의 날짜 맞추기 게임을 멈추게 할 수는 없다. 대신 그들은 이런 경고들이 불신자를 위한 것이라거나, 하나님은 점진적으로 그분의 교회가 성경에 오랫동안 숨겨져 왔던 비밀한 지식을 발견하도록 조명하시기로 선택하셨다거나, 아모스

3:7 같은 구절을 하나님은 적절한 경고 없이 갑자기 세상을 심판하지 않으실 것이라는 의미로 사용하는 제안을 한다.

하나님의 말씀은 (그리고 역사가 우리를 가르쳐 왔다) 우리가 날짜 맞추기 게임을 할 때마다 진다는 것을 가르쳐 준다. 해답은 이것이다. 그 게임을 하지 마라.

위험 6. 종말에 집착

디지털 음악이 나오고 나서 가장 대단한 일 하나는 MP3가 튀지 않는 현상이다. 튀었다는 말을 들어보지 못했다. 반면에 나는 어린 시절 굵힌 비닐 레코드 연주에서 같은 말을 반복해서 듣고 또 들은 기억이 있다. "아무 데도 가지 않는 기차에서 나는 마주쳤네 누구와 누구와 누구와 누구와…" 레코드플레이어를 지긋이 밀어 문제를 해결하기도 하지만, 때로 턴테이블을 두어 번 돌면 바늘이 굵힌 데로 돌아갈 때가 있다. "우리는 둘 다 너무 지쳐서 마주쳤네 누구와 누구와 누구와 누구와 누구와…"

여러 해 동안 나는 종말에 집착한 선의의 그리스도인들을 만났다. 망가진 레코드판처럼 모든 대화가 종말론을 논의하는 데로 돌아가는 것처럼 보였다. 그들이 읽는 모든 책은 예언을 다룬다. 그들은 성경 예언 콘퍼런스에 참여하고, 예언 프로그램에 귀를 기울이며, 예언 렌즈로 현대 사건들을 지켜본다. 여러분이 아직 그런 사람을 만나보지 못했다면 곧 만난다. 그들은 세부사항, 도표, 시나리오, 추측—종종 다른 신자나 교회가 종말에 관심이 부족하다는 점에 반응으로—에 매료되어 있다.

종말론을 피하거나 계시록에 냉담한 반응을 보이는 태도가 건강하지 않지만, 다른 핵심적 신앙 교리를 무시하고 성경 예언에만 몰두하는 것도 역시 건강하지 않다. 기독교의 핵심 확신은 예수 그리스도의 인격과 사역에 관한 복음에 중점을 둔다(롬 1:1~4; 고전 15:1~4). 이 복음은 그분이 심판자로 재림하심을 포함하지만(롬 2:16), 우리는 결코 복음 메시지의 한 요소만을 과장해서는 안 된다. 우리는 자신의 삶에서 종말에 집착을 피하고 다른 사람을 격려하여 균형 잡힌 신앙생활을 하도록 훈련해야 한다.

위험 7. 두려움 섞인 조바심

나는 1990년대 후반의 한 기사를 간직해 둘 걸 그랬다. 천문학자들은 재앙을 가져올 만큼 큰 소행성이 빅 블루와 충돌하는 코스로 움직인다고 계산했다. 나는 그것이 지구를 멸망하게 한다고 예상한 정확한 날짜를 기억할 수 없지만 내가 사는 동안으로 기억한다.

내 아내는 "그게 사실이라고 생각해요?"라고 물었다.

나는 몇 초 동안 종말에 관한 가능한 모든 기독교 관점을 훑으면서 생각하다가, "아뇨, 나는 그렇게 믿지 않아요. 나는 과학자가 아니고, 그들 결론에 도전할 수 없지만, 온 세상이 소행성에 의해 멸절되는 것은 성경과 맞지 않아요. 그래서 거기에 대해 걱정하지 않을 거요"라는 식으로 말했다.

며칠 후 같은 자료에서 첫 소식을 수정하는 속행 기사가 나왔다. 숫자를 다시 계산해본 결과 전문가들은 소행성이 지구와 충돌하지 **않는다**고 결정했다. 곧, 우리 행성이 '천문학적 종말'을 지나친다는 것이었다. (그것은 아마도 우리가 강력한 망원경으로도 여전히 그것을 볼 수 없다는 것을 의미했다!)

성경 예언에 관한 내 이해가 확고하지 않았더라면, 나는 성경의 종말 묘사를 서둘러 내던지고, 과학자의 주장을 믿었을 것이다. 아니면 나는 세상 종말에 관한 그 보고서 버전을 사실로 받아들이고, 성경을 그 황량한 전망에 따라 재해석했을 것이다. 그러나 갈등이 있었기 때문에, 나는 하나님 말씀을 믿고 사람의 지혜를 거부하기로 선택했다.

교리의 핵심에 관한 지식이 확고하고 관련된 가능성을 알고 있다면, 두려움을 몰아내고 염려를 줄일 수 있다. 대부분 그리스도인이 이해하는 종말에는 늘어나는 전쟁, 질병, 파괴가 들어가지만, 인간이 만든 재앙, **또는** 인간을 멸종시키거나 세상을 증발시키는 자연재해는 들어가지 않는다. 그리고 어떤 시나리오—말하자면 갑작스러운 전 세계 핵전쟁이나 피할 수 없는 소행성 충돌—는 성경의 종말 사건들과 잘 맞지 않는다.

피해야 할 일곱 가지 위험

1. 악질적인 이단
2. 내 편 아니면 적
3. 종말에 대한 불가지론
4. '이것이 그것이다' 증후군
5. 날짜 맞추기 게임
6. 종말에 집착
7. 두려움 섞인 조바심

실천해야 할 원리

"그것이 오늘 내가 살아가는 데 무슨 상관이 있나요?"

내 동료의 간단하고 무뚝뚝한 반응은 내 얼굴을 후려친 것처럼 나를 때렸다. 나는 내가 성경공부에서 막 배운, 어떤 흥미로운, 예언에 관련된 사실을 그녀와 나누었고, 그것이 무엇이었건(이것은 오래전 이야기다) 나를 불타게 했다. 나는 슈퍼마켓 음식점 근무가 끝나기 전에 주님이 오실 수 있다고 생각했다. 나는 대학생이었고 믿은 지 2년밖에 안 되었을 때인데, 많은 초신자처럼 예언서를 읽는 데 상당한 시간을 소비했다. 그리고 모든 사람이 똑같이 흥미를 느낄 거로 생각했다.

하지만 그녀가 그런 반응을 보였을 때 나는 그것을 어떻게 받아들여야 할지 몰랐다. 그녀도 신자라고 주장했다. 사실 그녀는 나보다 훨씬 더 오랫동안 그리스도인이었다. 왜 그녀는 나처럼 예언의 상세한 부분에 전율을 느끼지 않을까? **그것이 내가 오늘 살아가는데 무슨 상관이 있나요?** 얼마나 어리석은 대답인가!

그렇지만, 그렇지 않았다.

그때 이후로도 성경의 예언에 관한 내 관심은 그치지 않았다. 비록 그것을 적절한 자리, 곧 그것을 신앙과 실천의 다른 핵심 주제들을 통해, 또 그것들과 더불어 균형을 맞추었지만 말이다. 그 질문을 받고 난 후 나는 수년간 내가 어떻게 대답했어야 했는지 생각했다. 하나님은 이유가 있으셔서 우리에게 미래를 어렴풋이 보게 하셨다. 곧, 우리 지성과 마음과 우선순위와 태도와 행동을 바꾸시려고 말이다. 앞으로 일어날 일에 관한 약속과 예언은 우리에게 (단지 정보를 주기 위함이 아니라) 변화를 주기 위해서다.

나는 실천해야 할 다섯 가지 원리를—그리스도의 재림 직전이 아니라, 그분이 오신 다음에 우리가 누릴 완벽한 세상에서가 아니라, 바로 지금… 오늘… 우리 남은 생애에—나누고자 한다.

원리 1. 거룩하게 살며 그리스도의 재림을 사모하라

모든 성경의 주된 목적은 신자를 '모든 선한 일을 하도록' 준비하게 하는 일이다(딤후 3:16~17). 이것은 성경의 예언에도 똑같은 사실이다. 사실 가장 강렬한 묵시 본문의 하나로, 사도 베드로가 이 세상의 멸망을 장차 올 세상의 확립과 대조하는 데에서도 우리 관심을 예언에서 실천으로 돌리게 한다.

다가오는 심판에 비추어	다가오는 축복에 비추어
"이렇게 모든 것이 녹아버릴 터인데, [여러분은] 어떠한 사람이 되어야 하겠습니까? 여러분은 거룩한 행실과 경건한 삶으로." (베드로후서 3:11)	"사랑하는 여러분, 여러분이 이것을 기다리고 있으니, 티도 없고 흠도 없는 사람으로, 아무 탈이 없이 하나님 앞에 나타날 수 있도록 힘쓰십시오." (베드로후서 3:14)

부정적인 측면에서, 우리는 이 세상에 있을 확실한 심판을 기대하면서 사악함과 신실하지 못함보다 거룩함과 경건함 쪽에 자신을 두어야 한다. 긍정적인 측면에서, 우리가 다가오는 영광스러운 축복을 묵상할 때 더럽고 부적절한 삶보다는 순결하고 평화로운 삶을 살아야 한다. 미래를 언급하는 본문을 읽거나 성경 예언의 주제를 연구할 때 "**이 진리에 비추어 나는 어떤 사람이 되어야 마땅한가?**"라고 질문하기를 잊지 말라.

원리 2. 일시적인 것이 아니라 영원한 것에 투자하라

우리는 경제, 재정, 투자, 이윤, 배당, 이익 등에 집착하는 문화에서 산다. 많은 사람이 영적, 도덕적 관심보다 경제적 우선순위에 따라 일상적 결정을 내린다. 그러나 성경은 일시적인 것보다 영원한 것에, 지상의 것보다 천상의 것에 투자하라고 강조한다. 예수님은 재물에 집착을 차갑게 꾸짖으시면서 시간, 에너지, 다른 여러 자원을 잘못 사용하는 것을 정죄하신다.

> 너희는 자기를 위하여 보물을 땅에다가 쌓아 두지 말아라. 땅에서는 좀이 먹고 녹이 슬어서 망가지며, 도둑들이 뚫고 들어와서 훔쳐 간다. 그러므로 너희를 위하여 보물을 하늘에 쌓아 두어라. 거기에는 좀이 먹고 녹이 슬어서 망가지는 일이 없고, 도둑들이 뚫고 들어와서 훔쳐 가지도 못한다. 너의 보물이 있는 곳에, 너의 마음도 있을 것이다. (마 6:19~21)

다음에 여러분의 은퇴 계획을 점검하거나 투자 명세표를 훑어볼 때, 영원한 계좌에 있는 여러분의 현재 '자산'에 쓴 시간, 에너지, 돈을 계산하는 시간을 가져라. 거기에 다음 내용을 포함하라.

- 여러분의 지역 교회 사역에 후원한 것
- 고통과 불의를 줄이려고 지급한 것
- 복음 전도와 제자훈련에 이바지한 것
- 전 세계 선교 확장에 이바지한 것
- 여러분의 '여분'의 시간을 선교 활동에 사용한 것
- 무주택자를 위한 보호소에 자원 봉사한 것
- 다른 사람에게 그리스도의 사랑을 나누려고 '내' 시간을 포기한 것
- 그들이 여러분을 가장 필요로 하며 헌신할 곳이 어디인지 당신의 지도자에게 물은 것

원리 3. 부차적 견해가 아니라 근본적 사실에 집중하라

히브리서 저자는 독자에게 "또 우리에게 약속하신 분은 신실하시니, 우리는 흔들리지 말고, 우리가 고백하는 그 소망을 굳게 지킵시다."라고 권면한다(10:23). 이 고백은 예수 그리스도의 인격과 사역과 관련된 단순한 기독교 신앙의 진리를 삼위일체 하나님의 창조와 구원계획의 중심으로 언급한다. 이것은 '그리스도 복음을 고백'(고후 9:13)하는 것으로, 바울은 이것을 '가장 중요한 것'(고전 15:3~4)으로 묘사한다. 곧 "그것은 곧, 그리스도께서 성경대로 우리 죄를 위하여 죽으셨다는 것과, 무덤에 묻히셨다는 것과, 성경대로 사흘날에 살아나셨다는 것"이다. 이 복음은 장차 임할 심판이란 실재를 포함한다(롬 2:16).

디모데전서에서 바울은 성육신, 선포, 그리고 승천이라는 그리스도의 구원 사역의 고백에 있는 일부 요소를 요약한다.

> 이 경건의 비밀은 참으로 놀랍습니다. "그분은 육신으로 나타나시고, 성령으로 의롭다는 인정을 받으셨습니다. 천사들에게 보이시고, 만국에 전파되셨습니다. 세상이 그분을 믿었고, 그분은 영광에 싸여 들려 올라가셨습니다." (딤전 3:16)

또 다른 '믿을 만한 말씀'에서 그는 우리의 교리적 기반을 형성해야만 하는 종말론 요소들을 다룬다. "우리가 주님과 함께 죽었으면, 우리도 또한 그분과 함께 살 것이요, 우리가 참고 견디면, 우리도 또한 그분과 함께 다스릴 것이요"(딤후 2:11~12). 아마도 침례를 받는 새신자에게 주는 교훈과 관련 있어 보이는 이 말씀은 부활 및 그리스도와 함께 영원히 다스림을 믿는 믿음을 강조한다.

우리는 놀라운 세부 묘사와 마지막 때의 자극적인 사건들—예를 들면, 잠재적인 **언제**, **어디서**, **어떻게**—에 휩쓸리기가 매우 쉽다. 그러나 우리의 설교와 가르침에서 복음 자체에 중심을 둔다면, 우리는 신앙고백 일부인 종말론 요소—그리스도의 부활로 있을 미래적 부활, 왕이신 그리스도와 함께 다스림, 그리스도의 다가올 심판의 실재성—에 초점을 유지할 수 있다.

원리 4. 현재의 고통에 짓눌리지 말고 미래의 영광으로 위로받으라

내가 겨우 다섯 살 때, 열한 살 형은 소아 백혈병을 오랫동안 앓았다. 그 경험으로 나와 내 동생은 혼란스러웠지만, 내 엄마와 아빠는 깊은 상처를 받았다. 어떤 영리한 신학적 설명도, 파스텔 종이에 써서 액자에 걸어둘 만한 어떤 성경 구절도, 어떤 따뜻한 포옹이나 등을 토닥여 주는 것도 두 분이 첫째 아들을 잃고 견뎌야 했던 감정적 고통을 줄여주지 주지 못했다.

몇 년이 지나 어머니께서 가족의 또 다른 의학적 위기를 마주했을 때, 나는 물었다. "이것을 어떻게 견디어내실 거예요?"

그녀는 머리를 흔들면서 당연하다는 듯이 대답했다. "네가 죽은 아들을 땅에 묻어보았다면, 무슨 일이든 견딜 수 있어."

자녀를 잃는 공포는 부모가 겪는 최악의 시나리오다. 그보다 더 마음이 찢기고 인생이 바뀌는 체험을 상상하기가 어렵다. 많은 부부가 이것을 견디지 못하고, 견디는 사람도 고통의 상처를 완전히 치유 받지 못한다. 그러나 그런 극도의 고뇌에서도 그리스도를 믿는 사람은 이 믿음을 고백할 수 있다. 곧, **우리가 지금 감당하는 짐은 우리 미래의 영광과 비교할 때 아주 가볍다.** 이 진리를 지적으로나 감정적으로 완전히 이해할 수 없을지라도, 완전히 받아들일 수는 있다.

바울은 말한다. "현재 우리가 겪는 고난은, 장차 우리에게 나타날 영광에 견주면, 아무것도 아니라고 나는 생각합니다"(롬 8:18). 우리가 이 말씀을 읽으면서, 예를 들면, 한쪽에 있는 번쩍이는 보물상자가 다른 쪽에 있는 악취 나는 쓰레기통보다 더 내려가 있는 저울을 상상해서는 안 된다. 그는 우리 미래 영광이 우리 현재 고난보다 더

무게가 있다고 말하지 않는다. 그는 그 두 가지를 심지어 비교할 수 없다고 한다. 이것은 한 알의 모래에 대비하여 우주를, 또는 한 방울의 물에 대비해 온 바다의 모든 물을 측정하는 것과 같다. 그 차이는 표현할 수 없을 만큼 광대하다.

그렇다고 측량할 수 없는 미래의 영광이라는 사실이 오늘 내가 겪는 고뇌의 실재를 변하게 하지는 않는다.

이것이 고통을 줄여주지 않는다… 고통 없는 미래를 약속한다.

이것은 우리 아픈 자녀가 죽지 않게 하지는 못한다… 그들을 죽은 사람 가운데서 다시 돌아오게 한다.

이것은 이생에서 겪는 슬픔의 눈물을 줄여주지 않는다… 하나님 자신이 다음 생에서 모든 눈물과 모든 슬픔을 닦아내시겠다고 약속하신다.

우리가 믿음으로 장차 임할 놀라운 일에 확신할 때, 주 하나님은 우리에게 이 세상의 아주 실제적 고통과 싸우면서 살아남을 수 있게 하는 소망을 주신다.

이제 미래의 영광에 관한 구체적 소망으로 스스로 무장함으로써 피할 수 없는 고통의 폭풍우가 몰아칠 때 홍수에 떠밀려 가지 않게 하라. 그리스도께서 약속하셨다. "너희는 세상에서 환난을 당할 것이다. 그러나 용기를 내어라. 내가 세상을 이겼다"(요 16:33).

원리 5. 사랑과 선행을 서로 격려하려고 자주 모여라

"우리는 어떻게 그리스도의 오심을 오늘날 우리 삶에 적용할 수 있는가?"라는 질문에 "교회에 자주 가라"라고 대답할 사람은 거의 없을 것이다. 사실, 나는 교회나 신학교에서 그런 식으로 대답하는 학생을 본 적이 없다. 하지만 하나님의 말씀이 그렇게 대답한다!

히브리서 기자는 우리에게 "서로 마음을 써서 사랑과 선한 일을 하도록 격려합시다. 어떤 사람들의 습관처럼, 우리는 모이기를 그만 하지 말고 서로 격려하라"라고 권면한다(10:24~25). 이 권면을 확언하면서 "그날이 가까워 오는 것을 볼수록, 더욱 힘써 모입시다."라는 말을 더한다(25절). 우리가 다가오는 심판의 날을 고대할 때 자주 함께 모여 서로가 거룩하게 살도록 권해야 한다.

또한, 교회가 빵과 잔을 그리스도의 몸과 피로 나누려고 정기적으로 모일 때, 우리는 "주의 죽으심을 오실 때까지 선포하는"것이다(고전 11:26). 이렇게 함으로써 우리는 한 덩어리의 빵에 참여하여 그분의 몸 안에서 하나 됨을 표현한다—단지 그분을 기억하고 그분의 지속적 임재를 축하할 뿐 아니라, 그분의 재림을 고대하는 일에 참여한다.

예수 그리스도의 재림에 비추어 어떤 쉽고 실제적 일을 하고 싶은가? 그것은 그 몸의 지체들이 다가오는 심판 날과 주 임재에 있는 영생을 기대하고 함께 살아가면서 예배, 기도, 찬양, 권면, 책임감을 위해 함께 모이는 것으로, 아주 쉽다.

실천해야 할 다섯 가지 원리

1. 거룩하게 살며 그리스도의 재림을 사모하라.
2. 일시적인 것이 아니라 영원한 것에 투자하라.
3. 부차적 견해가 아니라 근본적 사실에 집중하라.
4. 현재 고통에 짓눌리지 말고 미래 영광으로 위로받으라.
5. 사랑과 선행을 서로 격려하려고 자주 모여라.

과거와 현재의 목소리

5세기에 레린의 성 빈켄티우스(St. Vincenton of Lérins)는 정통 교리를 '어디서나, 언제나, 모두에 의해' 믿어진 진리라고 묘사했다. 이 신학 내용은 여러 가지 용어로 불렸다. 곧, 고정 요소, 중심 진리, 정상 교의, 기본 교리, 믿음의 근본, 본질적 표지 등이다. 그 핵심 교리가 어떤 사람이나 교회를 진정하게 '기독교적'이라고 특징짓는다.

복음주의자는 이 교리를 신실한 성경 해석으로 방어를 잘 해왔지만, 신앙의 본질적 진리에 관한 강력한 역사적 관점은 종종 부족했다. 말하자면 후방거울을 들여다봄으로써 우리는 주변적 가르침으로부터 핵심 진리를, 지엽적 문제로부터 중심 교의를, 보조적 견해로부터 정통의 본질을 가려내는 더 나은 능력을 갖춘다. 동시에, 뒤를 돌아봄으로 교회사를 구성한 요소였던 다양한 의견을 측정하고, 음미하며, 비판할 수 있다. 이렇게 통일성과 다양성을 이중 탐험하면서 우리는 교리사에서 우리 자신의 위치를 이해할 수 있다.

다음 페이지에서 우리는 교회사의 네 시대—교부시대, 중세시대, 종교개혁시대, 근대·현대시대—에서 종말론과 관련된 인용문을 선별하여 제시한다. 이것들은 교리를 공부하는 학생에게 기독교 역사를 풍성하게 한 다양한 견해뿐 아니라 그것을 묶는 몇 가지 지속인 주제를 관찰할 수 있게 한다. 그래서 목사와 교사는 자신의 설교, 가르침, 글쓰기에 역사적 관점을 더할 수 있다.[1]

---

[1] 별다른 설명이 없다면 교부 인용은 『니케아 이전 교부들(Ante-Nicene Fathers, ANF)』이나 『니케아와 니케아 이후 교부들(Nicene and Post-Nicene Fathers, NPNF)』를 인용한다. 초기 기독교 문장 다음에 나오는 괄호 안의 삽입구는 이 자료를 가리킨다. 예를 들어, 'ANF 3:34'는 『니케아 이전 교

교부시대(100~500년)

디다케(50~70년 즈음)

"그대 삶을 살피라. 그대 등불이 꺼지지 않게 하고, 준비하지 않은 상태로 있지 말고 준비하라. 우리 주께서 언제 오시는지 그대가 알지 못하기 때문이다… 마지막 때에 거짓 선지자와 부패한 자들이 넘쳐날 것이고, 양들은 늑대로 돌변하며, 사랑이 미움으로 바뀔 것이다. 세상을 속이는 자가 나타나 하나님의 아들이라며 표적과 기사를 행하고, 본 적이 없는 종류의 가증한 일을 저지를 것이다. 그러면 온 인류가 불 시험을 겪겠고, 많은 사람이 떨어져 나가 멸망하겠지만, 믿음으로 인내하는 사람은 스스로 저주를 받으신 분에 의해 구원받을 것이다. 그리고 나면 진리의 표징이 나타날 텐데, 먼저 하늘이 열리는 표징이 있고, 나팔 소리의 표징이 일어나며, 셋째로 죽은 사람의 부활—그러나 모두가 부활하지는 않는다—이 있을 것이다. 말씀했던 대로, '주께서 자신의 모든 성도와 함께 오신다.' 그때 세상은 주님이 하늘 구름을 타고 오시는 것을 본다."[2]

부들』 3권의 34쪽을 말한다. NPNF는 두 시리즈를 포함하는데 이것을 표시할 때 첫 숫자(1이나 2)는 시리즈를 가리키고, 다음은 시리즈의 권수(볼륨)를, 마지막은 그 권의 페이지를 가리킨다. (예를 들어, 'NPNF 1.3:34'는 첫 번째 시리즈 3권, 34페이지를 말한다.) 이 글의 더 최근 번역이 있지만, 이것을 사용한 것은 그것이 저작권 공유이며 쉽게 온라인 www.ccel.org으로 쉽게 접근할 수 있기 때문이다.

[2] *The Didache* 16.1, 3~8 in Michael W. Holmes, ed., *The Apostolic Fathers: Greek Texts and English Translations of Their Writings*, 3rd ed. (Grand Rapids: Baker, 2007), 367, 369.

리용의 아레나이우스(Irenaeus of Lyons, 180년 즈음)

"이 모든 말과 다른 말은 의심할 바 없이 의인의 부활을 말하는데, 그것은 적그리스도가 나타난 후 그의 통치 아래 온 나라들이 멸망한 다음에 일어난다. 그때 땅에서는 의인이 부활해 다스리며, 주님을 봄으로써 더욱 강해진다. 그들은 주님으로 하나님 아버지의 영광에 들어가는 데 익숙하겠고, 하나님 나라에서 천사들과 교제를, 영적 존재들과 연합을 즐긴다. 하늘에서 주님을 기다리며, 환란을 통과하며, 악한 자의 손에서 벗어나 주님이 육체 가운데 찾으실 사람에 관하여는 예언자가 말했듯, '남은 사람들은 땅에서 수가 늘어난다'[3]

"현재 사물의 형태가 지나가면, 사람은 새로워지고, 썩지 않을 상태로 번성하며, 늙을 가능성이 차단될 것이고, 새 하늘과 새 땅이 있을 텐데, 거기에서 새로운 사람들은 계속 남아있어서 언제나 하나님과 신선한 대화를 나눈다."[4]

카르타고의 테르툴리아누스(Tertullian of Carthage, 210년 즈음)

"온 인류가 다시 살아나 선하거나 악한 시대를 살면서 얻은 공로에 따라 각자의 몫을 분배받을 것이며, 그 후 헤아릴 수 없는 영원의 때를 지나면서 대가를 치를 것이다. 그러므로 이후에는 죽음도, 반복된 부활도 없고, 지금과 같은 상태가 되어 바뀌지 않는다―하나님의 종은 하나님과 영원히 함께하며, 영원에 적합한 실체로 옷 입는다. 그러나 속된 자들과 하나님을 진정으로 예배하지 않은 모든 자는 똑같이 영원한 불의 형벌을 받는 자리로 간다."[5]

---

[3] Irenaeus, *Against Heresies* 5.35. (ANF 1:565).

[4] Irenaeus, *Against Heresies* 5.36.1 (ANF 1:566).

[5] Tertullian, *The Apology* 48 (ANF 3:54).

알렉산드리아의 오리게누스(Origen of Alexandria, 220년 즈음)

"이 주제들은 확정되고 확실한 결론이 난 주제들을 다룰 때보다 조사와 토론의 방식으로 아주 주의하며 조심스럽게 다룬다. 삼위일체를 말하면서 최선을 다해 시도했듯이, 앞에서 분명한 교리적 명제로 설명해야 할 문제를 지적했다. 그러나 지금의 경우, 엄격한 정의보다는 논쟁 스타일로, 할 수 있는 한 최선을 다해 연구하겠다. 그렇다면 세상의 종말과 최종 완성은 모든 사람이 각자의 죄에 대한 형벌을 받을 때 이뤄진다. 하나님만이 아시는 그때, 하나님은 각자에게 합당한 것을 베푸신다. 진실로 하나님의 선하심은 그리스도를 통해 그분의 모든 피조물에게 한 가지 목표를 생각하게 하시며, 심지어 그분의 대적들도 정복되고 제압된다고 생각한다."[6]

"만약 하늘이 변한다면, 변한 것은 멸망하지 않을 것이 확실하고, 만약 세상의 형태가 사라진다면, 그것은 결코 그 물질적 본질이 멸절되거나 파괴되는 것이 아니라, 질적 변화와 외적 변형일 것이다… 만일 누군가 종말에 물질적, 곧 육체적 본성이 완전히 파괴된다고 상상한다면, 그는 조금도 내 견해에 미치지 못한 것이다. 어떻게 그렇게 많고 강한 존재가 육체 없이 살고 존재할 수 있는가? 오직 신적—곧, 아버지, 아들, 성령의—본성만이 물질적 본질 없이, 어떤 신체적 부가물에 참여하지 않고도 존재할 수 있다."[7]

코모디아누스(Commodianus, 240년 즈음)

"첫 부활 때 하늘에서 도시가 내려오는데, 우리는 이것을 천상 구조물이라고 부를 수 있다. 그분께 헌신한 사람은 그분께로 다시 살

---

[6] Origen, *On First Principles* 1.6.1 (ANF 4:260).

[7] Origen, *On First Principles* 1.6.4 (ANF 4:262).

아난다. 그들은 이미 죽음 없이 살지만, 썩지 않는다. 그 도시에는 어떤 슬픔이나 신음도 없다. 적그리스도에게 잔인하게 순교당한 사람도 나타나고, 그들은 악한 일을 견뎠으므로 모든 시간 동안 살면서 축복을 받는다. 그들은 천 년 동안 결혼하고 자녀도 낳는다."8

콘스탄티노플 공의회(Council of Constantinople, 381년)

"[그분께서] 영광스럽게 다시 오셔서 산 사람과 죽은 사람을 심판하신다. 그분 왕국은 무궁하겠고… 우리는 죽은 사람의 부활과 장차 올 세상에서 삶을 고대한다."9

중세시대(500~1500년)

보에티우스(520년 즈음)

"이 가르침은… 이 세상 끝에 우리 몸이 하늘나라에서 썩지 않게 살아나며, 이 땅에서 하나님의 은혜로운 선물로 잘 산 사람은 그 부활 때 함께 축복받겠지만, 잘못된 삶을 산 사람은 부활의 선물로 불행에 들어간다. 우리 신앙의 확실한 원리는 인간 영혼은 멸망하지 않을 뿐 아니라, 장차 올 죽음으로 파괴될 그들 몸도 앞으로 있을 이 축복으로 처음 상태를 회복한다는 것이다."10

---

8 Commodianus, *Instructions* 44 (ANF 4:212).

9 The Constantinopolitan Creed in John H. Leith, ed., *The Creeds of Christendom: A Reader in Christian Doctrine from the Bible to the Present*, 3rd ed. (Louisville, KY: John Knox, 1982), 33.

10 Boethius, "On the Catholic Faith" in *The Theological Tractates, The Consolation of Philosophy*, trans. H. F. Stewart and E. K. Rand (London: Heinemann, 1918), 69, 71; 『철학의 위한』, 박문재 옮김, 현대지성 클래식 2 (서울: 현대지성, 2018).

대 그레고리오(Gregory the Great, 601년 즈음)

"세상 끝이 다가오므로, 전에 볼 수 없었던 많은 일이 닥친다. 말하자면, 공기 변화, 하늘에서부터 오는 공포, 정해진 시간의 질서를 거스르는 계절, 많은 곳에서 일어나는 전쟁, 기근, 전염병, 지진이다. 그러나 이런 일들은 우리 시대에 일어나지 않고, 이후에 모두 잇따라 일어난다. 그러므로 이런 일의 하나가 여러분의 땅에서 일어나는 것을 본다면 절대 번민하지 말라. 이 세상의 끝을 알리는 징조는 우리가 우리 영혼을 걱정하고, 죽음의 때가 왔는지 살펴보며, 선한 행실로 오실 심판자를 맞을 준비를 하도록 미리 보내진 것이기 때문이다."11

다마스쿠스의 요한(John of Damascus, 740년 즈음)

"그러므로 우리는 다시 일어나고, 우리 영혼은 우리 몸과 다시 연합해 썩지 않겠으며 부패는 벗어버린다… 선을 행한 사람은 천사들과 함께 해처럼 빛나고 우리 주 예수 그리스도와 영생에 들어가며, 영원히 그분을 뵙고, 그분 앞에 있으면서 그분에게서 그치지 않는 기쁨을 얻고, 세대에서 세대로 한없이 아버지와 성령과 함께 그분을 찬양한다."12

캔터베리의 안셀무스(Anselm of Canterbury, 1077, 1078, 1100년 즈음)

"이것으로 죽은 사람의 미래 부활이 확실하게 증명된다. 만약 사람이 완전히 회복하면, 그 회복으로 그는 죄를 짓지 않았던 것과 같은 상태가 된다… 따라서 사람으로서 그가 죄를 짓지 않았다면 같은 몸으로 불멸 상태로 옮겨진 것과 마찬가지로, 그가 회복할 때 사람으로서 계속해서 거룩함 가운데 거하면 몸과 영혼이 영원토록 완전

---

11 Gregory the Great, *Epistles* 11.66 (NPNF 2:13:82).

12 John of Damascus, *An Exact Exposition of the Orthodox Faith* 4.27 (NPNF 2.9:101).

히 행복했을 것이 확실하다. 그러면 만약 그가 죄악 가운데 살아간 다면, 그는 마찬가지로 영원토록 완전히 비참하다."13

"만약 여러분이 아름다움에 기뻐한다면, 의인은 태양처럼 빛날 것이다(마 13:43). 아무것도 견딜 수 없는 민첩함, 또는 인내, 또는 몸의 자유로 여러분이 기뻐한다면, 그들은 본성으로가 아니라, 분명히 능력에 있어서 하나님의 천사들과 같을 것이다. 그것은 자연적 몸으로 뿌려지고 신령한 몸으로 일으켜지기 때문이다(고전 15:44). 만약 여러분이 기뻐하는 것이 길고 견고한 삶이라면, 건강한 영원이 있고, 또 영원한 건강도 있다."14

끌레르보의 베르나르두스(Bernard of Clairvaux, 1150년 즈음)

"하지만 영적인 불멸의 몸이 될 때, 몸은 평안을 얻고 일치를 이루어 완전해지고, 모든 면에서 영에 굴복하고, 네 번째 단계의 사랑에 도달할 희망을 품는다. 어쩌면 그보다는 그것이 사람의 노력으로 얻는 것이 아니라, 하나님께서 주시고자 하는 사람에게 능력으로 주어지므로 그 단계로 들어간다… 그러나 영혼은 몸에서 풀려나 완전히 끝없는 빛과 영원히 밝은 바다에 잠긴다고 믿는다."15

아시시의 프란체스코(Francis of Assisi, 1220년 즈음)

"당신 나라가 임하게 하소서. 당신께서 우리 안에서 당신 은혜로

---

13 Anselm, *Why God Became Man (Cur Deus Homo)* 2.3 (Dean, *St. Anselm*, 241~42);『인간이 되신 하나님』, 이은재 옮김 (서울: 한들, 2001).

14 Anselm, *Proslogion* 25 (Dean, St. Anselm, 30).

15 Bernard, *On the Love of God* 10 in Ray C. Petry, ed., *Late Medieval Mysticism*, The Library of Christian Classics (Louisville, KY: Westminster John Knox, 1957), 65;『중세 후기 신비주의』, 류금주 옮김, 기독교고전총서 12 (서울: 두란노, 2011).

다스리시고 우리가 당신 나라에 이르게 하소서. 그곳에서 우리는 당신을 얼굴과 얼굴을 마주해 보며, 완전한 사랑과 복된 무리, 그리고 영원한 기쁨을 누릴 것입니다."16

토마스 아퀴나스(Thomas Aquinas, 1265, 1270년)

"몸의 상이나 벌이 영혼의 상과 벌에 달렸어도, 영혼은 몸 때문에 우연히 바뀔 수 있기에, 몸과 나뉘어 불변 상태로 들어가 심판을 받는다. 그러나 몸은 시간이 끝날 때까지 변화에 매이고, 마지막 심판 때에 그 보상이나 형벌을 받아야 한다."17

"종말 도래와 관련해, 복음서와 서신서에서 언급한 세부사항은 심판의 때를 결정할 수 있을 만큼 충분하지 않은데, 그리스도의 재림이 가까움을 알리는 것으로 예언된 시련들이 초대교회 때부터 정도에 있어서 다소 강하거나 다소 약하게 이미 일어났기 때문이다. 그래서 베드로가 요엘 2:28, '마지막 날에… 일어날 것이다'라고 말씀한 것을 강론했을 때처럼 사도들의 때조차도 마지막 날이라고 불린다(행 2:17). 그러나 그 이후 오랜 시간이 흘렀다. 그리고 교회에는 종종 더 심하거나 덜한 고난이 있었다. 결과적으로 얼마나 오랜 시간이 걸릴지 결정하기가 불가능하고, 달이나, 해, 세기, 또는 천년을 확정하기도 불가능하다… 그리고 심지어 우리가 마지막에 이런 재앙이 더욱 자주 있다고 믿어도 그런 재앙이 얼마나 있어야 심판의 날이나 적그리스도의 나타남이 즉시 따라올지 확정하기가 불가능함은 초대교회 때에도 박해는 너무도 참혹하고 오류로 부패도 너무 많아서 어떤 사람은 적그리스도가 가깝거나 정말 가깝다고 예상했기 때문이다."18

---

16 Francis of Assisi, *Exposition of the Lord's Prayer* in Petry, ed., *Late Medieval Mysticism*, 120~21.

17 Thomas Aquinas, *Summa Theologica* 3.59.5 in Volume 4 (Part 3, First Section), trans. Fathers of the English Dominican Province (New York: Benziger, 1915), 2335.

토마스 아 켐피스(Thomas à Kempis, 1470년 즈음)

"여러분이 사랑하는 작은 기쁨을 위해 왜 영원한 고통을 재촉하는가?

"여러분은 지옥을 무서워하지 않아서 작은 고해를 피하는가?

"여러분은 육체의 죽음 앞에 두려워 떨면서도 영혼의 영원한 죽음을 앞두고는 왜 기도하지 않는가? 여러분이 회개하고 돌이키지 않는다면, (하나님이 심판하실 때) 이 무서운 악들과 불같은 고통을 피하지 못한다. 나는 마지막 때와 시간을 생각하면 떨린다. 하나님께 더는 기도로 간청할 수 없을 때, 모든 사람의 공의로운 심판자로만 계신다."[19]

종교개혁 시대(1500~1700년)

아우구스부르크 신앙고백(*Augsburg Confession of Faith*, 1530년)

"세상이 끝날 때 그리스도께서 심판하시려고 나타나시겠으며 모든 죽은 사람을 일으키셔서 경건한 택자에게는 영생과 영락을 주시고, 불경한 사람과 마귀들은 심판하셔서 끝없는 고통에 들어가도록 정죄하신다."[20]

쟝 칼뱅(John Calvin, 1559년)

"우리가 믿는 바는… 우리가 일어날 몸은 물질 면에서 현재의 것과 같지만, 질적으로 다르다. 그리스도의 몸이 희생으로 바친 몸과 같았

---

[18] Thomas Aquinas, *Summa Theologica*, 3[Supp].88.3 in Volume 4 (Part 3, First Section), 18.

[19] Thomas à Kempis, *Soliloquy of the Soul* 2.4 (London: Suttaby, 1883), 16.

[20] *Augsburg Confession of Faith* 17 in Philip Schaff, ed., *The Creeds of Christendom*, vol. 3, *The Evangelical Protestant Creeds*, 4th ed. (New York: Harper & Row, 1877), 17.

듯이, 하지만 마치 완전히 다른 몸이 된 듯 다른 특성들이 탁월했던 것처럼… 그러므로 썩어질 몸은 멸망하거나 사라지지 않고 부패를 벗어버리고 불멸을 덧입는다… 그러나 오래전에 죽은 사람과 그날에 살아있을 사람 사이에는 구별 점이 있어야 한다. 바울이 '우리가 다 잠잘 것이 아니라 다 변화될 터인데'(고전 15:51)라고 선언했듯이, 죽음과 두 번째 삶의 시작 사이에 반드시 어떤 시간이 흘러야 할 필요는 없다. 눈 깜짝할 사이에 나팔이 울리고, 죽은 자들이 썩지 않을 몸으로 일으켜지고 갑자기 변해 살아있는 사람도 같은 영광에 걸맞게 된다. 그래서 그는 다른 본문에서 죽음을 경험한 신자를 위로하면서 살아있는 사람이 죽은 사람을 앞서지 못한다고 말한다. 그리스도 안에서 잠든 사람이 먼저 일으켜야 하기 때문이다(살전 4:15)."[21]

2차 헬베수스 신앙고백(*The Second Helvetic Confession*, 1566년)

"이제 그리스도께서는 당신 백성을 속량하시려고 돌아오시며, 그분의 오심으로 적그리스도를 폐하시고, 산 사람과 죽은 사람을 심판하신다(행 17:31). 죽은 사람이 일어나고 그날(모든 피조물에게 알려지지 않았다)에 살아있는 사람은 '눈 깜짝할 사이에' 변한다(고전 15:51, 52). 또한, 모든 신실한 사람은 공중에서 그리스도를 만나도록 들려진다(살전 4:17). 거기에서 그들은 천국에 올라가 영원히 산다(딤후 2:11). 그러나 믿지 않는 사람 또는 경건하지 않은 사람은 마귀들과 함께 지옥에 내려가 거기에서 불타며 고통에서부터 결코 건짐을 받지 못한다(마 25:41)."[22]

---

[21] John Calvin, *Institutes of the Christian Religion*, ed. and trans. Henry Beveridge (Grand Rapids: Eerdmans, 1989), 2:271; 『기독교 강요』, 원광연 옮김 (서울: CH북스, 2018).

[22] *The Second Helvetic Confession* 11 in Schaff, *The Creeds of Christendom*, 3:852.

메노나이트 도르트레히트 신앙고백(Mennonite Dordrecht Confession, 1632년)

"죽은 사람의 부활에 관해 우리는 입으로 시인하며 마음으로 믿기를, 성령에 따라 죽은 모든 사람 또는 '잠자는 사람'이 하나님의 알 수 없는 능력으로 심판의 날에 '일으킴' 받아 살아날 것이며, 이들은 그때 살아남은 모든 사람과 함께 '마지막 나팔이 울릴 때, 눈 깜짝할 사이에, 홀연히' '그리스도의 심판대 앞에 나타날' 것이며, 거기에서 선한 사람은 악인에게서 구별되고, '각 사람은 선한 일이든지 악한 일이든지, 몸으로 행한 모든 일에 따라 마땅한 보응을 받아야 합니다.' 선하거나 경건한 사람은 자기 아버지께 복을 받은 사람으로서 그리스도에 의해 영생으로 받아들여지고 '눈으로 보지 못하고 귀로 듣지 못한 것들, 사람의 마음에 떠오르지 않은' 기쁨을 누릴 것이다. 거기서 그들은 그리스도와 함께 영원무궁하게 다스리며 승리한다…

"반대로 사악하거나 불경한 사람은 하나님께 저주받은 자로 '바깥 어두운 데,' 곧 영원히, 지옥 같은 고통에 던져지는데, 그곳은 '그들을 파먹는 구더기도 죽지 않고 불도 꺼지지 않는다.' 또 그곳에서는 ―성경에 따르면―영원토록 위로나 구원을 기대할 수 없다."[23]

웨스트민스터 신앙고백(*Westminster Confession*, 1646년)

"마지막 날에 살아있는 사람은 죽지 않고 변화된다. 모든 죽은 자가 다른 몸이 아닌, 같은 몸으로 일으켜져(비록 다른 특성을 가졌지만) 그들 영혼과 영원히 연합한다."[24]

---

[23] *The Dordrecht Confession*, 18, in Leith, *Creeds of the Churches*, 307~08.

[24] *Westminster Confession*, 32.2 in Schaff, *The Creeds of Christendom*, 3:671.

근대·현대시대 (1700년~현재)

조나단 에드워즈 (Jonathan Edwards, 1750년)

"마지막 나팔에 죽은 사람이 일어나고 살아있는 사람은 변화된다. 그리스도께서 내려오시자마자 마지막 나팔이 온 인류에게 나타나라는 알림으로 울릴 것이다. 그 강력한 소리에 죽은 사람이 곧바로 부활하고 산 사람은 변한다… 죽은 사람이 일어나도록 어떤 크고 놀라운 신호가 있을 텐데, 그것은 그리스도께서 오실 때 그를 수행하는 천사들이 내는 강력한 소리일 것이다.

"이때 모든 죽은 사람이 무덤에서 일어난다. 태초 이래 지상에 살았던 모든 크고 작은 사람들로, 홍수 전에 죽었던 사람과 홍수에 빠져 죽은 사람, 그리고 그 후에 죽은 사람, 그리고 세상 끝날까지 죽은 사람까지. 뼈가 뼈에 맞추어지고 무덤이 열리며, 죽은 몸의 흩어진 조각이 맞추어지느라고 지표면과 물에는 큰 움직임이 있을 것이다. 지구는 그 안에 있던 죽은 사람을 내놓을 것이고 바다도 그 안에 있던 죽은 사람을 내보낼 것이다.

"수많은 사람 몸의 지체가 나누어지고 흩어져 있어도, 수많은 사람이 불에 타서 그들 몸이 재와 연기로 변해 사방으로 날렸어도, 수많은 사람이 짐승과 공중의 새와 바다의 고기에게 먹혔어도, 수많은 사람이 지표면에서 사라졌고, 그들 몸의 상당 부분이 공중으로 날아갔어도, 가장 지혜로우시고 가장 강력하신 하나님은 곧바로 모든 부분을 각자에게로 되돌리신다.

"이렇게 많은 수가 살아나고, 다른 사람은 정죄받는다… 몸이 준비되면 떠나간 영혼이 자기 몸으로 되돌아오고 그것과 다시 연합해 더는 분리되지 않는다. 악한 사람의 영혼이 지옥에서 나오겠지만, 불행에서 나오는 것은 아니며, 원치 않지만, 그들 몸으로 들어갈 것인데 그것이 그들에게는 영원한 감옥이… 그들은 놀라움과 두려움으로 가득 찬 눈을 들어 두려운 심판자를 본다. 또 아마도 살아난 몸은 그들 영혼의 내적, 도덕적 사악함에 적절히 상응하는 가장 더럽고 혐오스러운 모습을 할 것이다.

"의인의 영혼은 하늘에서 그리스도 그리고 그분의 천사들과 함께 내려와… 그들도 그들 몸과 연합하여 영화롭게 된다. 그들은 하나님께서 영원토록 기쁨의 거처로 마련하신 몸을 받는다. 그들은 모든 면에서 완전히 거룩하고 영광스러운 영혼이 사용하고 움직이며 기뻐하기에 적합할 것이다. 그들은 그리스도의 영광스러운 몸과 유사한, 최상의 아름다움으로 옷입는다… 그들의 몸은 썩지 않는 것으로 살아나며, 더는 고통이나 질병에 걸리지 않으며, 불꽃과도 같은 영들처럼 경이로운 기력과 생동감을 가진다… 어떤 기쁨으로 성도의 영혼과 육체가 만나며 어떤 기쁨으로 자기 무덤에서 머리를 들고서 그리스도께서 나타나시는 영광스러운 모습을 볼 것인가! 그리고 그런 성도들이 무덤에서 일어나 부패를 벗어버리고 불멸함과 영광을 입는 모습을 보는 것은 영광스러운 장면이 된다.

"그때 지상에 살아있는 사람은 변한다. 그들 몸은 순식간에, 눈 깜빡할 사이에 큰 변화를 겪는다… 그때 살아있는 악인의 몸은 그들 안에 사는 혐오스러운 영혼에 상응할 만한 가증한 모습으로 변해, 면제받을 수 없는 영원한 고통을 받으며 살 준비를 한다. 그러나 의인의 몸은 부활한 사람이 나타날 모습과 똑같은, 영광스럽고 불멸할 형태로 변한다."25

존 웨슬리(John Wesley, 1758년)

"그러고 나면 하늘에 있는 온 무리에게서부터 우주적 외침이 들리겠고, 하나님의 아들과 인자의 오심을 알리는 '천사장의 호령'이 따르

---

25 Jonathan Edwards, *The Final Judgment* 4.2 in *The Works of Jonathan Edwards*, vol. 2, rev. ed. (Edinburgh: Banner of Truth, 1974), 194~95.

며, '하나님의 나팔소리'가 땅속에서 잠자는 모든 사람을 깨운다(살전 4:16). 그 결과, 모든 무덤이 열리고, 사람들 몸이 일으켜진다. 바다도 거기에서 죽은 사람을 내어놓고(계 20:13), 모든 사람이 '자기 몸으로' 다시 살아난다. 그것은 물질적으로 본인 것이지만 우리가 지금은 인식하지 못할 정도로 속성은 변한다. 그때 '이 썩어질 것이 썩지 않을 것을 입고 이 죽을 것이 죽지 않을 것을 입는다'(고전 15:53). 그렇다, 보이지 않는 세계인 '죽음과 지옥'이 '그 안에 있는 죽은 자들을 내놓는다'(계 20:13). 그래서 하나님이 인간을 창조하신 이래 지금까지 살다가 죽은 모든 사람이 썩지 않고 죽지 않을 몸으로 살아난다.

"그때 온 땅에 '인자가 그의 천사들을 보낼' 것이며 '그들은 하늘 이 끝에서 저 끝까지 사방에서 그가 선택한 사람을 모을 것이다'(마 24:31). 그리고 주님께서 친히 구름을 타고 자신과 아버지의 영광 가운데 일만 성도와 수없이 많은 천사를 데리고 오시며, 그분 영광의 보좌에 앉으신다. '그는 모든 민족을 그의 앞에 불러모아, 목자가 양과 염소를 가르듯이 그들을 갈라서, 양,' 즉 선한 사람은 '그의 오른쪽에', 염소는, 곧 악한 자는 '그의 왼쪽에 세우신다'(25:31이하). 이 일반 회합에 관해 그 사랑받은 제자는 이렇게 말한다. '내가 죽은 자들을 보니,' 모든 죽은 자들이 '큰 자나 작은 자나 할 것 없이, 다 그 보좌 앞에 서 있는 것을 보았습니다. 그리고 책들을 펴놓고'(비유적 표현으로, 명백히 사람들이 진행하는 방식을 언급한다) '죽은 사람들은, 그 책에 기록되어 있는 대로, 자기들의 행위대로 심판을 받았습니다'(계 20:12)."[26]

뉴햄프셔 침례교 신앙고백(New Hampshire Baptist Confession, 1833년 즈음)

"세상의 끝이 다가오고 있다[고 우리는 믿는다]. 마지막 날에 그리스도께서 하늘에서 내려오셔서 죽은 사람을 무덤에서 살리셔서 최종

---

[26] John Wesley, *Sermon 15: The Great Assize* 1.1~2 in *Sermons on Several Occasions*.

보상을 주신다. 엄격한 분리가 그때 있다. 악인은 끝없는 형벌 심판을 받지만, 의인은 끝없는 기쁨을 받는다. 이 심판은 의의 원칙에 따라 사람의 최종 상태를 천국 또는 지옥으로 확정한다."27

복음주의 연합(The the Evangelical Alliance, 1867년)

"[우리는] 영혼의 불멸성, 몸의 부활, 우리 주 예수 그리스도에 의한 세상의 심판과 의인의 영원한 축복, 그리고 악인에게 영원한 형벌[을 믿는다]."28

찰스 하지(Charles Hodge, 1870년 즈음)

"그 사도는 우리 악한 몸이 그리스도의 영광스러운 몸과 같이 변함과 비슷한 변화가 우리가 사는 세상에도 발생함을 가르친다. 우리가 새로운 몸을 갖듯이 새 하늘과 새 땅이 있다. 우리 몸은 멸절되지 않고 변한다… 이 변화의 결과는 새 하늘과 새 땅의 도입이라고 말씀한다. 이것은 단지 이 용어가 사용되는 것에서만 아니라, 예고된 변화를 '중생', '회복', 부패의 예속에서부터 해방과 하나님 아들의 영광스러운 자유로 들어가기로도 설명된다. 흔한 견해에 따르면, 이 땅, 즉 새로워진 땅은 그리스도 왕국의 최종 자리이다. 이것은 새 하늘이다. 이것은 새 예루살렘이자 시온 산으로서 여기에 하늘에 기록된 장자들과 완전하게 된 의인의 영의 총회와 교회가 모인다. 이것은 하늘의 예루살렘이고, 살아계신 하나님의 도성이며, 창세 전에 그의 백성들을 위해 준비된 하나님 나라다."29

---

27 *The New Hampshire Baptist Confession* 18 in Leith, *Creeds of the Churches*, 339.

28 *The Doctrinal Basis of the Evangelical Alliance*, adopted by the American Branch of the Evangelical Alliance (Jan. 1867) in Schaff, *Creeds of Christendom*, 3:828.

찰스 H. 스펄전(Charles Haddon Spurgeon, 1890년 즈음)

"함께 모인 모든 성도가 재림 약속의 위대함을 완전히 측정할 수 있을까? 이것은 성도를 위한 무한한 행복이다. 그 밖에 무엇을 약속하셨는가? 그분이 살아 계시기에 우리도 살 것이다. 우리는 우리 영혼을 위한 불멸의 축복을 소유한다. 우리는 우리 몸을 위한 부활도 누린다. 우리는 그리스도와 함께 다스리며, 그분 우편에서 영광스럽게 된다."30

밀라드 에릭슨(Millard Erickson, 1998년)

"모든 사람이(주님이 돌아오실 때 여전히 살아있는 사람들을 제외하고) 육체적 죽음을 경험할 텐데, 그때 그들은 자기 영적 상태에 걸맞은 중간 상태로 들어간다. 예수 그리스도의 구원하시는 사역에 자신을 맡긴 사람은 축복과 보상의 장소로 간다. 그렇지 못한 사람은 형벌과 고통의 하나로 간다. 미래 어느 때 그리스도께서 육체적으로 인격적으로 돌아오신다. 그때 모든 죽은 사람이 부활하여 궁극적 운명—천국이나 지옥—에 처한다. 거기서 영원히 변하지 않는 상태로 남는다."31

침례교 신앙과 메시지(Baptist Faith and Message, 2000년)

"하나님은 당신 때에 당신 방법으로 세상을 그것에 합당한 종말로 인도하신다. 그분 약속에 따르면, 예수 그리스도는 인격적으로, 또한 가시적으로 영광스럽게 이 땅에 돌아오신다. 죽은 사람은 일어나고

---

29 Charles Hodge, *Systematic Theology*, vol. 3 (New York: Charles Scribner, 1871), 852, 854.

30 Charles Haddon Spurgeon, *According to Promise: The Lord's Method of Dealing with His Chosen People* (New York: Funk & Wagnalls, 1887), 66~67.

31 Millard J. Erickson, *A Basic Guide to Eschatology: Making Sense of the Millennium* (Grand Rapids: Baker, 1998), 12.

그리스도는 의로 모든 사람을 심판하신다. 불의한 사람을 영원한 형벌의 장소인 지옥에 보내신다. 의로운 사람은 부활하여 영광스러운 몸을 입고, 자기 상을 받으며, 천국에서 주님과 함께 영원히 산다."[32]

---

[32] *The Baptist Faith and Message*, 10, sbc.net/bfm/ bfm2000.asp.에 온라인으로 접속할 수 있다.

서재에 두고 읽어야 할 책

이 책은 폭넓은 정통 개신교 복음주의 관점에서 주요 교리의 중심 주제, 핵심 본문, 기본 방향 등을 제시한다. 이 주제들을 상세하게 탐험하려면 몇 차례 생애를 보내야 한다. 그래서 그것들 일부라도 더 깊이 연구하게 도우려고 여러분 서재에 두고 읽어야 할 책을 추천한다. 각 책의 내용과 성향을 간단히 설명하고, 등급([초급], [중급], [고급])도 표시한다. 복음주의 안에서 다양한 견해를 대변하는 목소리를 발견할 수 있다.

종말론과 소망에 관한 일반 책

Benware, Paul N. *Understanding End Times Prophecy: A Comprehensive Approach*. Chicago: Moody, 1995. 세대주의 전천년설 관점에서 종말론을 개관한다. [중급]

Chia, Roland. *Hope for the World: A Christian Vision of the Last Things*. Downers Grove, IL: InterVarsity Press, 2005. 소망을 성경 주제로 삼아 추적한다. [초급]

Erickson, Millard J. *A Basic Guide to Eschatology: Making Sense of the Millennium*. Grand Rapids: Baker, 1998. 역사적 전천년설 관점에서 다양한 종말론 관점을 균형 있게 소개하고 평가한다. [초급]

Lightner, Robert P. *Last Days Handbook: A Complete Guide to the End Times*. Nashville: Thomas Nelson, 1998. 세대주의 전천년설 관점에서 종말론 관점을 개관한다. [초급]

Wright, N. T. *Surprised by Hope: Rethinking Heaven, the Resurrection, and the Mission of the Church*. New York: HarperCollins, 2008. 『마침내 드러난 하나님 나라』. 양혜원 옮김.

서울: IVP, 2009. 육체적 부활과 재창조된 지구를 종말적 소망의 주제로 변호한다. [중급]

Yancey, Philip. *Rumors of Another World*. Grand Rapids: Zondervan, 2003. 『내 눈이 주의 영광을 보네』. 홍종락 옮김. 서울: 좋은씨앗, 2004. 종말론의 의미를 대중적 수준으로 논의한다. [초급]

종말론의 역사에 관한 책

Boyer, Paul. *When Time Shall Be No More: Prophecy Belief in Modern American Culture*. Cambridge: Belknap of Harvard, 1992. 현대문화에 종말론에 관한 관심을 강조하는 개관으로 묵시적 기대에 관한 폭넓은 역사적 조망도 제공한다. [고급]

Daley, Brian. *The Hope of the Early Church: A Handbook of Patristic Eschatology*. Grand Rapids: Baker, 2002. 교부의 종말론을 개관하면서 다양한 의견에 주목하되 신앙의 일치성을 주장한다. [고급]

Gumerlock, Francis X. *The Day and the Hour: Christianity's Perennial Fascination with Predicting the End of the World*. Powder Springs, GA: American Vision, 2000. 세상의 종말을 기대하다 실패한 시도의 역사를 (1세기부터 20세기까지) 살핀다. [중급]

Hill, Charles E. *Regnum Caelorum: Patterns of Millennial Thought in Early Christianity*. 2nd ed. Grand Rapids: Eerdmans, 2001. 교부의 천년왕국 견해를 다룬 연구로 아주 이른 시기부터 천년왕국을 지지하는 이론과 반대하는 이론이 일어났다고 주장한다. [고급]

Kromminga, Diedrich H. *The Millennium in the Church: Studies in the History of Christian Chiliasm*. Grand Rapids: Eerdmans, 1945. 연구와 결론이 다소 오래되기는 했지만, 천년왕국에 관한 고전이자 영향력 있는 역사서이다. [고급]

Murray, Iain H. *The Puritan Hope: Revival and the Interpretation of Prophecy*. Edinburgh: Banner of Truth, 1971. 『청교도의 소망: 부흥과 세계 선교를 향한 청교도의 열정』. 장호익 옮김. 서울: 부흥과개혁사, 2011. 청교도의 후천년주의적 소망을 탐구한다. [고급]

Viviano, Benedict T. *The Kingdom of God in History*. Eugene, OR: Wipf and Stock, 2002. 기독교 전통에서 하나님 나라에 관한 다양한 견해를 소개한다. [중급]

환란과 적그리스도에 관한 책

Gentry, Kenneth L. Jr. *Perilous Times: A Study in Eschatological Evil*. Fountain Inn, TX: Victorious Hope, 2012. 핵심 성경 본문에 관한 고전적 과거주의 해석을 제시한다. [고급]

Pink, Arthur. *The Antichrist*. Grand Rapids: Kregel, 1988. 성경적 관점에서 적그리스도를 제시한 고전이다. [고급]

Sproul, R. C. *The Last Days According to Jesus*. Grand Rapids: Baker, 1998. 『예수의 종말론: 종말에 관해 궁금한 9가지 질문과 대답』. 김정식 옮김. 서울: 좋은씨앗, 2019. 감람산 강화와 다른 본문을 중심으로 부분적 과거주의 해석을 변호한다. [중급]

천년왕국에 관한 책

Blomberg, Craig L., and Sung Wook Chung, eds. *A Case for Historic Premillennialism: An Alternative to "Left Behind" Eschatology*. Grand Rapids: Baker, 2009. 『역사적 전천년설』. 조형욱 옮김. 서울: CLC, 2014. 역사적 전천년설을 옹호하는 에세이 모음이다. [중급]

Bock, Darrell, ed. *Three Views on the Millennium and Beyond*. Grand Rapids: Zondervan, 1999. 『천년왕국이란 무엇인가』. 박승민 옮김. 서울: 부흥과개혁사, 2011. 전천년설, 무천년설, 후천년설을 방어하고 주장한다. [중급]

Boettner, Loraine. *The Millennium*. Phillipsburg, PA: P & R, 1957. 후천년설 해석을 성경적으로 논증한다. [중급]

Clouse, Robert, ed. *The Meaning of the Millennium: Four Views*. Downers Grove, IL: InterVarsity Press, 1977. 『천년왕국』. 권호덕 옮김, 서울: 성광문화사, 1980. 역사적 전천년설, 세대주의적 전천년설, 후천년설, 그리고 무천년설을 방어하고 주장한다. [중급]

Grenz, Stanley J. *The Millennial Maze: Sorting Out Evangelical Options*. Downers Grove, IL: InterVarsity Press, 1992. 현대 견해를 조망하고 비판한다. [중급]

Hoekema, Anthony. *The Bible and the Future*. Grand Rapids: Eerdmans, 1979. 『개혁주의 종말론』. 이용중 옮김. 서울: 부흥과개혁사, 2012. 개혁주의 관점에서 무천년설적 종말론을 변호한다. [중급]

Kik, J. Marcellus. *The Eschatology of Victory*. Phillipsburg, PA: P&R, 1992. 후천년설을 변호하는 고전이다. [중급]

Ladd, George Eldon. *The Presence of the Future: The Eschatology of Biblical Realism*. Reprint ed. Grand Rapids: Eerdmans, 1996. 『하나님 나라』. 조지 래드 전집 1. 원광연 옮김. 서울: 크리스챤다이제스트, 2000. 역사적 전천년설을 성경적으로 변호한다. [중급]

Mathison, Keith A. *Postmillennialim: An Eschatology of Hope*. Phillipsburg, PA: P & R, 1999. 후천년설을 변호한다. [중급]

Riddlebarger, Kim. *A Case for Amillennialism: Understanding the End Times*. Grand Rapids: Baker, 2003. 『개혁주의 무천년설』. 박승민 옮김. 서울: 부흥과개혁사, 2013. 무천년설을 성경적, 신학적으로 변호한다. [중급]

Walvoord, John F. *The Millennial Kingdom: A Basic Text for Premillennial Theology*. Grand Rapids: Zondervan, 1959. 세대주의적 전천년설을 성경적으로 변호한다. [중급]

휴거에 관한 책

Govett, Robert G. *The Saints' Rapture to the Presence of the Lord Jesus*. London: Nisbet, 1852. 부분 휴거설을 변호하는 고전이다. [중급]

Hultberg, Alan, ed. *Three Views on the Rapture: Pretribulation, Pre-Wrath, or Post-Tribulation*. 2nd ed. Counterpoints: Bible and Theology. Grand Rapids: Zondervan, 2010. 『휴거에 관한 세 가지 견해』. 김석근 옮김. 이천: 성서침례대학원대학교출판부, 2019. 기고자들의 휴거에 관한 세 가지 주요 견해 방어와 함께 다른 견해에 대한 반대 논증도 실려있다. [중급]

Rosenthal, Marvin. *The Pre-Wrath Rapture of the Church*. Grand Rapids: Zondervan, 1990. 전천년설 관점에서 진노 전 휴거를 변호한다. [중급]

성경 예언에 관한 책

Anderson, Robert. *The Coming Prince*. London: Hodder & Stoughton, 1894. 다니엘 9:24~27의 미래 연대기에 관한 고전 작품이다. [고급]

Barnhouse, Donald Grey. *Revelation: An Expositional Commentary*. Grand Rapids: Zondervan, 1971. 전천년설 관점에서 계시록을 강해한다. [중급]

Bauckham, Richard. *The Theology of the Book of Revelation*. Cambridge: Cambridge University Press, 1993. 『요한계시록 신학』. 이필찬 옮김. 서울: 한들출판사, 2000. 이상주의 관점으로 계시록을 주석한다. [고급]

Beale, G. K. *The Book of Revelation*. New International Greek Testament Commentary. Grand Rapids: Eerdmans, 1999. 『NIGTC 요한계시록』 2권. 오광만 옮김. 서울: 새물결플러스, 2016. 이상주의 무천년주의자가 구약 배경과 헬라어 석의 정보를 탁월하게 제공한다. [고급]

Charles, R. H. *A Critical and Exegetical Commentary on the Revelation of St. John*. International Critical Commentary. 2 vols. New York: Scribners, 1920. 전천년설 관점으로 계시록을 석의·주해한다. [고급]

Darby, John Nelson. *Notes on the Apocalypse*. London: Morrish, c. 1850. 세대주의 환란 전 휴거, 전천년설을 개척한 사람의 고전 작품이다. [중급]

Gregg, Steve. *Revelation: Four Views*. Nashville: Thomas Nelson, 1997. 네 가지 견해를 비교하며 계시록을 주석한다. [고급]

Pate, Marvin, ed. *Four Views on the Book of Revelation*. Counterpoints. Grand Rapids: Zondervan, 1998. 『요한계시록을 이해하는 4가지 견해』. 이세구 옮김. 서울: 아가페, 1999. 묵시록에 관한 현대 견해를 개관한다. [중급]

Pentecost, J. Dwight. *Things to Come*. Findlay, OH: Dunham, 1962. 『세대주의 종말론』. 임병일 옮김. 서울: 대한기독교서회, 1998. 세대주의 전천년설 관점으로 성경 예언을 종합적으로 개관한다. [중급]

Poythress, Vern S. *The Returning King: A Guide to the Book of Revelation*. Phillipsburg, PA: P & R, 2000. 계시록을 세부적으로 묘사하기보다 큰 그림에 초점을 두고 무천년설 관점에서 실제 중심으로 개관한다. [중급]

Thomas, Robert L. *Revelation 1~7: An Exegetical Commentary*. Chicago: Moody, 1992. 현대 세대주의 전천년설 관점으로 계시록을 가장 철저하게 미래주의로 설명한다고 평가받는다. [고급]

Thomas, Robert L. *Revelation 8~22: An Exegetical Commentary*. Chicago: Moody, 1995. 현대 세대주의 전천년설 관점으로 계시록을 가장 철저하게 미래주의로 설명한다고 평가받는다. [고급]

Walvoord, John F. *Major Bible Prophecies: 37 Crucial Prophecies That Affect You Today*. Grand Rapids: Zondervan, 1991. 전천년설과 환란 전 휴거설 관점으로 신구약의 예언을 개관한다. [초급]

용어 해설 교회, 성화, 종말

※ **밝힘**. 영어 알파벳순을 가나다순으로 바꾸고, 몇몇 용어는 주제에 따라 묶는데 앞 수식어는 쉼표(,) 다음에 쓰기도 하고, 음역은 성경 원어로 표기함.

가톨릭(Catholic) '교회' 주제의 '로마 가톨릭교회'를 보라.

개신교 종교개혁(protestant reformation) 1517년에 마르틴 루터의 선언으로 시작한 교회 운동으로 여러 교회 그룹이 로마 가톨릭교회 권위에서부터 떨어져 나왔다. 그들은 로마 가톨릭교회의 행습에 항거하는 사람들로 형성되었으므로 프로테스탄트라고 불린다. 가장 잘 알려진 그룹이 루터교, 장로교, 재침례교, 그리고 성공회다.

개인 종말론(personal eschatology) 사후의 개인 운명을 다루는 종말론 분야로 중간 상태, 비육체적 상태, 연옥 개념, 사후의 삶에 관한 구약과 신약의 경험 차이, 미래 부활, 영원한 생명과 영원한 정죄 등을 다룬다.

- **보편주의**(universalism) 개인 종말론에서 궁극적으로 모든 사람이 영원히 구원받고 누구도 정죄 받아 지옥에 가지 않는다는 견해다. 이 철저한 구원은 아마도 (1) 악한 죄인들이 지옥에서 죗값을 충분히 치르는 보편적 정화를 통해서, 또는 (2) 자유의지에 따라 모든 사람을 동일하게 구원하시기로 하신 하나님의 자비를 통해 성취된다.

- **영혼 멸절설**(annihilationism) 개인 종말론에 관련해, 하나님께서 정죄된 죄인을 영원한 의식적 고통이 있는 불 못으로 보내

시는 대신, 그들 존재를 지워버림으로 단순히 멸하신다는 주장이다. 교회사를 통해 손에 꼽을 정도로 소수 그리스도인이 이 견해를 주장했지만, 성경적으로 옹호할 수 있다고 폭넓게 지지받은 적은 없다. 다른 형태인 '우주적' 멸절설은 최종적, 영원 상태 전에 하나님께서 완전히 현재 창조세계를 멸절하여 본질로 '창조를 말소한' 다음에 모든 것을 무로부터 두 번째 창조 행위로써 재창조하신다고 본다. 이것도 교회사에서 소수 견해로 대다수 학자와 신학자는 하나님께서 현재 세계를 구속하시고 혁신하신다고 믿는다.

- **영혼 수면설**(soul sleep) 개인 종말론에서 개인의 영혼이 육체적 죽음과 부활 사이에 의식적으로 존재하지 않고, 심판 때까지 무의식 상태로 쉰다는 견해이다. 고전적 기독교 견해가 아니다.

- **조건적 불멸성**(conditional authority) 인간 영혼이 인간의 몸처럼 필멸적이라고 보는 (비전통적 그리스도인의) 관념이다. 육체적 죽음 후 부활 때에야 인간은 의식적 경험을 다시 경험할 것이다. 이것은 죽은 자들이 심판의 날까지 무의식 상태로 쉰다고 믿는 영혼 수면설과 유사하다('주의 날'도 보라).

개혁파(Reformed) 쟝 칼뱅의 추종자들과 특히 도르트 회의(1618)에서 일어난 칼뱅주의 모형과 관련된 신학적 입장이다. 특히 하나님의 구원계획을 형성하는 과정에서 그분의 주권을 강조하는 특징이 있다(예를 들면, 전형적으로 하나님을 따르기 위해 예정과 인간의 무능력을 인정한다).

공의회의 권위(conciliar authority) 로마가톨릭의 교황권과 개신교의 성경적 권위와 구별되게 교리와 실천의 최종 권위가 동등한 권위를 가진 교회 주교들의 회의에 있다는 믿음이다. 동방정교회는 이 견해를 취하여 (4세기~7세기에) 일곱 공의회의 신조와 결정이 강제적 권위를 지닌다고 본다. 공의회주의자는 성경의 절대적 권위를 인정하지만, 하나님의 영이 공의회를 통하여 성경을 권위 있게 해석한다고 믿는다.

교부(Fathers [of the church]) 교부시대(사도들 다음 세대부터 500년 즈음까지)에 살았던 지도자(목회자, 교사, 장로, 주교들). 어떤 전통에서는 그들 증언에 더 큰 권위를 부여하는데, 그들이 시간적으로 사도들에 가까이 있었고/거나 정통이 가장 활발하게 형성된 시기에 살았기 때문이다.

교부, 사도적(Apostolic Fathers) 교회사에서 주님의 사도들 이후 첫 '세대'의 지도자들이 된 사람들과 직접적으로나 (어떤 경우에) 간접적으로 그들과 연관된 자들을 말한다. 오늘날, 이 용어는 그 사람들이나 그들의 저술을 가리킬 수 있다. 예를 들어, 그들의 글모음 자체가 '사도적(초기) 교부들'이라고 불릴 수 있다.

교파(denomination) 보통 지역 교회를 넘어서는 권위체제를 가지고 공식적으로 구성된 교회들의 교제권으로, 정상적으로는 특정한 이름이 있다. 잘 알려진 개신교의 예를 들면 남침례교회, 미국 장로교회, 루터교회(미주리 노회), 연합 감리교회, 미국 복음주의 자유교회 등이 있다. '교파주의(denominationalism)'는 종종 교파 간의 충돌에서 비롯한 특정 교파에 강한 충성을 말한다. ('교파에 얽매이지 않은'과 '범교파적'도 보라.)

- **교파에 얽매이지 않은**(nondenominational) 지역 교회들과 교단에 공식적으로 등록하지 않음을 특징으로 하는 독립 교회나 독립 교회 전통을 일컫는다. 교파에 얽매이지 않는 교회의 최고 권위는 지역 교회다. 예로는 많은 성서교회, 공동체교회, 그리고 독립침례교회가 해당한다.

- **범교파적**(interdenominational) 다양한 교파에 속한 교회들의 의도적 협력을 묘사하는 단어다. 교파적/초교파적 구분선을 가로지르는 학교, 선교회, 출판사 등은 자신을 '범교단적'으로

간주한다. '에큐메니컬'도 보라.

- **에큐메니컬**(ecumenical) '거주된 세상'을 의미하는 헬라어 용어에서 나왔고, 원래는 온 세상에 퍼진 '전체 교회' 또는 '보편 교회'를 의미했다. 더 현대로 와서 '에큐메니컬'은 '범교단적', 곧 다양한 교회 전통에 속한 교회가 실제 문제에서 협력하는 것을 의미한다. 이 단어는 또 어떤 데서는 보다 넓은 의미로, 신앙 간의 협력, 예를 들면 기독교, 힌두교, 이슬람교와 같은 다양한 종교 간에 상호협력하는 것을 의미하기도 한다.

교황권(papal authority) 교부시대와 중세시대를 거쳐 점차 발전한 견해로 교리에 관한 최종 권위가 교황에게 있다는 것인데, 그는 모든 기독 교회를 다스릴 보편적 수위권의 권리와 책임을 졌다. 교회의 권위는 종종 공의회의 권위와 성경의 권위와 대조되며, 로마가톨릭도 성경의 의심할 바 없는 권위와 공의회의 교리 권위를 믿지만, 로마 주교는 공의회를 소집하고 인증하며, 성경을 바르게 해석할 최종 권위를 갖는다.

교회(Church)

- **가시적 교회**(visible church) 그리스도를 믿는 믿음을 고백하며/거나 지역 교회나 교단과 교제하는 교회 회원의 모임(body)이다. 일반적인 견해로 가시적 교회의 모든 회원이 필연적으로 비가시적 교회('비가시적 교회'를 보라)의 회원이지는 않다. '가시적 교회'는 때로 그리스도의 가르침을 따른다고 주장하는 모든 교회를 가리키기도 한다. 이런 의미의 '가시적 교회'는 성공회, 로마 가톨릭교회 전체, 장로교의 모든 분파 등을 포함한다.

- **비가시적 교회**(invisible church) 성령의 사역으로 그리스도와 연합한 모든 신자의 모임이며, 궁극적으로 하나님께만 알려진 참 신자들('택자들'이라고 부르는)의 조직체다. '비가시적 교회'라는 용어는 교회를 이해할 때 구원하는 관계의 중요성을 강

조하며, 모든 개별 그리스도인은 자신이 속한 조직적, 그리고/또는 지역 교회의 영적 상태와 상관없이 그리스도의 몸의 일부다('가시적 교회'도 보라).

- **지역 교회**(local church) 진정한 교회를 정의하는 형식과 느낌은 쟝 칼뱅에게 빚지고 있다. "신자들의 그룹이 영적 돌봄과 먹임을 위해 성경이 인정하는 모든 책임을 받아들이기 원하는 지도력을 가진 것을 볼 때마다 의심할 바 없이 하나님의 교회가 존재한다." 종종 전 지구상에 존재하거나 해 왔던 모든 지역 교회로 이루어진 보편 교회나 '우주적 교회'와 대비하여, 지역 교회는 사역의 일들을 수행하기 위해 조직된 지도력 아래 모인 신자들의 구별된 단체다.

- **가톨릭교회**(Catholic Church) 헬라어 καθόλικος[카톨리코스]에서 나온 용어로 '전체에 걸쳐'를 의미하며 '가톨릭'은 본래 '전체'와 동의어로 쓰였다. 초대 교회사에서 '가톨릭교회'는 단순히 '전체 교회'나 '보편 교회'로서 '지역 교회'와 대비되었다('지역 교회'를 보라). 한참 뒤에야 '가톨릭'이 로마 가톨릭교회를 줄여 부르는 말이 되었다.

- **로마 가톨릭교회**(Roman Catholic Church) 교황이 수장인 로마 교회와 교통하는 사람들을 묘사하는 단어다. 몇 가지 교리적 특징으로 다양한 개신교회과 동방 정교회와 분리되는데, 거기에는 교황권, 연옥, 화체설 등이 있다.

- **동방정교회**(Eastern Orthodox Church) 개신교나 로마가톨릭과 다르게, 이 전통은 자주 그리스 정교회와 콘스탄티노플 주교가 지배해 왔다. 동방교회는 공의회의 권위에 동조하여 교리와 징계에 관한 최종 권위가 교회 회의, 특히 4세기부터 8세기까지 이루어진 일곱 공의회에 있다고 믿는다.

교회론(ecclesiology) 헬라어 ἐκκλησία(에클레시아, '교회')와 λόγος(로고스, '논의')에서 파생한 용어로, 교회에 관한 연구를 말하며, 하나님의 속량 계획의 기원, 위치, 목적과 그 조직, 임직, 책임 등을 다룬다.

교회의(ecclesiastical) 교회와 관련해, 특히 교회의 구조, 지도력, 실제 기능을 가리킨다.

교회 정치

- **감독제**(episcopalianism) 주교들('주교'의 헬라어는 ἐπίσκοπος[에피스코포스]다)의 위계체제가 특징인 교회 정치 형태다.

- **장로제**(presbyterianism) 장로(헬라어 πρεσβύτερος[프레스뷔테로스]는 '장로'를 뜻한다)의 지도력으로 특징지어지는 교회 정치 형태. 장로는 보통 법적 위계질서로 구성한다. 당회(session)는 단일 회중을 인도하는 그룹이고, 장로회(presbytery)는 한 지역에 속한 당회들로 구성하며, 노회(synod)는 더 큰 지역에 속한 대표 장로들로 구성한다. 총회(general assembly)는 나라 전체를 대표하는 장로들의 모임이다. 장로제 형태를 가진 교회들은 장로교단에 속하지 않을 수도 있다. 개혁교회들은 장로제 정치체제를 대표한다. 많은 개혁교회가 위계 별로 다른 이름을 사용할 수 있다. *Consistory*는 지역 교회 법정이고, *classis*는 지역을 대표하는 반면, *Synod*와 *General Assembly*는 보통 장로교회들과 같은 조직 수준을 가리킨다.

- **회중주의**(congregationalism) 각 지역 회중이 회중 위에 어떤 권위도 인정하지 않는(물론 교회의 머리이신 그리스도를 제외하고) 교회 정치 형태다. 실제로 회중의 권위는 사역자들, 장로들, 또는 둘의 조합에 위임된다.

낙원(paradise) 많은 전통에서 구약 시대에 구원받은 사람이 죽어서 영으로 가는 곳으로(눅 23:43을 보라) 이해했다. 고대 그리스도인은 이것을 영적 영역으로 전환된 에덴과 동일시하며, 거기에서 아브라함이 메시아가 오기를 기다린다고 보았다(16:22). 일부 사람도 그리스도께서 현재 거하시는 장소로, 이 땅을 떠난 그리스도인이 육체적 죽음과 육체적 부활 사이에 안식하는 곳이라고 생각한다(고후 12:3; 계 2:7).

묵시(apocalypse) 헬라어 ἀποκάλυψις[아포칼륍시스]에서 나왔고 그동안 감춰진 무언가를 드러내고, 벗겨내는 것이다. 계시록, 또는 '요한의 묵시'는 미래 사건을 열어 보여준다(계 1:1). 일반적으로 묵시, 묵시적이라는 용어는 자연적, 또는 초자연적 사건을 통해 사회나 세상 자체에 다가오는 비극적 결말을 일컫는다.

반율법주의(율법폐기론, antinomianism) 헬라어 αντι([안티], '반대하여')와 νόμος([노모스], '법')에서 나왔고, 그리스도인은 하나님의 명령에 순종하지 않아도 된다는 관념이다. 곧, 그리스도 안에 있는 은혜 덕분에 신자는 마음대로 살 수 있다고 주장한다.

복음주의(evangelicalism) 예수 그리스도의 위격과 사역을 믿음으로 하나님과 개인적 관계를 강조하는 개신교 범교단적 운동으로, 영감된 성경을 최고 지위, 곧 신앙과 행습의 최종 권위로 주장하고, 하나님, 그리스도, 구원 등 핵심 교리를 붙들며, 전도와 선교를 통해 세상에 개입하고자 한다. 복음주의자는 이 강조점을 붙드는 교회 및 기관들과 연대한다.

부활(resurrection) 한번 죽은 사람에게 육체적 생명이 회복한다는 기독교 교리이다. 이것은 처음에 예수 그리스도에게 적용됐는데, 십자가에 못 박히셨다가 매장된 동일한 몸으로 일으켜지셨다. 그렇지만 그 몸은 기적적으로 영화롭게 되어 불멸과 썩지 않음을 입고 영생에 적합하게 되었다. 유대교와 기독교 신학은 항상 두 부활을 고수했는데, 구원받은(의로운) 사람의 부활과 구원받지 못한(악한) 사람의 부활이다. 첫 부활은 역사의 모든 참 신자를 포함하는데 그리스도의 부활로 시작해 모든 택자의 부활로 마무리된다. 둘째 부활은 역사에서 모든 구원받지 못한 사람이 자기 행위에 따라 심판을 받고 불못에서 영원한 고통을 받는 것을 포함한다(계 20:11~15).

선택(election) 속량된 사람의 공동체를 형성할 사람들, 또는 하나님께서 구원하실 사람을 선택하시는 행위다. 복음주의자는 전형적으로 에베소서 1장, 로마서 8장, 데살로니가후서 2장 등을 읽고 난 반응으로 선택의 개념을 확립한다.

성결교 전통(Holiness tradition) 웨슬리안 운동의 완전 성화 교리를 크게 강조하는 분파를 의미하는 단어다. 추종자는 전형적으로 이생에서 신자가 완전함을 경험할 수 있다고 인정한다.

성경의 권위(Biblical authority) 신앙과 실천의 모든 문제에 관한 최종 권위는 성경 자체에 있고 교황의 성명(교황의 권위)이나 회의의 선언(공회의 권위)에 있지 않다는 견해다. 개신교도는 성경 해석에서 교부와 공회 및 신들의 기여를 인정하지만, 하나님의 영이 성경을 통해서만 오류 없이 말씀하셨다고 믿는다.

성례(sacrament) 관습이나 성경의 명령에 따라 교회 질서의 권위 있는 부분으로 세워진 행습 또는 의식이다. 로마가톨릭에는 일곱 성례가 있는데, 침례, 견진, 고해, 성찬, 혼배, 종유, 서품이다. 때로 이 단어는 그 격식이 어떻게 하나님 은혜와 관련되는가에 따라 구별됨으로써 '의식(ordinance)'과 대비된다. 의식은 신성한 의미를 지니지만, 성례는 하나님 은혜를 참여자에게 전달한다. 예를 들면, '교구 사제들을 위한 트리엔트 공의회 교리문답'에서 "[성례는] 하나님이 세우신 바 의미만 아니라 거룩함과 의를 성취하는 능력을 지니는 지각 가능한 실체"라고 말한다.

성화(sanctification) 라틴어 *sanctus*('거룩한')와 *facare*('만들다')에서 왔고, 사물이나 사람을 특별한 목적을 위해 따로 떼어놓는 행위를 가리킬 수 있다. 기독교 신학에서는 특히 하나님의 은혜가 신자에게 거룩함으로 점차 성장하도록 인도하시는 과정을 말한다.

성화, 최종(final sanctification) 최종 성화는 '완전' 성화라고도 불리며, 거룩함으로 신자가 성장하는 것에 관한 성경적 가르침의 한 측면이다. 성경은 주님과 함께 있도록 취해지는 것을 하나님께서 죄의 존재 자체로부터 자유롭게 하시는 것과 동일시하게 한다. 즉 죄는 더는 성도의 경험의 일부가 되지 않을 것이다.

세대(dispensations) 하나님이 역사를 통해 인류를 다스리시는 운영방식이다. 어떤 사람은 세대를 완전히 구별된 시기로 보고, 각 시대에는 분명한 시작과 끝이 있다고 이해한다. 다른 사람은 그것을 다양한 운영방식이 중첩되거나 발전하여 장차 예수 그리스도 아래 최종적, 궁극적 표현인 하나님의 경영을 향해 나아간다고 본다.

세대주의(dispensationalism) '세대(dispensations)'을 중심으로 세워진 신학 체계로, 세대란 (1) 인간 행동을 지배하는 다른 규례를 세우신 시기, 또는 (2) 하나님께서 섭리적으로 인류나 인류의 일부를 다스리시는 구별된 '운영방식'이다. 세밀한 부분에서 다양한 견해차가 있어도, 모든 세대주의자는 이스라엘(독특한 약속들을 가진, 하나님의 이전 세대 백성)과 교회(독특한 약속들을 가진, 하나님의 현세대 백성)가 구별된다고 믿는다. 그러므로 세대들은 최소 과거 구약 세대와 현재 교회 세대, 그리고 미래 천년왕국을 포함한다. 세대주의자는 전천년설을 믿고, 거의 항상 환란 전 휴거설을 지지한다.

시대 구분

- **교부시대**(patristic period) 100년부터 500년까지 초기 교부들과 관련된 교회 시대. 성경의 정경이 확립되고, 주요 공의회가 열렸으며, 주요 신조가 공식화되고, 교회가 암울한 박해에서 벗어나 로마의 공식 종교가 되는 선망의 자리로 옮겨가는 기초가 된 시기다.

- **중세시대**(medieval period) 주후 500년부터 1500년 사이의 교회사 기간으로 로마 가톨릭교회의 교황권 증대, 동방 정교회와 로마 가톨릭교회의 분열(1054), 이슬람의 성장과 십자군의 출정, 그리고 무수한 수도원과 대학들이 설립된 시기로 알려졌다. 이 기간에 교리적으로나 실천적으로 교회를 개혁하려는 초기 시도들도 일어났다.

- **종교개혁시대**(protestant period) 일반적으로 1500년부터 1700년까지 이어진다고 여긴다. '개신교 종교개혁'을 보라.

- **근대·현대시대**(modern period) 일반적으로 1700년부터 현재까지 이어진다고 여긴다.

언약 신학(covenant theology) 하나님의 언약 원리를 신학 구성 주제로 사용하는 신학 체계다. 많은 추종자는 그들의 중심 신조가 일련의 세 개 언약 위에 세워져 있다고 본다. '행위 언약'은 하나님과 아담 사이에 맺어졌고, 영생의 약속이 완전한 순종을 요구한다. '구속 언약'은 성부와 성자 사이에 맺어졌으며, 아들이 성육신, 죽음, 그리고 부활에 순종한다는 조건에 따라 모든 하나님의 택자가 아들에게 약속되었다. '은혜 언약'은 성자와 택자 사이에 맺어져서, 영생이 믿음을 조건으로 약속된다. 언약 신학자는 종종 (배타적으로 또는 필연적으로가 아니라) 무천년설이나 후천년설을 지지한다. 언약적 전천년설은 거의 항상 환란 전 휴거설을 거부한다. 20세기에 들어, 언약 신학과 세대 신학은 구별되는 개신교 전통으로 간주되었다.

에라스투스주의(Erastianism) 토마스 에라스투스(1524~1583)의 이름을 딴 것으로, 그는 교회와 국가의 관계에서 국가가 교회 위에, 심지어 교회 일에도 지배권을 갖는다고 했다.

연옥(purgatory) 로마가톨릭 전통에서는 침례 받은 그리스도인이 영원한 운명을 준비하면서 죄의 '정화'를 경험하는 곳으로 여긴다. 동방정교회나 개신교는 이 교리를 받아들이지 않는다. 모든 사람이 결국 구원받기(보편주의) 위한 수단이 아니고, 침례 받은 그리스도인의 해결되지 않은 죄와 죄책을 위해 마련되었다.

예언(prophecy) 예언자의 메시지로, 선포(forth-telling, 회개하지 않으면 심판이 일어날 것을 당대에 경고하는 도덕적 설교)와 예언(foretelling, 미래 사건을 예측) 모두에 적용된다. 성경의 한 장르(묵시와 유사한)로 간주한다.

예언 해석

- **과거주의**(preterism) 성경 예언(계시록에 있는 환상을 포함하여) 대부분이 1세기에서 5세기 박해, 전쟁, 그리고 이교 세계에 대한 기독교의 궁극적 승리에서 성취되었다고 간주한다. '고전적' 과거주의는 예수께서 산 사람과 죽은 사람의 심판자로 다시 오신다고 믿고 최종 부활을 통해 영생과 죽음으로 간다고 주장한다. 초과거주의 또는 완전 과거주의는 미래의 어떤 심판도 부정하여 모든 종말론적 심판을 개인 종말론으로 축소한다.

- **완전 과거주의**(full preterism) '초과거주의(hyper-preterism)'로도 불리며, 재림, 최후 심판, 최종 부활, 대 위임 명령, 새 하늘과 새 땅의 도래, 아마겟돈, 만물의 회복을 포함한 모든 종말 사건들의 예언이 이미 이루어졌다는 과거주의의 한 형태다. 과거와 현재의 기독교 정통에 속한 모든 분파가 이단으로 간주한다. 완전 과거주의는 '고전적 과거주의'나 '부분적 과거주의'와 혼동하지 말아야 하는데, 둘 다 정통 기독교 종말론에서 가능한 선택들이다('과거주의'를 보라).

- **초과거주의**(초과거주의, hyper-preterism) '완전 과거주의'와 '과거주의'를 보라.

- **미래주의**(futurism) 계시록과 다른 곳의 묵시와 예언의 글은 성경 원저자의 관점뿐 아니라 우리 관점에서도 미래 사건을 가리킨다는 해석 입장이다. 따라서 그 문서는 매우 상징적 언어를 사용하지만, 상징은 미래에 실제로 일어날 사건을 가리킨다.

- **역사주의**(historicism) 신구약, 특히 계시록의 예언이 과거 2천 년 동안 대부분 성취되었다고 여기는 견해다.

- **이상주의**(idealism) 주로 계시록(또는 다니엘, 스가랴, 기타 '묵시록'들)의 환상을 어떻게 해석하는가 하는 문제에서 이상주의자는 그런 환상을 상징적으로 선과 악의 계속하는 갈등을 묘사하는 각도에서 본다. 역사적, 동시대적, 또는 미래적 사건들은 이 세상에서 어떤 문자적 성취를 가리키지 않고, 하나님 나라와 사탄의 나라 사이에는 계속 충돌이 있었고, 지금도 있다는 일반적 영적 실재를 알게 한다는 예를 보여준다.

예정(predestination) 선택과 관련된 개념으로, 어떤 사람은 두 단어를 대체로 같다고 보지만, 다른 사람은 선택이 단지 하나님의 택함이고, 예정은 하나님의 선택하신 목적이나 목표를 가시화한다고 말한다.

오순절(Day of Pentecost) '오순절'은 '50번째'를 의미하는 헬라어 단어에서 나왔다. 그것은 칠칠절이란 유대 절기를 위한 용어로 유월절 후 50일째 되는 날(3대 유대 절기의 하나)이었다. 제자들은 예수께 순종하여 예루살렘 다락방에서 기다릴 때 성령이 그들 위에 내려왔고(행 2장을 보라), 오순절은 성령의 은사를 대표하는 기독교의 상징이 되었다.

오순절파(Pentecostal) 오순절에 일어난 사건(행 2장)을 본보기와 패러다임으로 여기는 교회 갱신 운동을 뜻하는 용어다. 오순절파 운동(1901년 1월에 시작)은 성령의 은사—가장 뚜렷하게 (예를 들면) 방언, 예언, 신유, 그리고 기적—를 강조함이 특징이며, 은사 운동(the Charismatic movement)으로도 불린다.

유아세례(paedobaptism) 유아도 적법한 침례의 수혜자가 될 수 있다(παῖς[파이스] 또는 παιδός[파이도스]는 헬라어로 '어린이'를 뜻한다)고 보는 성례 견해다.

육신(flesh) 헬라어 σάρξ[사르크스]의 번역으로 바울은 '육신'이란 개념(특히 로마서 7장을 보라)을 죄악된 경향성과 거기에서 비롯하는 충동들을 묘사하는 데 쓴다. 갈라디아서 5장에서 그는 선을 행하는 신자로서 욕망과 이기적인 일을 하려는 타고난 욕망 간의 긴장을 육신과 영의 싸움으로 묘사한다. 결과적으로 '육신을 따라 산다'라는 개념은 성화 교리를 다룰 때 일반적으로 나타난다.

의식(ordinance) 관습이나 성령의 명령에 따라 교회 질서의 권위적 부분으로 세워진 행습 또는 의식이다. 예를 들면, 많은 사람이 침례와 주의 만찬을 의식으로 간주한다. 때로 '의식'이란 단어는 이 의식이 하나님 은혜와 어떻게 관련되는가를 구별함으로써 '성례(sacrament)'와 대조된다. 의식은 신성한 의미를 지니지만, 성례는 하나님 은혜를 참여자에게 전달한다.

적그리스도(Antichrist) 데살로니가후서 2장에 '적그리스도'라는 명칭은 나오지 않지만, 2세기에 '불법의 사람'(살후 2:3)은 '바다에서 올라오는 짐승'(계 13:1~10), '장차 올 적그리스도'(요일 2:18; 4:3), 재림 직전에 올 엄청난 배교자로 여겨졌다.

재림(second coming) 그리스도께서 나라들을 심판하고, (의로운 성도들의) 첫 부활을 완성하며, 천년왕국을 세우시려고 영광스럽게 오시는 사건이다(계 19:11~21을 보라). 환란 전 휴거를 믿는 사람은 그리스도가 교회를 휴거하시려고 '공중에' 임하시는 것과 지상에 왕으로 다스리시려고 심판하러 오시는 것을 구별한다.

종말론(eschatology) 헬라어 ἔσχατος(에스카토스, '마지막')와 λόγος(로고스, '논의')에서 나왔다. 하나님의 창조세계에 관한 계획의 완성 그리고 속량하고 재창조하시는 사역의 완성에 관한 연구다. 종말론은 미래 성취를 기다리는 구약과 신약의 약속들과 휴거, 환란, 부활, 천년왕국에 관련된 관점들에 관한 연구를 포함한다. (죽음 이후 개인의 삶에 관한 물음에 관해서는 '개인 종말론'을 보라.)

- **시작된 종말론**(inaugurated eschatology) 이미 성취된 어떤 예언적 측면을 강조하면서도 다른 부분이 여전히 미래적 성취를 기다린다는 생각을 거부하지 않는 종말론 관점이다. 스펙트럼상 이 견해는 실현된 종말론(무천년설)과 미래적 종말론(전천년설) 사이에 있다.

- **실현된 종말론**(realized eschatology) 종말과 관련된 대부분 예언은, 특히 하나님 나라와 관련된 것들은, 교회의 현재 시대를 통해 이루어지는 과정이라고 주장하는 종말론 관점이다. 많은 사람이 거부하기는 하지만, 대중적으로 '무천년설'이라고 불리는 견해나 '실현된 천년왕국'은 더 정확한 표현이고, 아마 덜 깎아내리는 표현이다.

주교(bishop) 근본적으로 헬라어 πρεσβύτερος[프레스뷔테로스]에서 나왔으며 본래 '주교'는 감독자의 역할을 말한다. 모든 실제 목적을 위해 신약은 감독과 장로를 동등하게 보지만 교회가 역사적으로 발전하면서 이 용어는 지역 목회자를 감독하는 사람을 의미했다. 따라서 이제 주교는 대부분 일반적으로 교회 위계체제의 일원이다.

주의 날(Day of the Lord) 계수하는 때를 언급하는 것으로, 하나님께서 당신 말씀에 반응함에 따라서 심판하거나 축복하시려고 개입하실 때를 말한다. 하나님은 인간 역사에 여러 차례 개입하셨던 것을 볼 때 많은 '주의 날'이 있었지만, 예언서는 그리스도께서 심판자와 왕으로 돌아오실 때와 일치하는 최종일을 자주 가리킨다.

주의 만찬(Lord's Supper) 성경에 순종하여 교회가 최후의 만찬 때 주님의 본을 따라 빵과 포도주를 먹는 의식 또는 성례를 말한다. 예수님 자신의 말과 바울의 재진술에 따르면 교회는 이것을 '[그를] 기념하여' 행한다.

- **공재설**(consubstantiation) 주의 만찬에서 그리스도의 실재 몸과 피가 신비롭게 빵과 포도주의 요소에 임재한다고 생각하는 관점이다. 요소들이 본질적으로 변한다고 제안하지는 않는다. (이 교리는 전형적으로 이 성례에 관한 마르틴 루터의 가르침으로 돌려지며, 현대 루터주의와 연결된다.)

- **기념설**(memorial view) 주의 만찬은 그리스도의 희생을 기억하는 것이라고 주장하는 관점으로, 특히 울리히 츠빙글리와 연관이 있다. 어떤 사람은 '츠빙글리주의'가 그리스도는 성례(또는 의식)에 임재하지는 않는다고 가르친다고 잘못 주장했지만, 츠빙글리는 그리스도의 임재를 인정했다. 그가 강하게 거부한 것은 그리스도의 육체적 임재 개념이다(1529년 마르부르크 회의 때 츠빙글리파의 주장들을 보라).

- **영적 임재설**(spiritual presence view) 주의 만찬에서 그리스도께서 실제로 빵과 포도주 요소에 임재하지만, 육체적으로가 아니라 영적으로 그렇게 임재하신다는 견해다. 특히 의식에 대한 쟝 칼뱅의 가르침과 연관되며, 따라서 '개혁파 견해'를 대표한다.

- **화체설**(transubstantiation) 주의 만찬에서 빵과 포도주가 그리스도의 몸과 피가 된다는 견해이다. 요소들이 더는 빵과 포도주

맛이 나지 않는다는 의미가 아니라, 물질의 우연적 성격—맛과 질, 색깔 등—은 그대로 남아있다고 가르친다. 그보다는 '본질'에 변화가 일어나는데, 예수의 실제 몸과 피가 빵과 포도주처럼 보이고 맛이 나는 형태 안에 현존한다는 것이다. 특히 로마가톨릭 가르침과 연관된다.

중생(regeneration) 영적 생명의 선물을 죄악된 인간에게 수여하시는 성령의 사역이다. 이 재탄생은 사람에게 새로운 성품을 주기에, 많은 복음주의자가 그리스도를 믿는 사람을 '거듭났다(born again)'라고 부른다. 중생에 관한 중심 성경 본문은 요한복음 3장이다.

지옥(hell) 성경에 있는 몇 가지 용어가 때로 '지옥'으로 번역된다. 헬라어 단어 ἅδης[하데스]는 지하세계나 신체 밖의 사후세계를, 히브리어 שאול[스올]은 물리적인 무덤이나 죽은 영들(선하건 악하건)의 신비한 장소를, γέεννα[게엔나]는 악인들을 위한 영원한 형벌의 장소다. 일반적으로 이것은 불못—계시록에 묘사하듯이, 구원받지 못한 사람의 최종 운명—에도 적용될 수 있다. 오늘날 대부분 사람의 뇌리에 '지옥'은 악인들이 영원히, 또는 일시적으로 가는 곳이며, 천국의 반대 개념이다.

천년왕국(millennium) 라틴어 *mille*('천')과 *annus*('해')에서 나왔고, 그리스도께서 당신 성도와 함께 사탄이 묶인 천 년 동안 다스리신다(계 20:1~5를 보라). 어떤 이는 이것이 미래에 문자적 왕국 설립으로 보고(전천년설), 다른 이는 이것을 덜 문자적으로 보아서 현재 또는 이상적, 영적 또는 천상적 상태(무천년설)라고 본다. 어떤 이는 이것을 배도와 그리스도의 재림을 앞서는, 지상에서 기독교 왕국의 황금시대(후천년설)라고 본다.

- **무천년설**(amillennialism) 아우구스티누스(4세기) 이래 대다수 신학자가 취한 입장으로 계시록 20:4~6에 묘사된 천년왕국을

하나님 우편 앉으신 그리스도를 통해서든, 교회의 의를 통해서든 현재 영적으로 일어난다고 이해한다. 따라서 이 견해를 주장하는 사람은 그리스도께서 재림 후 문자적으로 지상 왕국을 다스림을 부인한다. 무천년설은 의인과 악인의 상벌을 위한 단번의 일반 부활만 믿는다.

- **전천년설**(premillennialism) 그리스도의 재림이 천년왕국 전에 일어난다고 믿는 견해로, 천년왕국이 그리스도와 환란 후 모든 지상의 참 신자에 의한 문자적 통치라고 이해한다. 주창자는 최초의 부활이 두 단계로 일어난다고 주장하는데, 속량된 사람은 천년왕국 전에 부활하지만, 불신자는 천년왕국 후에 부활해 심판을 받는다.

- **언약적 전천년설**(covenant premillennialism) (보통 세대주의적 전천년설과 구별되는) 종말론 견해로, 언약 신학의 신조를 받아들이면서도 장차 그리스도의 지상 통치를 기대한다.

- **역사적 전천년설**(historic premillennialism) 전천년설의 한 형태로, 주창자는 초기 교부들이 지지한 것을 가장 정확하게 반영한다고 믿는다. 가장 눈에 띄는 점은 환란 후 휴거(와 보통 환란 때나 천년왕국 때 민족적 이스라엘이 주도적 역할을 하지 않음)이다. 어떤 지지자는 교회사를 통한 성경 예언들의 성취와 관련하여 자신들을 미래주의자라기보다는 역사주의자로 분류한다. 많은 사람이 또한 언약 신학의 신조를 믿고, 때로 이 입장을 '언약적 전천년설'이라고 부른다. ('전천년설'도 보라.)

- **후천년설**(postmillennialism) 그리스도의 재림이 천년왕국 후에 일어난다고 보는 견해로, 천년왕국은 지상에서 복음 및 교회의 사회적, 정치적 영향력을 통해 역사적으로 실현되는 통치로 해석된다. 자유주의의 사회복음이나 재건신학과 관련되는데, 후자는 지상에 기독교 왕국이나 정부를 확립하고자 한다.

천년왕국론(chiliasm) 영어로 '킬리아즘'으로 발음하며, '천년'을 의미하는 헬라어에서 따왔고 종종 전천년설의 동의어로 사용한다. '천년왕국론자(chiliasts)'라는 용어는 가끔 천년왕국에 대한 기대가 가진 육신적 성격을 지적하며, 그 전체 견해가 부활과 그리스도의 재림을 오해한 데서 비롯한다고 믿는 사람이 부정적으로나 깎아내리는 말로 사용한다.

침례(세례, baptism) 물 침례는 교회의 의식 또는 성례로, 물은 그리스도(또는 확장해서 신실한 사람 공동체)와 동일시를 상징한다. 침례의 자격과 방식에 관점의 차이가 있지만, 복음주의자는 이것의 시행에 관해서는 일치한다.

칭의(justification) 어떤 사람이 하나님 앞에 받아들여졌다고(또는 의롭다고) 법정적으로(또는 법적으로) 선언하는 것이다. 종교개혁의 주요 가르침의 하나는 하나님의 정당화가 오직 그리스도에 대한 믿음만을 근거로 일어난다는 것이다.

트리엔트 공의회(Council of Trent) 2백 명 이상의 로마가톨릭 주교들이 이탈리아 도시 트렌토(잠깐 볼로냐)에서 세 명의 교황 임기에 걸쳐 18년 동안 간헐적으로 모였다. 이 공의회는 '반종교개혁'이라고 많은 사람이 부르듯, 프로테스탄트가 제기한 도전들에 로마의 응답을 작성했다. 트리엔트는 종교개혁 이전의 로마가톨릭 교리와 행습을 재승인하고, 그런 행습에 대해 프로테스탄트가 남용이라고 부르는 것을 정죄했다.

하나님 나라(kingdom) 성경 전반에 걸쳐 사용되는 넓고 다양한 측면을 지닌, 때로 모호한 단어로 다스림, 영역, 또는 통치자를 가리킬 수 있다. 성경의 천국이나 하나님 나라를 이해할 때 어떤 이는 이것이 하늘에서나 교회를 통해서 다스리시는 그리스도의 현재 실재(실현된 종말론)를 가리킨다고 믿지만, 다른 이는 이것이 대부분 그리스도께서 돌아오실 때 미래적으로 성취된다고 믿으며(미래주의 또는 전천년설), 또 다른 이는 하나님 나라의 어떤 측면들이 현재적이면서도 미래를 기다려야 하는 측면도 있다고 본다(시작된 종말론).

하늘(heaven) 성경에서 '하늘'이나 '하늘들'은 가시적 공중이나, 바깥 우주, 비가시적인 영적 영역, 죽은 영들('낙원'[paradise]이라고도 불림)이나, 하나님의 임재 처소를 가리킨다. 일반적으로 '하늘'은 단순히 구원받은 사람의 영원한 운명, 지옥의 반대를 의미한다.

환란(tribulation) 모든 그리스도인이 교회 시대에 경험하는 일반 고난, 시련, 박해(요 16:33) 외에 종말에 관련하여 이 용어는 계시록에 묘사된 최종 심판의 때를 가리킨다. 역사주의자와 이상주의자는 이것을 교회사에 걸쳐 다소 편만한 상태로 본다. 미래주의자는 이것을 어떤 본문의 미래 성취라고 보고(예를 들면, 단 9:27; 마 24:1~28; 계 11~13) 종종 이것을 7년 기간이라고 확정한다. 어떤 이는 구체적으로 재림으로 이어지는 7년의 후반기 3년 반을 가리켜 '대환란'이란 용어를 사용한다.

휴거(rapture) 모든 죽은 신자(부활 때)와 산 신자(변화 때)가 하늘로 '들림받는' 것이다. 환란과 관련된 시기에 관해서는 다양한 견해가 있는데, 환란 전, 환란 중간, 환란 후, 진노 전, 그리고 부분 휴거설이다(데살로니가전서 4:17을 보라).

- **부분 휴거**(partial rapture) 오직 '영적 그리스도인'만 환란 전에 휴거된다는 미래주의 신앙이다. 때로 주창자는 환란기간 내내 다양한 신자들이 신실함을 증명하거나 시험을 이기는 믿음을 보여주면서 휴거가 반복적으로 일어난다고 주장하기도 한다.

- **진노 전 휴거**(pre-wrath rapture) 휴거 시점에 관한 견해로(데살로니가전서 4:17을 보라), 하나님께서 당신 진노를 지상에 직접 쏟아부으시기 전에(보통 계시록 15~16장의 일곱 '대접'에 국한한다), 자신의 신실한 성도들을 구출하신다. 이것은 환란기 후반

에, 그러나 그리스도의 재림 전에 일어나며, 따라서 휴거는 환란 중간과 환란 후 사이에 일어나게 난다.

- **환란 전 휴거**(pre-tribulation rapture) 휴거 시점에 관한 견해로, 환란 전에 교회 시대에 속한 참 신자가 지상에서 하늘로 '들림받아'(살전 4:17) 하나님의 진노에서 건져진다고 본다.

- **환란 중 휴거**(midtribulational rapture) 휴거 시점이 7년의 환란 중간이라고 보는 견해로, 참 신자는 환란의 마지막 절반에 임하는 하나님의 직접적 진노에서부터 구원받아 지상에서부터 하늘로 '들림 받을' 것이라고 본다(살전 4:17).

- **환란 후 휴거**(post-tribulation rapture) 7년간의 미래 환란 후 박해와 순교를 이겨낸 참 신자가 지상에서 하늘로 '들림받아'(살전 4:17) 곧바로 그리스도와 함께 천년왕국에서 다스리거나 천상 영역에서 그리스도와 함께 이 땅을 다스린다고 주장하는 견해다.

색인 성경 본문

창세기

창세기 … 32
1~2장 … 26
1~8장 … 232
1:1 … 26
1:1~2, 26 … 26
1:26~30 … 27
1:28 … 27
2:7~25 … 27
3장 27, 28, 181, 210
3:15 … 28
3:17~19 … 211
4~11장 … 27
12장 … 28
13:15 … 28
15장 … 52
17장 … 52

출애굽기

13:21~22 … 208
19:9, 16 … 208

민수기

23:19 … 263

신명기

6:4 … 102
28:1~4 … 199
28:15~68 … 199
28:49~51 … 200
30:15~20 … 199

열왕기상

8:10~11 … 208

시편

7:5 … 181
8:3~6 … 27
8:4~6 … 181
8:5 … 261
19:1~2 … 26
22장 … 184
33:17 … 176
62:5 … 176

잠언

11:7 … 176

전도서

7:20 … 28
9:3 … 28

이사야

이사야 … 274
2장 … 186
2:4 … 186
9:2, 6~7 … 29
9:6~7 … 186
9:7 … 179
11:1~7 … 186
11:1~9 … 32
11:6~7 … 186
32:1~8 … 186
35:1~10 … 186
42:1~9 … 186
42:6~7 … 189, 188
43:25 … 187
46:9~10 … 185
46:10 … 264
52:13~15 … 186
53장 … 184, 184
53:4~6 … 30
59:20~21 … 189
61:1~11 … 186
65~66장 … 186~187
65:17 … 186, 230
65:18~25 … 186

65:25 … 186
65:15~16 186, 230
66:22 … 186

예레미야
예레미야 … 274
24:7 … 187
30:22 … 187
31장 … 187, 190
31:31~34 … 192
31:33~34 … 188
32:37~40 … 189
32:38 … 187

예레미야애가
3:21~23 … 176

에스겔
에스겔서 … 274
13:6 … 176
16:60~63 … 189
36:26 … 187
37장 … 192
37:11 … 192
37:11~14 … 192
37:15~28 … 192
37~48장 … 192~194
37:21~28 … 189
37:26~27 … 192
37:27 … 187
38장 … 192
38~39장 … 192~193

40~48장 … 193~194
43:10~11 … 193

다니엘
다니엘 … 177, 199,
　　　241, 274, 324
2장 195~196, 196, 198
2, 7, 9~12장 194~199
2:31~33 … 195
2:31~33 … 195
2:35 … 195, 196
2:36~38 … 195
2:44 … 196, 266
3:1~10 … 194
5:5 … 194
6:26 … 179
7장 196~198, 196, 198
7:8 … 197
7:13 197, 197, 194
7:14 … 197
7:21~22 … 197
7:27 … 179
8:15, 27 … 195
9~12장 … 198~199
9:2 … 194
9:24~27 … 311
9:27 197, 251, 331
11장 … 198
11:31 … 194
11:36~45 … 197
12:2 199, 214, 236
12:2~3 … 198

12:11 … 194
12:13 … 198

요엘
요엘 … 200, 274
1~3장 … 199~202
1:15 … 200
2장 … 202
2:1~11 … 200
2:12~13 … 200
2:20 … 200
2:28 … 296
2:28~29 … 201
2:28~32 … 202, 207
2:30~32 … 201
3장 … 201
3:1~8 … 201
3:9~21 … 201

아모스
3:7 … 277

스가랴
스가랴 … 177, 203,
　　　274, 324
1:7~17 … 203
2:1~5 … 203
4:1~14 … 203
6:1~8 … 203
8:8 … 187
9:9 … 203
11:12~13 … 203

12~14장 ⋯ 202~204
12:10 ⋯ 184, 203
12:10~14 ⋯ 203
13:7~9 ⋯ 203
14:1~5 ⋯ 203
14:6~11 ⋯ 203
14:12 ⋯ 203

말라기
3:1 ⋯ 188
3:2~4 ⋯ 231
3:1 ⋯ 231

마태복음
마태복음서 ⋯ 62, 63, 205, 274
6:10 ⋯ 179
6:19~21 ⋯ 283
8:20 ⋯ 198
9:6 ⋯ 198
12:32, 40 ⋯ 198
13:41 ⋯ 198
16:27 ⋯ 198
16장 ⋯ 208
17:5 ⋯ 208
19:28 ⋯ 187, 210, 231, 198
21:5 ⋯ 203
22:37 ⋯ 102
24장 ⋯ 204, 204
24:1~28 ⋯ 331
24~25장 ⋯ 204~206

24:15~16 ⋯ 194
24:30 ⋯ 198, 209
24:31 ⋯ 302
24:36 206, 258, 277
24:42 ⋯ 258, 277
24:42~43 ⋯ 230
25:31 ⋯ 198, 302
25:41 ⋯ 298
26:28 ⋯ 188
26:31 ⋯ 203
26:64 ⋯ 198
27:9 ⋯ 203
28장 ⋯ 111
28:18~20 ⋯ 63~65
28:19~20 ⋯ 31
28:19~20 ⋯ 270

마가복음
마가복음서 ⋯ 62, 205, 274
9:7 ⋯ 208
13장 ⋯ 204~206, 205
13:4 ⋯ 205
13:32~33, 37 ⋯ 258
13:33 ⋯ 277
13:37 ⋯ 277
14:24 ⋯ 188
16:16 ⋯ 64

누가복음
누가복음서 ⋯ 62, 274, 205

1:31~33 ⋯ 30
1:33 ⋯ 266
9:34~35 ⋯ 208
16:22 ⋯ 319
18:30 ⋯ 182
21장 ⋯ 204, 205
21:5~38 ⋯ 204~206
21:20 ⋯ 206
22:20 ⋯ 188, 189
23:43 ⋯ 318
24:27 ⋯ 188

요한복음
요한복음서 ⋯ 274
1:1~3 ⋯ 26
3:16 ⋯ 29
3장 ⋯ 117, 328
5:28~29 ⋯ 236
5:29 ⋯ 214
5:39 ⋯ 183
5:45 ⋯ 176
10:10 ⋯ 182
12:15 ⋯ 203
12:47 ⋯ 262
14:3 ⋯ 270
14:16~20 ⋯ 270
16:33 ⋯ 286, 331
19:37 ⋯ 203

사도행전
사도행전 ⋯ 44
1장 ⋯ 45, 47

1:4 ⋯ 45
1:4~5 ⋯ 45, 64
1:5 ⋯ 45, 207
1:6 ⋯ 45, 207
1:6~11 ⋯ 207~209
1:7 ⋯ 207
1:7~9 ⋯ 209
1:8 ⋯ 207
1:11 ⋯ 177, 209, 209, 257
2장 44~51, 55, 202, 324, 324, 270
2:17 ⋯ 296
2:37~41 ⋯ 64
3:18~21 ⋯ 184
3:19~21 ⋯ 231
3:20 ⋯ 210, 264
3:21 ⋯ 264
5:29 ⋯ 129
8:14~16 ⋯ 64
9:3~5 ⋯ 270
10장 ⋯ 46, 47
10:44~48 ⋯ 64
10:45 ⋯ 46
10:47 ⋯ 47
11장 ⋯ 46
11:15~16 ⋯ 46
11:16 ⋯ 47
17:2~3 ⋯ 184
17:31 ⋯ 298
18:8 ⋯ 64
22:16 ⋯ 64

26:6~8 ⋯ 179
28:20 ⋯ 179

로마서

1:1~4 ⋯ 184, 278
2:16 ⋯ 269, 278, 284, 284,
3:23 ⋯ 181
5:5 ⋯ 176
5:3~4 ⋯ 176
6장 ⋯ 65, 67, 124
6:1 ⋯ 65
6:2 ⋯ 65
6:3 ⋯ 65
6:3~4 ⋯ 65
6:4 ⋯ 66
6:6~14 ⋯ 65~69
6:8 ⋯ 66
6:11 ⋯ 66
6:12~13 ⋯ 66
6:12~14 ⋯ 66
7장 ⋯ 70, 325
7:14~25 ⋯ 69~71
7:15 ⋯ 69
7:18~19 ⋯ 69
7:22 ⋯ 70
7:22~23 ⋯ 70
7:24 ⋯ 180
8장 ⋯ 212, 218, 320
8:1 ⋯ 227, 262
8:18 ⋯ 210, 285
8:18~23 ⋯ 211

8:18~25 33, 210~212
8:19 ⋯ 210
8:20~22 ⋯ 232
8:20~25 ⋯ 179
8:21 ⋯ 261
8:21~23 ⋯ 260
8:23 ⋯ 260
9:4 ⋯ 52
11장 ⋯ 52~54
11:17 ⋯ 53
11:19~21 ⋯ 52
11:20 ⋯ 52
11:24 ⋯ 52
11:26 ⋯ 53
11:27 ⋯ 187
11:29 ⋯ 264
12:1~2 ⋯ 122
12:3~13 ⋯ 122
14:10~12 ⋯ 262
15:4 ⋯ 176

고린도전서

고린도전서 ⋯ 274
3장 ⋯ 118
3장 ⋯ 118
3:12~15 ⋯ 263, 221
4장 ⋯ 118
10:17 ⋯ 287
11장 ⋯ 62, 111
11:17~34 ⋯ 62~63
11:20, 26, 33, 33~34 62
11:23 ⋯ 63

11:23~26 … 62
11:25 … 188, 189
11:26 … 287
11:32 … 262
12장 … 54, 109, 121
12:4~7 … 55
12:12 … 54
12:12~31 … 54~56
12:13 … 55
12:12~20 … 55
12:25 … 55
15장 … 212
15:1~4 … 278
15:1~5 … 184
15:1~11 … 213
15:3 … 213
15:3~4 … 213, 284
15:12 … 213
15:12~19 … 213
15:12~58 212~218, 212
15:13~14 … 269
15:20 … 213
15:20~25 … 214
15:22~24 … 213
15:23 … 214, 215
15:23~26 214, 215
15:24 … 215
15:24~26 214, 215
15:29~34 … 215
15:35 … 215

15:36~42 … 216
15:42~49 … 216
15:46~49 … 216
15:50 … 217
15:51 … 298
15:51~52 … 222, 298, 227
15:51~53 … 217, 219, 227
15:53 … 217, 302
15:53~54 … 179
15:54 … 261
15:54~58 … 218
15:55 … 260
15:57 … 217

고린도후서
3:6 … 189
3:18 … 181
4:17 … 175, 218
5:1 … 218, 220
5:1~5 … 218
5:1~10 218~221, 220
5:2 … 220
5:3 … 220
5:4 … 220, 227
5:5 … 220
5:6 … 220
5:7 … 220
5:7~9 … 220
5:8 … 219
5:9 … 221

5:10 … 221, 263
9:13 … 284
12:3 … 319

갈라디아서
3:15~16 … 28
3:26 … 60
5장 … 70, 325
5:5 … 180
5:16 … 71
5:16~26 … 71~73
5:22~23 … 72
6장 … 59
6:15~16 … 58~60

에베소서
1장 … 320
2~3장 … 60, 61
2:5 … 236
2:6 … 236
2:8~9 … 184
2:10 … 31
2:11~3:13 … 60~62
2:12 … 61
2:16 … 61
2:18 … 62
2:19 … 62
2:19~21 … 61
2:22 … 49
3:6 … 61
4장 … 73~75, 109
4:1 … 263

4:4~6 … 64
4:5~6 … 146
4:20~24 … 74
4:22~23 … 73
4:25~32 … 75
5:25~26 … 64
5장 … 108, 111
5:25~26 … 64

빌립보서

1:23 … 219
2:5~8 … 30
2:12~13 … 75, 31
3장 … 75
3:20~21 75~76, 76
3:21 180, 181, 260

골로새서

1:13 … 236
1:15~16 … 26
1:17 … 266
1:27 … 181, 270
2:12 … 64

데살로니가전서

데살로니가전서 … 274
4장 … 222
4:13 … 178
4:13~18 … 226
4:13~5:11 221~228
4:14 … 226
4:15 … 298
4:16 … 302
4:16~17 … 218, 227
4:17 … 221, 227,
 298, 331, 332,
 332, 332
4:18 … 227
5장 … 222
5:1 … 227
5:1~2 … 258, 277
5:2 … 227, 230
5:3~5, 9 … 227
5:4 … 277
5:4~8, 11 … 227
5:9 … 227

데살로니가후서

데살로니가후서 … 274
1:5~10 … 258
2장 229, 320, 325
2:1~12 … 228~229
2:2 … 229
2:3 … 228, 229, 325
2:3~12 … 197
2:4 … 229, 251
2:5 … 229
2:6~7 … 229
2:7~8 … 229
2:9 … 229
2:10 … 229

디모데전서

1:1 … 176, 182,
 183, 184
3:16 … 284
4:13 … 111
6:17 … 176

디모데후서

2:11 … 298
2:11~12 … 284
3:16 … 26, 44, 274
3:16~17 … 282
3:17 … 227
4:1 … 258
4:8 … 219

디도서

1:2 … 182
2:13 … 177
3:17 … 182

히브리서

1:1~2 … 27
1:2 … 26
1:3 … 266
2:8 … 264
7:22 … 188
8:6 … 188
8:6~13 … 188, 189
8:8~12 … 187
9:13~14 … 64
9:15 … 188, 189
10:16~17 … 187
10:22 … 64
10:23 … 284

10:24 ⋯ 128
10:24~25 ⋯ 287
10:25 114, 128, 287
12:5~11 ⋯ 262
12:24 ⋯ 188, 189
13:7 ⋯ 130

베드로전서
1:13 ⋯ 177
1:16 ⋯ 123
2:4~5 ⋯ 56
2:4~10 ⋯ 56~58
2:5, 9 ⋯ 56
3:21~22 ⋯ 64
4:5 ⋯ 258

베드로후서
베드로후서 ⋯ 274
3장 ⋯ 111
3:1~7 ⋯ 233
3:1~18 ⋯ 230~233
3:3 ⋯ 230
3:4 ⋯ 177, 230
3:5~6 ⋯ 230
3:5~7 ⋯ 232
3:6 ⋯ 232
3:7 ⋯ 230, 232
3:7~9 ⋯ 233
3:8~10 ⋯ 230
3:10 230, 258, 277
3:10, 12~13 ⋯ 231

3:10~13 ⋯ 231
3:11 ⋯ 233, 282
3:11~12 ⋯ 233
3:13 ⋯ 187, 230,
   231, 233, 266
3:13~14 ⋯ 233
3:14 ⋯ 233
3:15~16 ⋯ 233
3:17~18 ⋯ 233

요한1서
2:18 ⋯ 228, 325
3:2 ⋯ 31
4:3 ⋯ 228, 325
5:11 ⋯ 182
5:12~13 ⋯ 219
5:13 ⋯ 182

유다서
유다서 ⋯ 274
1:3 ⋯ 273

계시록
계시록 ⋯ 32, 182,
   203, 234, 235,
   241, 274, 278,
   311, 312, 319,
   324, 324
1:1 ⋯ 182, 319
1:7 ⋯ 194, 203
1:13 ⋯ 198
2:7 ⋯ 319
3:3 ⋯ 230, 259

3:19 ⋯ 262
6:1~7 ⋯ 203
7:9~10 ⋯ 31
11~13장 ⋯ 331
11:1~2 ⋯ 203
11:2 ⋯ 199
11:3~4 ⋯ 203
11:15 ⋯ 258, 266
12:14 ⋯ 199
13장 ⋯ 275
13:1~10 ⋯ 197, 228,
   325
13:5 ⋯ 199
14:14 ⋯ 198
15~16장 ⋯ 224, 331
16:15 ⋯ 230
17:14 ⋯ 203
19장 ⋯ 235, 238,
   239
19~20장 ⋯ 235
19~22장 ⋯ 234~240,
   234, 237, 240
19:6~8 ⋯ 34
19:10 ⋯ 182
19:11~21 ⋯ 203,
   234, 325
20장 ⋯ 235, 237,
   238, 243
20:1~3 ⋯ 234
20:1~5 ⋯ 328
20:1~6 ⋯ 235, 235,
   236, 238
20:4~6 234, 235, 328

20:5 … 236
20:7~10 … 193
20:11 … 239
20:11~15 … 235, 221, 236, 320
20:12 … 302
20:13 … 302
21~22장 … 232, 237
21:1 … 187
21:1~8 … 234
21:3 … 262
21:3~4 … 32
21:4 … 261
21:5~7 … 33
21:9~22:5 … 234
22:17 … 234